Avant-propos

Magellan, par son expédition (1519-1521), fut à la fois acteur de la géographie et acteur de l'histoire : il prouva aux hommes la rotondité de la Terre et transforma ainsi leur vision du monde. Qu'il ne soit pas parvenu à achever lui-même sa célèbre circonvolution n'a guère d'importance puisque son élan et sa motivation stimulèrent son équipage qui, après sa disparition, poursuivit le voyage pour revenir à son point de départ.

Programmes et découpage

Ce manuel de géographie, destiné aux élèves de cycle 3, est conforme aux programmes de 2002 et au document d'application, dont il suit résolument l'esprit et la lettre.

Le niveau de vocabulaire, l'acquisition des notions essentielles et le découpage par chapitres tiennent compte d'une progression par classe : l'enseignant peut commencer, au CE2, par *Regards sur le monde* et finir, au CM2, par *La France à l'heure de la mondialisation.* L'ouvrage qui le complète, *Enseigner la géographie au cycle 3*, à destination des enseignants, propose d'autres découpages possibles : programmations segmentées et spiralaires, auxquelles le manuel se prête également.

Conformément aux programmes, le présent ouvrage offre une large place aux outils géographiques (cartes, paysages...) et à des documents choisis pour leur qualité géographique mais aussi leur intérêt dans une démarche transversale (parler, lire, écrire, mais aussi éducation civique, histoire, mathématiques, arts visuels...).

Organisation des chapitres

Chaque chapitre est organisé en leçons, dont le nombre total correspond au nombre de leçons notionnelles que l'on peut traiter sur les trois années du cycle 3, en tenant compte des semaines consacrées aux acquis méthodologiques, aux révisions et aux évaluations.

Certaines leçons sont suivies par un dossier d'étude : un cas particulier qui vient illustrer la leçon, un thème général qui la prolonge ou peut servir de point de départ, un dossier méthodologique (maîtrise des cartes et des plans, notamment)... À tout niveau, l'enseignant peut aussi se référer à un dossier d'un autre chapitre : la station balnéaire d'Hendaye lors de l'étude des littoraux français, l'aérogare de Roissy-Charles-de-Gaulle lors de l'étude des moyens de transports en Europe...

Approche d'enseignement

Ce manuel offre une large place à l'illustration : photographies fléchées (pour guider l'observation), schémas, cartes... Des questions d'observation (signalées par ▶) et des questions de réflexion (signalées par ▶) permettent une large exploitation de ces documents.

L'équilibre entre le texte et l'illustration permet à l'enseignant de choisir son approche : à partir de la leçon en s'appuyant sur les documents, ou à partir des documents pour construire la leçon avec sa classe.

Atlas

Les cartes de synthèse et les planisphères sont regroupés dans un atlas de 32 pages. Il permet aux élèves d'avoir toujours sous les yeux les cartes dont ils ont besoin, sans avoir à feuilleter le manuel. Il est également l'occasion d'une mise en relation de la représentation paysagère et de sa localisation dans l'espace.

L'équipe d'auteurs vous souhaite une bonne navigation à la découverte de notre planète Terre.

Sophie Le Callennec

Sommaire

3 Espaces français 103

4 La France à l'heure de la mondialisation 187

1 Regards sur le monde

Des espaces organisés par les sociétés humaines

sommaire

Image satellite de la Terre

DOSSIER

La Terre et ses représentations

La Terre en rond

page 6 1 L'image satellite

Voici la Terre telle que les astronautes la voient depuis l'espace.

- Quelle est sa forme ?
- Quand tu regardes le paysage autour de toi, as-tu l'impression que la Terre est ronde ou qu'elle est plate ?
- À ton avis, pourquoi ?
- Sur l'image satellite, sais-tu à quoi correspond la couleur bleue ? la couleur jaune ? la couleur blanche ?

→ 2 Le globe terrestre

Anciens globes terrestrse

Le globe terrestre (la mappemonde) est une maquette de la Terre, c'est-à-dire une représentation réduite de notre planète.

- Observe le globe de la classe. Quelle est sa forme ?
- Peux-tu y voir toutes les régions du monde à la fois ?
- À ton avis, pourquoi ?
- Nomme les endroits de la Terre que tu reconnais.
- Il y a 500 ans, l'expédition de Magellan est partie du Portugal vers l'ouest. Au bout de trois ans, les survivants sont revenus à leur point de départ : peux-tu expliquer pourquoi ?

↓ 3 Une image familière

La Terre (le Monde) est une image familière. On la retrouve dans de nombreuses représentations.

a. Logo d'une association de protection de l'environnement

Réseau Action Climat France

b. Image vue sur le site Internet d'un réseau d'écoles

c. Logo d'une entreprise éditant des plans de ville

N
O
E
S
EDITIONS PONCHET
PLAN NET

- Décris chacune de ces images et la manière dont la Terre est représentée ou évoquée à chaque fois.
- Pourquoi l'auteur de chacune de ces images a-t-il représenté la Terre : quel était son objectif, son message ?
- Cherche dans ce manuel d'autres images du globe terrestre.
- En connais-tu d'autres (pense aux publicités, aux emballages...).

La Terre à plat

4 La représentation à plat

Pour voir la totalité de notre planète, il faut la représenter à plat. Imagine pour cela que l'on détache l'écorce de la Terre comme on épluche une orange, puis qu'on l'aplatit.

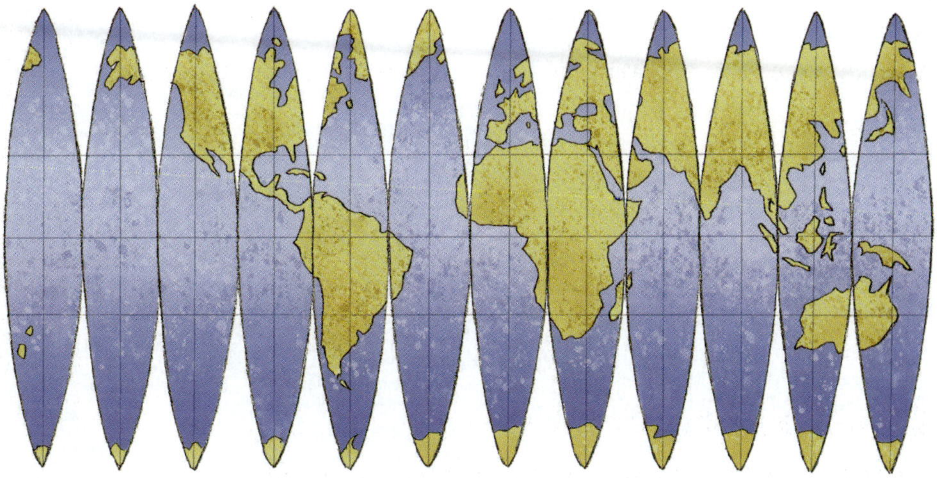

▶ Pourquoi cette représentation de la Terre, à droite, a-t-elle cette forme particulière ?

5 Le planisphère

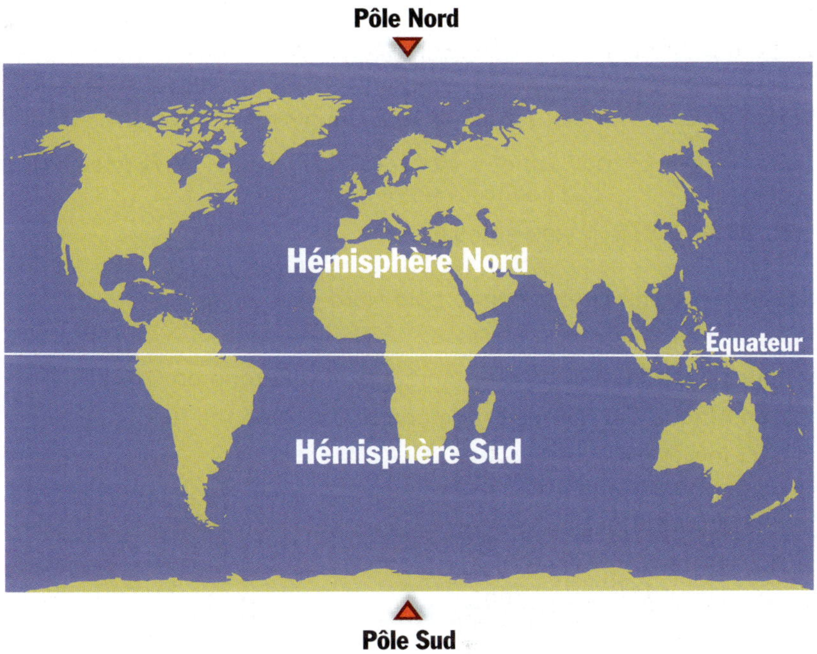

Le planisphère est une représentation à plat de la Terre. Il permet de voir toutes les régions de la Terre à la fois.

▷ Compare le planisphère ci-contre au globe ci-dessus et retrouve des tracés qui se ressemblent.

▶ Qu'y a-t-il à droite de ce planisphère, au-delà du dessin ? (pour répondre, aide-toi du globe de la classe).

▶ Avec le globe, où dois-tu te placer pour voir en entier le pôle Nord ? le pôle Sud ?

▶ Et avec le planisphère ?

▶ Du globe et du planisphère, lequel est le plus facile à transporter ? à utiliser dans un manuel ? Lequel est le plus fidèle à la réalité ? Lequel permet de voir toute la Terre à la fois ?

6 Des repères

Pour se repérer sur le planisphère ou sur le globe, les géographes tracent une ligne imaginaire : l'équateur. L'équateur sépare la Terre en deux moitiés, appelées « hémisphères ».
Le sommet du globe ou du planisphère s'appelle le « pôle Nord ». À l'autre extrémité se trouve le « pôle Sud ».

▷ Sur ce planisphère, situe l'équateur, le pôle Nord et le pôle Sud.

▷ Comment appelle-t-on la moitié nord de la Terre ? et la moitié sud ?

1 Les océans et les continents

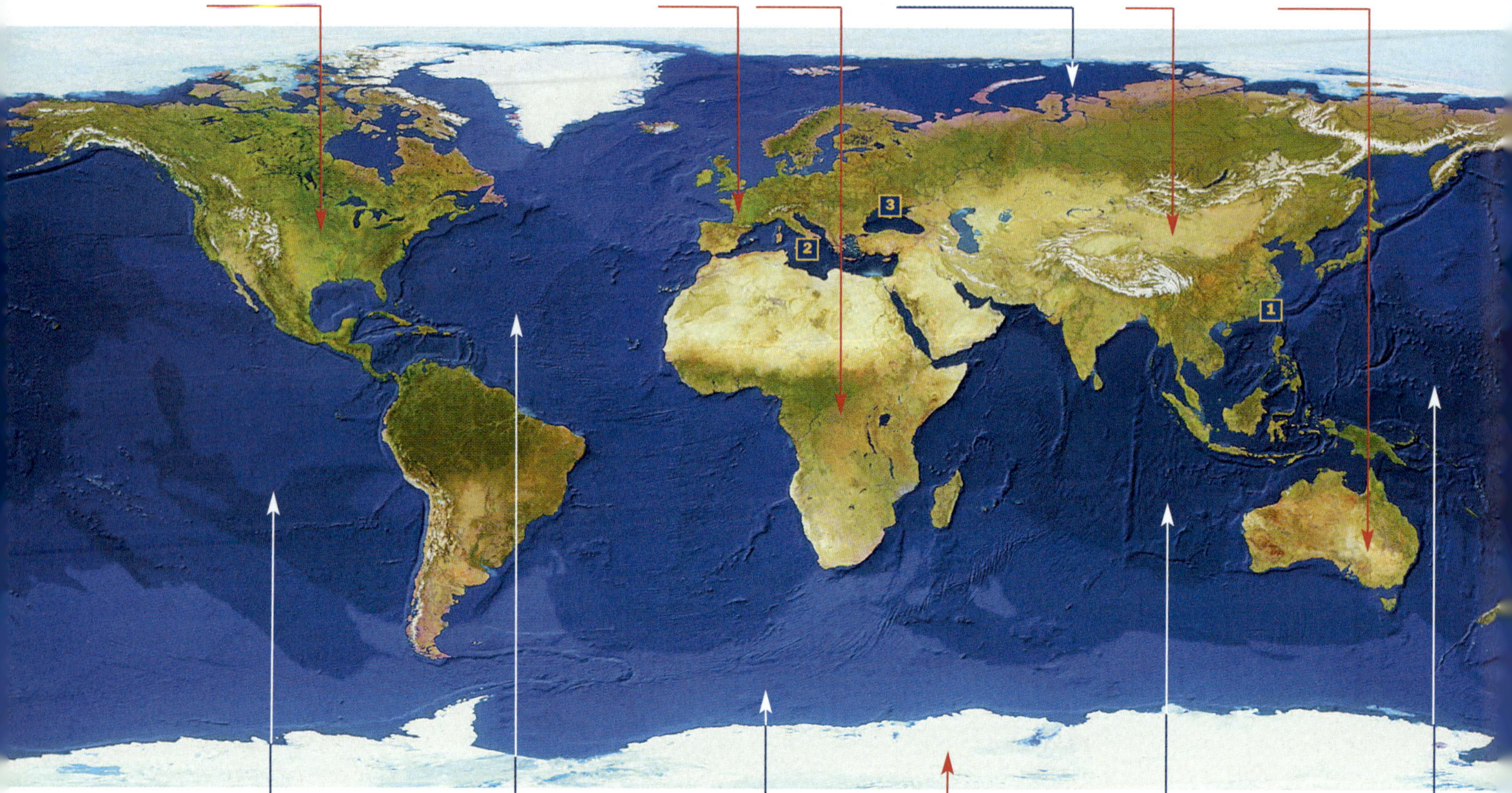

1 Les océans, les continents et les mers Image satellite

- Quels océans bordent l'Asie ? l'Afrique ? l'Antarctique ? Dans quel océan le pôle Nord est-il situé ?
- Quel continent est situé au pôle Sud ?
- Quels continents et/ou océans faut-il traverser pour se rendre d'Europe en Amérique ? d'Europe en Océanie ?
- Peut-on aller à pied d'Europe en Asie ? d'Europe en Afrique ? d'Europe en Amérique ? Justifie tes réponses.
- Pourquoi le nom « océan Pacifique » apparaît-il deux fois ?

Les océans

Les images satellites de la Terre montrent que, vu de l'espace, la couleur bleue est dominante : on l'appelle la « planète bleue ». En effet, elle est en majeure partie recouverte par les océans et les mers. Les océans sont d'immenses étendues d'eau salée. La Terre en compte cinq : l'océan Pacifique, l'océan Atlantique, l'océan Indien, l'océan Antarctique et l'océan Arctique. Le plus grand est l'océan Pacifique **(doc. 1 et carte 1 de l'atlas)**.

Les continents

La Terre compte six continents **(doc. 1 et carte 1)** : l'Afrique, l'Amérique, l'Antarctique, l'Asie, l'Europe et l'Océanie.
À part l'Océanie, qui est un ensemble d'îles, les continents sont de grandes étendues de terres.
Au pôle Sud, l'Antarctique est un continent recouvert toute l'année par la glace et la neige.
Au pôle Nord, en revanche, se trouve non pas un continent mais un océan dont la surface est gelée ;

2 Un tour du monde historique

Journal de bord.

Départ le 10 août 1519.

Août 1519, océan Atlantique. Avec 237 marins dans cinq navires, nous sommes partis d'Europe vers l'Amérique.

Octobre 1520, sud de l'Amérique. Après avoir perdu un navire, nous avons trouvé un passage au sud de l'Amérique.

Novembre 1520, océan Pacifique. Nous sommes entrés dans l'océan Pacifique où nous sommes restés trois mois et vingt jours, sans trouver à manger ni à boire. Nous avons mangé des vieux biscuits pleins de vers et d'urine de rats, de la sciure de bois et des rats. De nombreux marins sont morts. Je crois que personne ne fera plus jamais ce voyage.

Mars 1521, océan Pacifique. Après plus de trois mois dans l'océan Pacifique, qui porte bien son nom tant il est calme, nous avons vu des petites îles inhabitées. Nous y avons trouvé des vivres. Quelque temps plus tard, nous avons trouvé des îles habitées.

Avril 1521, océan Pacifique. Un Indien a jeté une lance empoisonnée au capitaine Magellan et l'a tué sur-le-champ. Nous avons dû fuir sur nos bateaux.

Avril 1522, océan Indien. Nous avons atteint le passage au sud de l'Afrique. Il nous fallut neuf semaines pour le franchir tant il est dangereux. Puis nous avons navigué deux mois sans trouver de ravitaillement et vingt et un hommes sont encore morts.

6 septembre 1522, Europe. Nous sommes arrivés en Espagne avec seulement 18 hommes et un seul bateau. Depuis que nous sommes partis, nous avons parcouru 86 000 km, nous avons passé 1 080 jours en mer et accompli le tour du monde.

D'après les mémoires d'Antonio Pigafetta, 1519-1522

3 Un tour du monde sportif

Interviews téléphoniques.

Départ le 25 février 2004.

1er mars 2004, océan Atlantique. L'unique chose qui nous habite est de savoir si nous arriverons à Brest en décrochant le trophée Jules-Verne. On fait notre travail avec application. C'est parfois délicieux.

16 mars 2004, océan Atlantique. J'ai trouvé la glisse rêvée. On a l'impression que le bateau ne fait qu'effleurer la mer. C'est un tapis volant.

22 mars 2004, océan Antarctique. La brume, la glace. C'est un cauchemar d'avancer à l'aveugle. Nous sommes dans l'attente. Le meilleur et le pire peuvent arriver.

29 mars 2004, océan Indien. La mer est très puissante, très dure. De tous les côtés, ça gigote, ça bouillonne, dans un boucan terrible. C'est comme si nous étions précipités dans un mur d'eau.

5 avril 2004, océan Pacifique. Notre quotidien est fait de fatigue et de peur. En regardant la tête des hommes je me disais en moi-même, on va y rester, c'est sûr.

19 avril 2004, océan Atlantique. Les hommes manœuvrent sans cesse. Parfois, un filet d'air nous emporte, puis on reprend à la vitesse d'une balade.

26 avril 2004, océan Atlantique. Toujours la même allure. Si c'était un concours de souffrances, on serait en train de gagner. Pourtant, on a accompli un parcours exigeant et périlleux. J'crois qu'on peut être fiers de nous.

30 avril 2004, Europe. Je ne m'explique pas comment ce bateau a tenu ! C'était traumatisant, car il faut ramener les hommes à la maison. On a eu de la chance de s'en sortir. On a fait un tour magnifique jusqu'aux Kerguelen, après tout n'était que peur et froid.

D'après les interviews d'Olivier de Kersauson, *Libération*, 2004

- Pour quelles raisons ces deux navigateurs ont-ils décidé de faire le tour du monde ?
- À l'aide de leurs indications, trace du doigt, sur la carte 1 de l'atlas, le trajet effectué par chacun.
- Combien de temps le voyage de chacun a-t-il duré ? À ton avis, à quoi est due cette différence ?
- Quelles ont été les difficultés rencontrées par chacun ?

il est donc recouvert par une immense étendue de glace qui flotte sur l'eau : la banquise.

Les mers

Les mers sont des étendues d'eau salée moins vastes que les océans. Elles bordent les continents. Les principales sont la mer de Chine (qui borde l'Asie), la mer Méditerranée, (qui se situe entre l'Europe, l'Afrique et l'Asie) et la mer Noire (qui pénètre en Europe) (doc. 1 et carte 1).

LEXIQUE

- **la banquise** : une gigantesque couche de glace flottant sur l'Océan.
- **un continent** : une immense étendue de terre.
- **une mer** : une étendue d'eau salée de taille moyenne, qui borde un continent.
- **un océan** : une gigantesque étendue d'eau salée.

DOSSIER

La carte et son échelle

Une carte est une représentation d'un espace vu du dessus.

1 Le planisphère

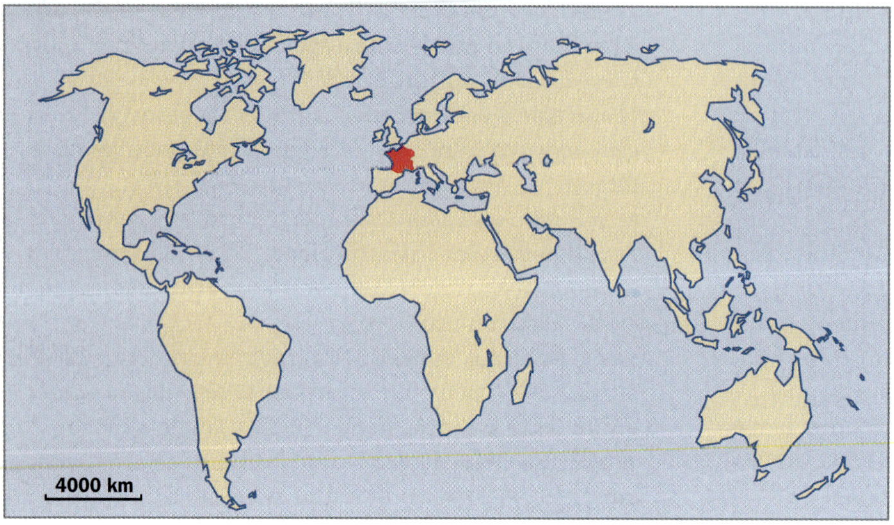

- Quels continents sont visibles sur cette carte ? Lequel n'est pas représenté ?
- Quelle partie du monde est représentée en rouge sur ce planisphère ?
- De quel continent la France fait-elle partie ?
- Où se trouve-t-elle par rapport à l'Afrique (au nord, au sud, à l'est ou à l'ouest) ? par rapport à l'Asie ? par rapport à l'Amérique ?
- Quel océan borde la France ?
- Quelle information cette carte fournit-elle sur la France ?

2 La carte de l'Europe

Cette carte représente l'Europe. Elle est comme un « gros plan » sur l'Europe. On dit qu'elle n'est pas à la même échelle que le planisphère.

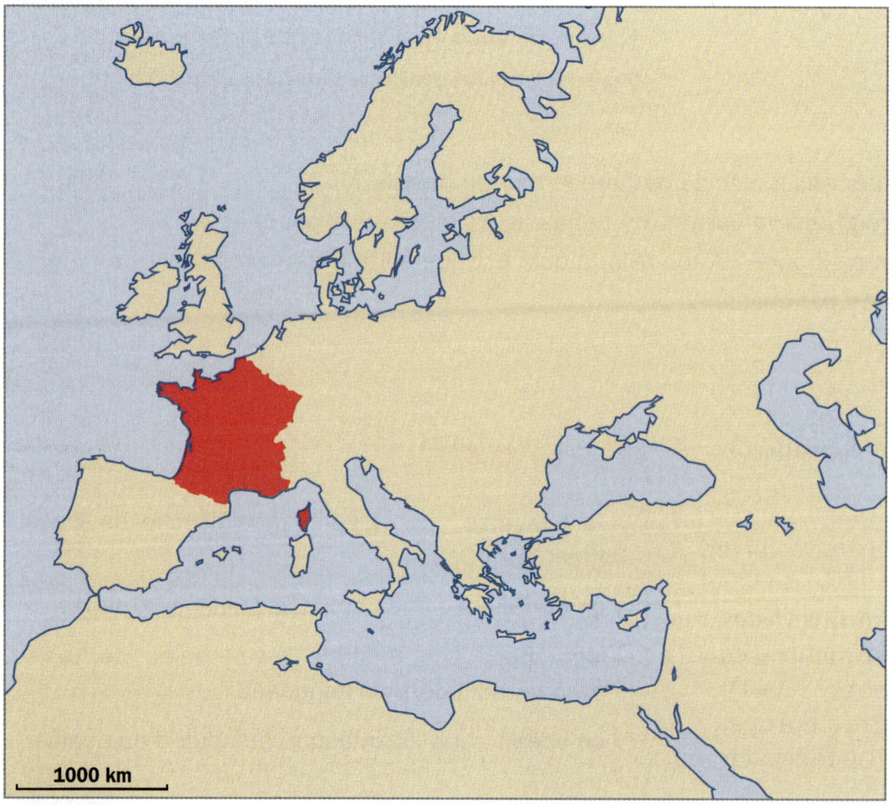

- Sur cette carte, situe l'Europe.
- Quels autres continents peut-on voir ? Les voit-on en totalité ?
- Quels continents ne peut-on pas voir ? Pourquoi ?
- Quels océans sont visibles ?
- Quels océans ne sont pas visibles ? Pourquoi ?
- Nomme deux mers que tu peux voir sur cette carte.
- La France apparaît-elle plus grande sur cette carte ou sur la précédente ?
- Le territoire français est-il d'un seul tenant (en un seul morceau) ? Justifie ta réponse.
- Cette carte permet-elle de localiser plus précisément la France dans le monde ?
- Permet-elle de localiser plus précisément la France en Europe ?

3 La carte de France

- Quelle partie de l'Europe est représentée sur cette carte ?
- Quelles parties de l'Europe ne sont pas représentées ?
- Comment s'appelle la grande île française qui se trouve au sud ? Dans quelle mer se trouve-t-elle ?
- En voyait-on bien la forme sur la carte 2 (page 12) ?
- Était-elle représentée sur le planisphère ? Pourquoi ?
- Comment s'appelle la capitale de la France ? Où se trouve-t-elle ? Quel fleuve la traverse ?
- Quelles informations cette carte fournit-elle que les précédentes ne donnaient pas : la position de la France dans le monde ? en Europe ? la forme précise de notre pays ? la position de la capitale ?
- De ces trois cartes, laquelle utiliserais-tu pour :
  – donner la position de la France dans le monde ?
  – décrire la forme de la France ?
  – situer Paris en France ?
  – décrire le trajet entre la France et l'Amérique ?
  – décrire le trajet entre Paris et la Corse ?

4 Le plan de Paris

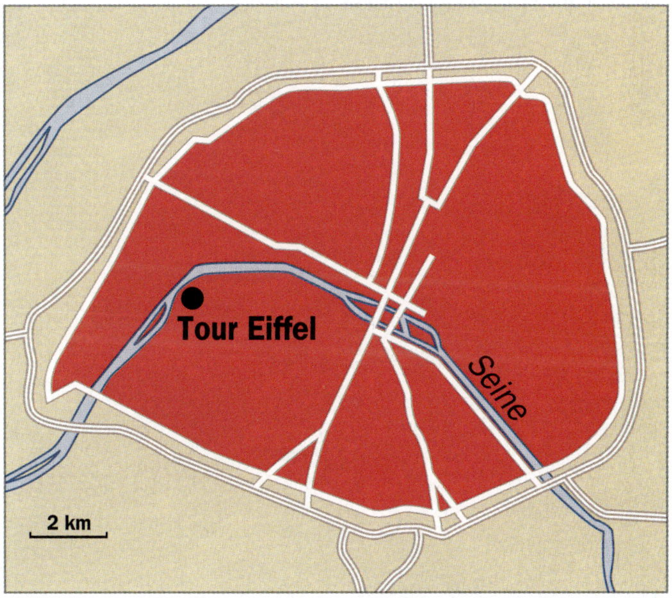

Le plan est, lui aussi, la représentation d'un espace vu du dessus, mais un espace plus petit que celui représenté sur une carte. On dit qu'il n'est pas à la même échelle.

- Quelle est la forme de Paris ? Pouvais-tu la voir sur la carte précédente ?
- Quel fleuve traverse Paris ? Pouvais-tu le voir sur les cartes précédentes ? Pouvais-tu voir son trajet dans Paris ? Peux-tu le voir en entier sur le plan de Paris ?
- La tour Eiffel se trouve-t-elle au nord, au sud, à l'est ou à l'ouest de Paris ? au nord ou au sud de la Seine ?

5 L'échelle des cartes

L'échelle de la carte permet de connaître les mesures et les distances dans la réalité. Par exemple, l'échelle ci-contre mesure 10 cm sur le papier et représente 10 km dans la réalité.

- Mesure, sur le plan de Paris, la distance entre le nord et le sud de Paris. À l'aide de l'échelle sur le plan, calcule la distance dans la réalité.
- Mesure, sur la carte de France, la distance entre le nord et le sud de la France. À l'aide de l'échelle sur la carte, calcule la distance dans la réalité.
- Lequel, de la France ou de Paris, est le plus grand ?
- À ton avis, si l'on traçait le plan du palais de l'Élysée (environ 100 m de côté) à Paris, faudrait-il le faire avec une échelle de 1 cm pour 10 m ou une échelle de 1 cm pour 10 km ? Justifie ta réponse.

2 La répartition des hommes sur la Terre

1 Des régions fortement peuplées

Foule dans la rue Nankin à Shanghai, Chine

Avec plus d'un milliard d'habitants, la Chine est le pays le plus peuplé du monde. En effet, sur son immense territoire, on pratique la culture du riz depuis des millénaires. Or le riz, très nourrissant, a permis à la population de vivre à l'abri des famines et d'augmenter régulièrement depuis la préhistoire.

- Sur la carte 2, situe la Chine en Asie. Quel océan et quelle mer la bordent ?
- Décris ce que tu vois sur cette photographie : le lieu, les bâtiments, les équipements, les panneaux, les personnes…
- Quelle impression générale s'en dégage ?
- Là où tu habites, la population est-elle nombreuse ?

Une population très nombreuse

La Terre compte plus de 6 milliards d'habitants de nos jours (pour 1,5 milliard en 1190) : la population mondiale est donc en rapide augmentation (doc. 2). Puisqu'ils sont si nombreux, les hommes occupent toute la Terre : à part l'Antarctique, où le froid rend la vie quasiment impossible, les continents sont tous habités. De ce fait, il ne reste presque plus de paysage « naturel » : les traces des hommes et de leurs activités sont visibles partout.

Une inégale répartition

La population mondiale n'est pas répartie de manière uniforme à la surface de la Terre (carte 2). Dans certaines régions, comme en Asie du Sud et de l'Est, et en Europe, les habitants sont nombreux et occupent tout l'espace : on voit partout des champs, des routes, des villes… (doc. 1)
Dans d'autres régions, au contraire, comme en Amazonie ou au Sahara, les hommes sont peu nombreux et très dispersés (doc. 3).

2 Une population très nombreuse

Presse pour enfants. Le temps que tu comptes jusqu'à 10, plus de 40 bébés naissent dans le monde. Cela semble beaucoup ? Il y a plus de 6 milliards de personnes dans le monde, et ce nombre augmente chaque jour. La population mondiale a grandi de plus de 5 milliards en 250 ans. Les experts pensent qu'elle pourrait atteindre 9 milliards en 2050 !

D'après le *National Geographic Kids News*, 3 août 2004

- Combien de temps s'écoule entre la naissance de deux enfants sur Terre ?
- Qu'est-ce qui fait augmenter la population mondiale (pense au nombre de naissances et de décès) ?

3 Des régions faiblement peuplées

Champs dans le centre de Madagascar

Comme elle est une île dans l'Océan, Madagascar a été découverte il y a 2 000 ans seulement. C'est ce qui explique qu'elle soit encore peu peuplée (17 millions d'habitants : moins du tiers de la population française pour un territoire équivalent).

- Sur la carte 2, situe Madagascar, au sud-est de l'Afrique. Dans quel océan cette île se trouve-t-elle ?
- Décris ce que tu vois sur cette photographie : le lieu, les bâtiments, les plantes…
- Les traces de présence humaine sont-elles nombreuses ?
- Connais-tu un pays ou une région dans laquelle la population est extrêmement nombreuse ?

Les raisons de cette répartition

Différentes causes expliquent cette inégale répartition des sociétés humaines sur la Terre. Les hommes se sont peu installés dans les régions qui leur offraient de mauvaises conditions de vie : là où il n'y a pas d'eau, des températures trop basses, des terres peu fertiles… Au contraire, ils se sont établis dans les régions accueillantes, comme en Asie et en Europe (doc. 1). La répartition de la population mondiale a également des causes historiques : les guerres ont vidé certaines régions, les migrations en ont peuplé d'autres (doc. 3).

LEXIQUE

- **fertile** : qualifie un terrain riche sur lequel les plantes poussent facilement.
- **un paysage** : la partie d'un pays, d'une région, que l'on peut voir aussi loin que porte le regard.
- **rural** : qui a rapport à la campagne (la population rurale est la population qui vit dans les campagnes).

DOSSIER

Les densités de population

La notion de densité de population

1 La carte par points

Malte est une île d'Europe du Sud. Elle s'étend sur environ 300 km² et abrite 390 000 habitants.
La Martinique est île de l'océan Atlantique. Elle s'étend sur 1 100 km² et compte 380 000 habitants.

- Sur la carte 2, situe Malte et la Martinique : dans quelle mer ou quel océan ces deux îles se trouvent-elles ?
- D'après les cartes ci-dessous, quelle île est la plus grande ?
- Peux-tu le voir sur le planisphère (carte 2 de l'atlas) ?
- Pourquoi ?

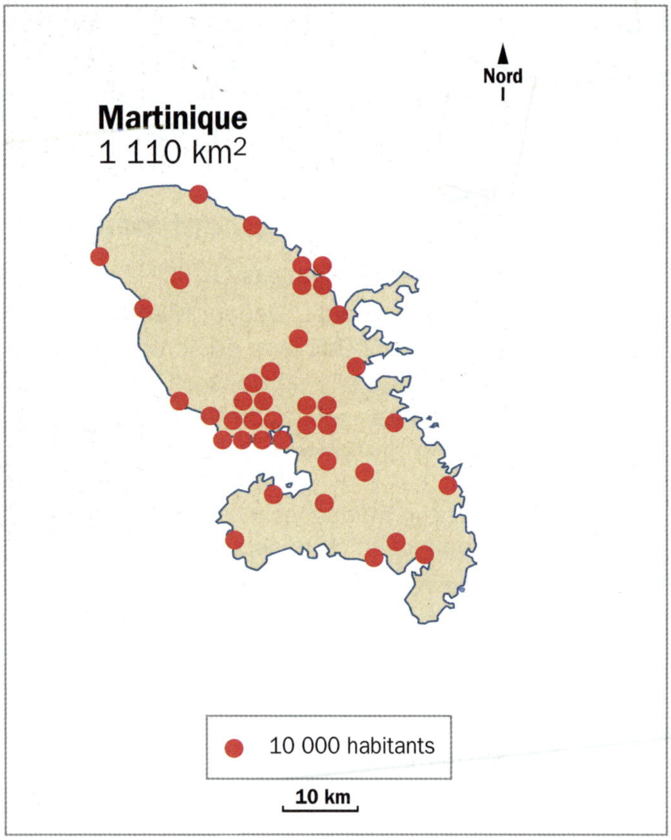

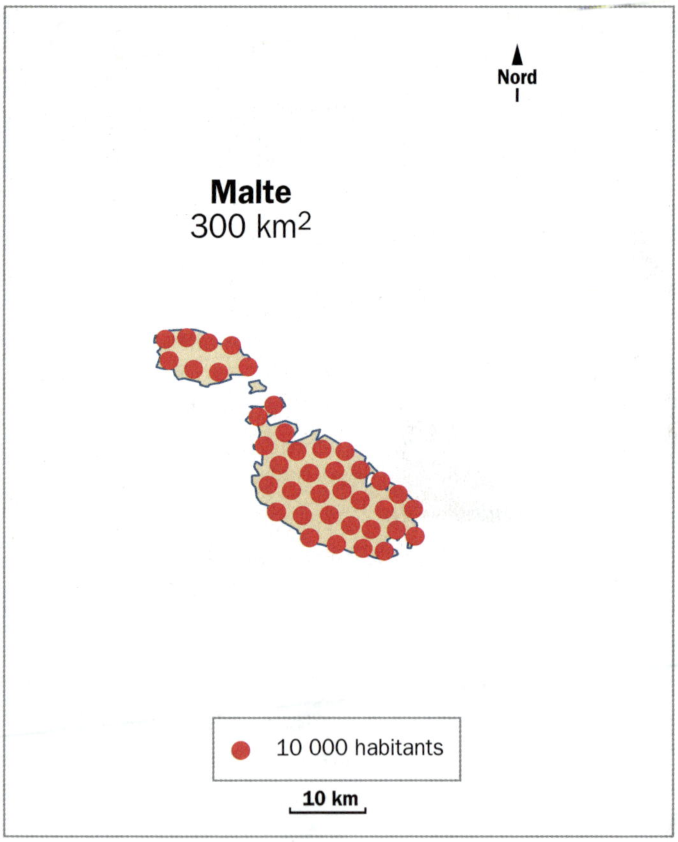

- Combien y a-t-il de points sur la carte de Malte ? et sur celle de la Martinique ?
- Calcule le nombre d'habitants dans chacune de ces îles.

Pour calculer la densité de population, on divise le nombre d'habitants par le nombre de km².

- Calcule la densité de population à Malte et à la Martinique.
- Laquelle de ces deux îles a la plus forte densité de population ?
- Comment cela se traduit-il sur la carte ci-dessus ?

LEXIQUE

• **la densité de population** : le nombre d'habitants au kilomètre carré (on écrit hab/km²).

Les densités de population dans le monde

2 Les densités par continent

On peut aussi représenter la densité de population par un diagramme comme celui-ci.

- Quel continent a la plus forte densité de population ?
- Quel continent a la plus faible densité de population ?
- Quel continent n'est pas indiqué ? Pourquoi ?

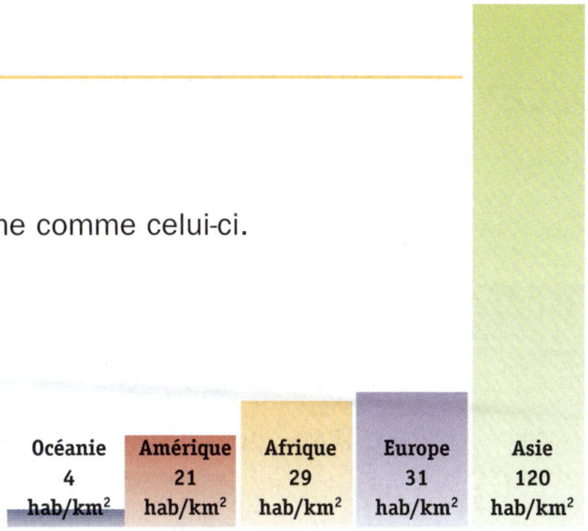

3 La Terre Image satellite

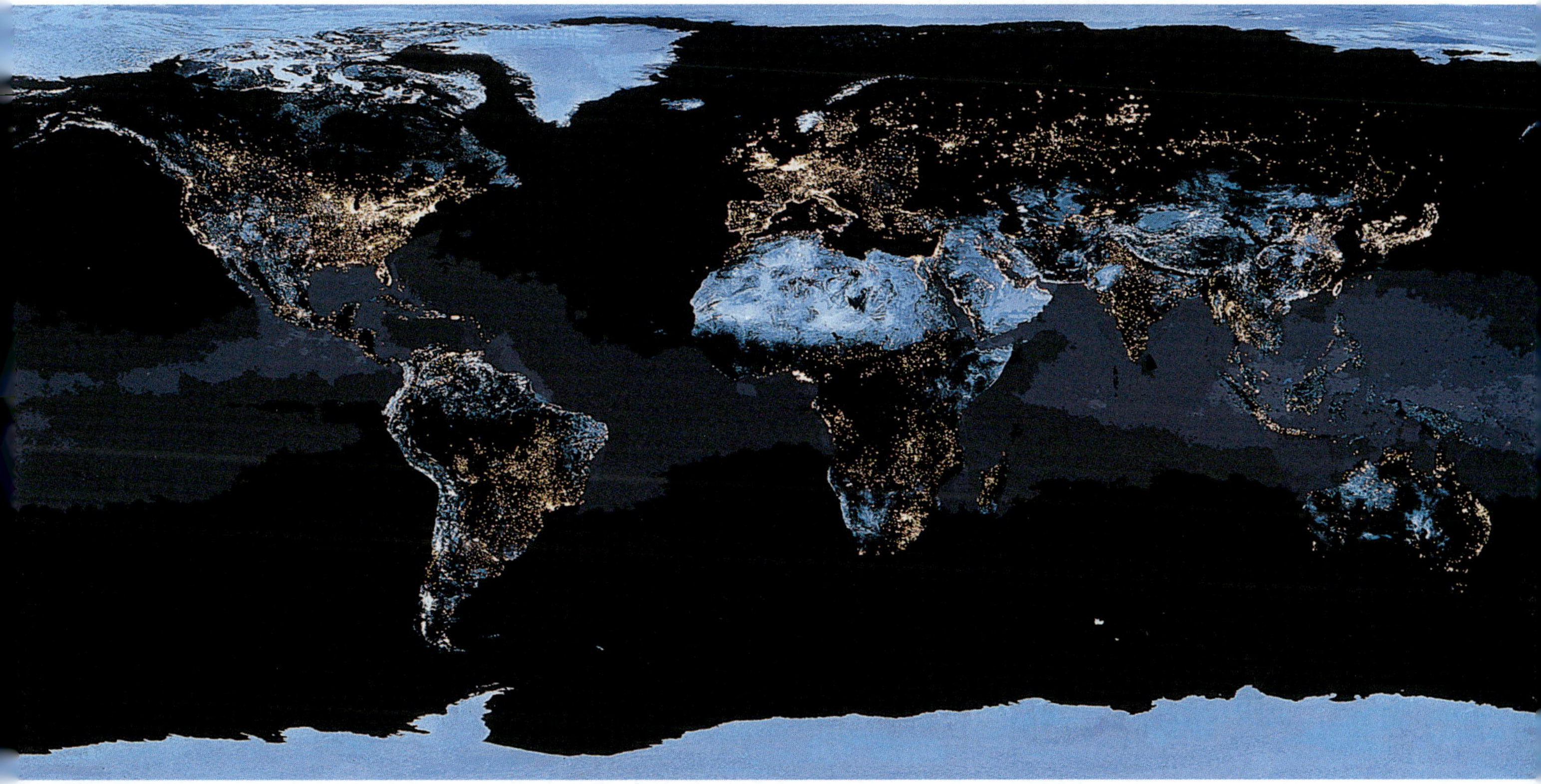

- Quel moment de la journée cette image représente-t-elle ?
- Toute la Terre peut-elle être dans la nuit au même moment ?
- L'Europe est-elle très éclairée la nuit ? Que peux-tu en conclure sur la densité de population ?
- La moitié Nord de l'Afrique est-elle très éclairée la nuit ? Que peux-tu en conclure sur la densité de population ?

carte 2 4 Les densités de population dans le monde

- Que représente un point sur le planisphère ?
- Comment reconnaît-on les régions ayant les plus fortes densités de population ?
- Nomme les régions ayant les plus fortes densités de population.
- Nomme les régions ayant les plus faibles densités de population.
- La France se trouve-t-elle dans une région très peuplée ou peu peuplée ?

Les densités par continent sont des moyennes, qui ne tiennent pas compte des très grands écarts à l'intérieur des continents. Ainsi, en Asie, certaines régions ont 10 000 hab/km^2, d'autres des densités de l'ordre de 1 hab/km^2.

- Sur la carte 2, trouve en Asie une région densément peuplée et une région peu peuplée.
- Imagine quel peut être le paysage avec une densité de l'ordre de 10 000 hab/km^2.

3 Des modes de vie adaptés au peuplement

1 Vivre dans un espace peu peuplé Afrique du Sud

- Sur la carte 2, situe l'Afrique du Sud.
- Décris ce paysage : le lieu, la montagne, les plantes, les animaux, les maisons, les activités des hommes…
- Dans cette région, la densité de population est-elle forte ou faible ? Justifie ta réponse.
- Quelles activités sont possibles là où la densité de population est faible ?
- Quelles activités ne sont pas possibles ?

Vivre dans un espace peu peuplé

Dans les régions où la densité de population est faible, les hommes disposent de beaucoup d'espace. Ils s'installent sur les meilleures terres. Certains élèvent des animaux qu'ils laissent en liberté, toujours au même endroit ou les déplaçant régulièrement pour trouver de nouveaux pâturages (doc. 1). D'autres cultivent d'immenses champs ou exploitent les richesses du sous-sol…

Vivre dans un espace très peuplé

Dans les régions où la densité de population est forte, les hommes disposent de peu d'espace et adaptent leur mode de vie. Par exemple, en Asie, ils pratiquent la riziculture, qui nécessite une main-d'œuvre nombreuse (repiquage à la main des plants de riz, un à un) et permet de nourrir une population considérable (plusieurs récoltes par an, qualités nutritives du riz…) (doc. 2).

Les habitants cultivent le riz, qui nécessite une main-d'œuvre nombreuse et nourrit une population importante.

De nombreuses personnes travaillent dans ce paysage.

La moindre parcelle est cultivée car il faut nourrir tout le monde.

On ne voit qu'une partie du grand village.

2 Vivre dans un espace très peuplé

Paysage de rizières au Vietnam

- Sur la carte 2, situe le Vietnam en Asie.
- Décris ce paysage : le lieu, la montagne, les plantes, les animaux, les personnes, leurs activités…
- Dans cette région, la densité de population est-elle forte ou faible ? Justifie ta réponse.
- Quelles difficultés existent quand la densité de population est forte ?

3 Les aménagements modernes

Internet. Dans certaines régions de l'Australie, la population est très dispersée ; les premiers voisins se trouvent parfois à 100 km ! Pour que les enfants des régions éloignées puissent s'instruire, le gouvernement a mis sur pied L'École des Ondes. Tous les jours, de 8 heures à 15 heures, ils travaillent à la maison. Au moyen d'une radio, chaque élève est en communication avec son professeur. Tous les dix jours, les élèves envoient leurs devoirs à l'école.

D'après le site Internet de deux écoles québécoises, www. castor.rtsq.qc.ca

- Sur la carte 2, situe l'Australie en Océanie.
- Pourquoi les enfants ne peuvent-ils aller à l'école ?
- Quelle solution a été mise en place pour eux ?

Les aménagements modernes

Les progrès techniques permettent de surmonter les difficultés liées aux fortes densités de population. Dans les villes, on construit des immeubles de plus en plus hauts, de manière à loger un grand nombre d'habitants.

Certains pays gagnent de nouveaux espaces sur la mer, en élevant des digues pour faire reculer l'eau aux Pays-Bas, en bâtissant des terres-pleinssur la mer au Japon. À l'inverse, les transports et des télécommunications permettent de surmonter les difficultés liées aux faibles densités de population et à la distance entre les habitants (doc. 3).

LEXIQUE

- **les télécommunications** : l'ensemble des moyens qui permettent de communiquer à distance (téléphone, télécopie, Internet…).

4 Vivre dans les grandes métropoles

1 Les grandes métropoles

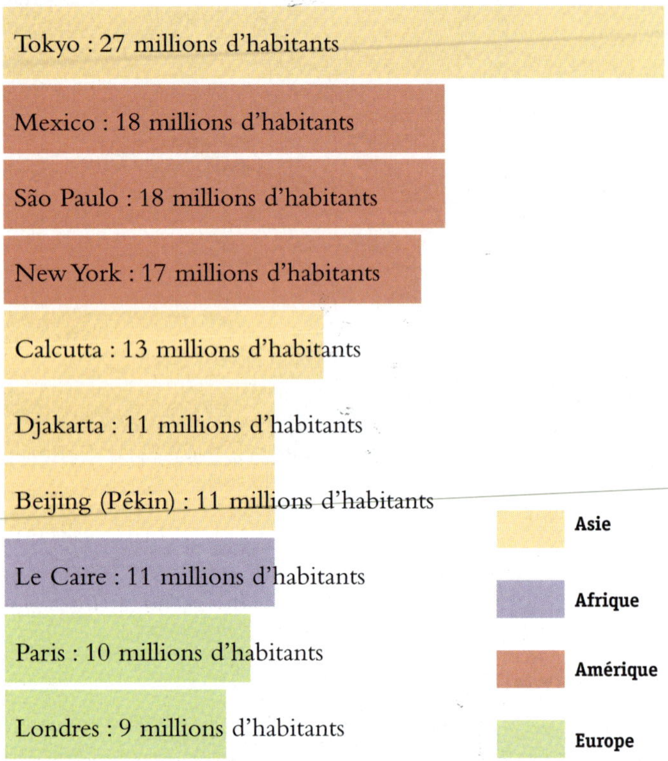

▷ Sur la carte 2, situe chacune de ces grandes métropoles.

▷ Sur quel continent les grandes métropoles sont-elles les plus nombreuses ? Sur quel continent n'y a-t-il aucune grande métropole ?

▷ Compare la répartition des grandes métropoles et celle de la population mondiale (carte 2) : où se trouvent les grandes métropoles ?

2 Des difficultés au quotidien

Presse. Le paysage sonore est plus qu'éprouvant. Dans un roulement perpétuel de milliers de sonnettes de vélo, quelques voitures, dont il est stipulé dans le code de la route chinois qu'elles doivent signaler aux cyclistes leur présence par un bref coup de klaxon, obéissent effectivement dans une cacophonie continue face au torrent de vélos qui déferle dans les rues. Les transports en commun ne sont guère plus performants, et quel terrible spectacle que de voir ce peuple prendre d'assaut un vieux bus, s'invectivant, se bousculant avec une violence inouïe, sans plus aucune règle de politesse envers quiconque et surtout pas les femmes et les enfants. L'autre grand problème concerne les logements. Les familles s'entassent (chaque habitant dispose en moyenne de 4 à 6 mètres carrés). La moitié des familles sont mal logées. Les vieux quartiers du centre sont les plus dégradés, ce qui n'empêche pas la population résidente d'y être attachée puisque tout est à proximité, commerces, restaurants, artisans, petits marchés.

D'après Sandelin Ejvind, *Le Monde*, 2 mars 1991

▷ Cherche un indice qui révèle quel pays ce texte évoque.

▷ Sur la carte 2, situe ce pays et trouve le nom de deux grandes métropoles de ce pays.

▷ Quelles sont les difficultés de la vie quotidienne dans les grandes métropoles ?

▶ Parmi ces difficultés présentées ici, laquelle te semble la plus importante ? Argumente ton choix.

Les grandes métropoles

La moitié des habitants de la planète sont des urbains. Certains vivent dans des petites villes de quelques milliers d'habitants, d'autres dans d'immenses métropoles, comme Beijing (Pékin), Calcutta, Djakarta, Le Caire, Londres, Mexico, New York, Paris, São Paulo, Tokyo, qui comptent plusieurs millions d'habitants (doc. 1 et carte 2).

Le mode de vie urbain

Les habitants des grandes métropoles vivent dans des appartements, rarement dans des maisons individuelles. Par manque d'espace pour les loger tous, on construit des immeubles de plus en plus hauts (doc. 3). Ils ont à leur disposition une multitude de services : des écoles, des hôpitaux, des commerces, des activités de loisirs (bibliothèques, musées, cinémas, théâtres, équipements sportifs), des moyens de communication modernes (télévision, téléphone, Internet)…

Les urbains travaillent dans l'industrie ou dans les services (commerces, transports, banques…). Leur mode de vie est donc très différent de celui des ruraux qui, pour la plupart, vivent de l'agriculture.

Les larges avenues sont indispensables pour permettre la circulation des nombreux véhicules.

On construit des immeubles de plus en plus haut.

Les bâtiments s'étendent à perte de vue.

Le nuage de pollution est d'autant plus grand que la ville est peuplée.

3 Vue aérienne d'une grande métropole Mexico, capitale du Mexique

- Sur la carte 2, situe Mexico en Amérique. Nomme une autre grande ville d'Amérique.
- D'après le document 1 page 20, combien de personnes vivent dans cette ville ?
- Décris cette ville : les bâtiments, les rues...
- D'où cette photographie a-t-elle été prise ?
- Quels éléments peut-on voir sur cette vue aérienne, qu'une vue au sol ne montrerait pas ? Quels éléments ne peut-on pas voir sur une vue aérienne ?

Des difficultés au quotidien

Les habitants des grandes métropoles disposent de peu de place (logements petits) et vivent dans la foule et le bruit. Pour se rendre à leur travail, ils effectuent chaque jour de longs trajets et doivent supporter les embouteillages, l'entassement dans les transports en commun, la pollution... (doc. 2). Les responsables de la ville doivent organiser cette vie en collectivité : distribuer l'eau potable, collecter les eaux sales dans des égouts et les évacuer, ramasser les déchets, mettre en place des transports en commun...

LEXIQUE

- **les activités de service** : les activités qui ont pour but de satisfaire les besoins des personnes, tels que la santé, l'éducation, les loisirs, les transports.
- **une métropole** : une ville de plusieurs millions d'habitants.
- **les transports en commun** : les moyens de transports collectifs, comme le train, le bus, le métro, le tramway...
- **urbain** : qui a rapport à la ville.

5 Le relief

1 Paysage de montagne La chaîne des Rocheuses en Amérique du Nord, États-Unis

- Sur la carte 3, situe les Rocheuses en Amérique.
- Sur la carte, trouve et nomme d'autres massifs et chaînes de montagne.
- Décris ce paysage : le relief, les plantes, le temps qu'il fait en bas de la montagne, en haut de la montagne…

Les formes du relief

La surface de la Terre est formée de bosses et de creux : c'est ce que l'on appelle le « relief ». Les différents types de relief se caractérisent par leur forme, leur altitude et leur dénivelé (doc. 3).

Les plaines sont des surfaces planes, de faible altitude (doc. 2). Les rivières y coulent en dessinant parfois des boucles. Les plateaux leur ressemblent : ce sont des surfaces planes, d'altitude variable, mais les rivières y coulent en creusant des vallées.

Les montagnes sont de grandes « bosses » à la surface de la Terre : elles ont une altitude élevée, de fortes dénivellations (doc. 1). Les vallées y sont profondes. Les collines, en revanche, sont de petites « bosses » du relief.

Le relief des continents

Certaines montagnes forment des chaînes : quelques unes sont gigantesques, comme l'Himalaya au sud de l'Asie, la cordillère des Andes et la chaîne des Rocheuses à l'ouest de l'Amérique (carte 3) ; d'autres sont plus réduites, comme les Alpes en Europe. Certains espaces sont, au contraire, le domaine de vastes plaines (nord de l'Europe), de plateaux et de montagnes de moyenne altitude (l'Afrique dans son ensemble).

2 Paysage de plaine Plaine à l'extrême Nord de l'Europe

▷ Sur la carte 3, situe la plaine au nord de l'Europe. Trouve et nomme d'autres régions de plaine.
▷ Décris ce paysage : le relief, les plantes, le temps qu'il fait, les traces de présence humaine...

3 L'altitude

▷ Quelle est l'altitude de la plus haute montagne ? celle de la plaine ?
▷ Où le dénivelé est-il le plus important : en montagne ou en plaine ?

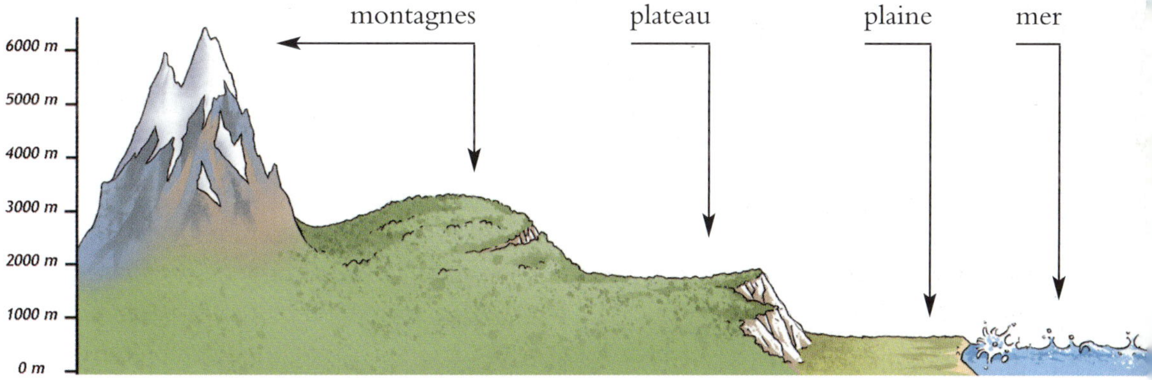

LEXIQUE

- **l'altitude** : la hauteur d'un point mesurée par rapport au niveau de la mer.
- **une chaîne de montagnes** : un ensemble de montagnes disposées en ligne.
- **une colline** : une petite bosse de terrain de forme généralement arrondie.
- **le dénivelé** : la différence d'altitude entre deux points, visible à l'importance des pentes.
- **un massif montagneux** : un ensemble de montagnes formant un groupe compact.
- **une montagne** : une forme de relief, située à plus de 600 m d'altitude et caractérisée par un fort dénivelé.
- **une pente** : inclinaison d'un terrain par rapport à l'horizontale.
- **une plaine** : une surface plane, de faible altitude.
- **un plateau** : une surface plane ou légèrement ondulée, d'altitude variable, dans laquelle les rivières coulent en creusant des vallées.
- **une vallée** : un espace allongé, en creux, souvent entre deux montagnes, au fond duquel coule une rivière.

La carte du relief : l'Everest

Situé en Asie, dans la chaîne de l'Himalaya, l'Everest (8 850 m d'altitude) est le plus haut sommet du monde.

1 Découvrir les lieux

- Sur la carte 3, situe l'Himalaya et l'Everest.
- Décris ce paysage : le relief, le dénivelé, les pentes, la forme du sommet, ce que tu peux imaginer du climat.
- Sur la carte en dessous de la photographie, retrouve les éléments du paysage : le mont Nuptse, le mont Everest et le mont Lhotse.

L'orientation

- Où se trouve le nord de la carte ?
- Tourne ton livre pour le mettre vers le haut de ta table. Où se trouve le mont Lhotse par rapport à l'Everest ?

L'échelle

- Quelle est l'échelle de cette carte ?
- Quelle est la distance, sur la carte, entre l'Everest et le Nuptse ?
Calcule la distance dans la réalité.
- Sachant que tu marches à 4 km/h environ, combien de temps te faudrait-il pour parcourir une telle distance ?
- Pourquoi, dans la réalité, ce trajet est-il beaucoup plus long pour les alpinistes ?

2 Utiliser la légende

(jaune très clair)	zone dont l'atitude est de 5 000 à 6 000 m
(jaune)	zone dont l'atitude est de 6 000 à 7 000 m
(orange)	zone dont l'atitude est de 7 000 à 8 000 m
(marron clair)	zone dont l'atitude est de 8 000 à 8 500 m
(marron foncé)	zone dont l'atitude est de plus de 8 500 m
▲	sommet

La légende donne la signification des couleurs et des symboles utilisés sur la carte.

- De quelle couleur les régions situées à plus de 8 500 m d'altitude sont-elles représentées ?
- À ton avis, pourquoi a-t-on choisi cette couleur ?
- Que représentent les triangles sur la carte ?
- Sans la légende, que comprendrais-tu de cette carte ?

3 Comprendre le relief

Cette carte représente les formes du relief. L'altitude des sommets est indiquée.

- Sur la carte, trouve l'altitude de l'Everest.
- Trouve et nomme un autre sommet situé à plus de 8 000 m d'altitude.

Les zones situées dans une même tranche d'altitude sont représentées avec une même couleur : marron clair, marron foncé, orange, jaune...

- De quelle couleur les zones de haute altitude sont-elles représentées ?
- De quelle couleur les zones de basse altitude sont-elles représentées ?
- Complète la phrase suivante : sur cette carte, plus la couleur est foncée, plus l'altitude est ... ?
- Si tu vas du Nuptse au Lhotse, en ligne droite, le terrain monte-t-il ou descend-il ? Justifie ta réponse.

Nuptse, 7 861 m
Everest, 8 850 m
Lhotse, 8 501 m

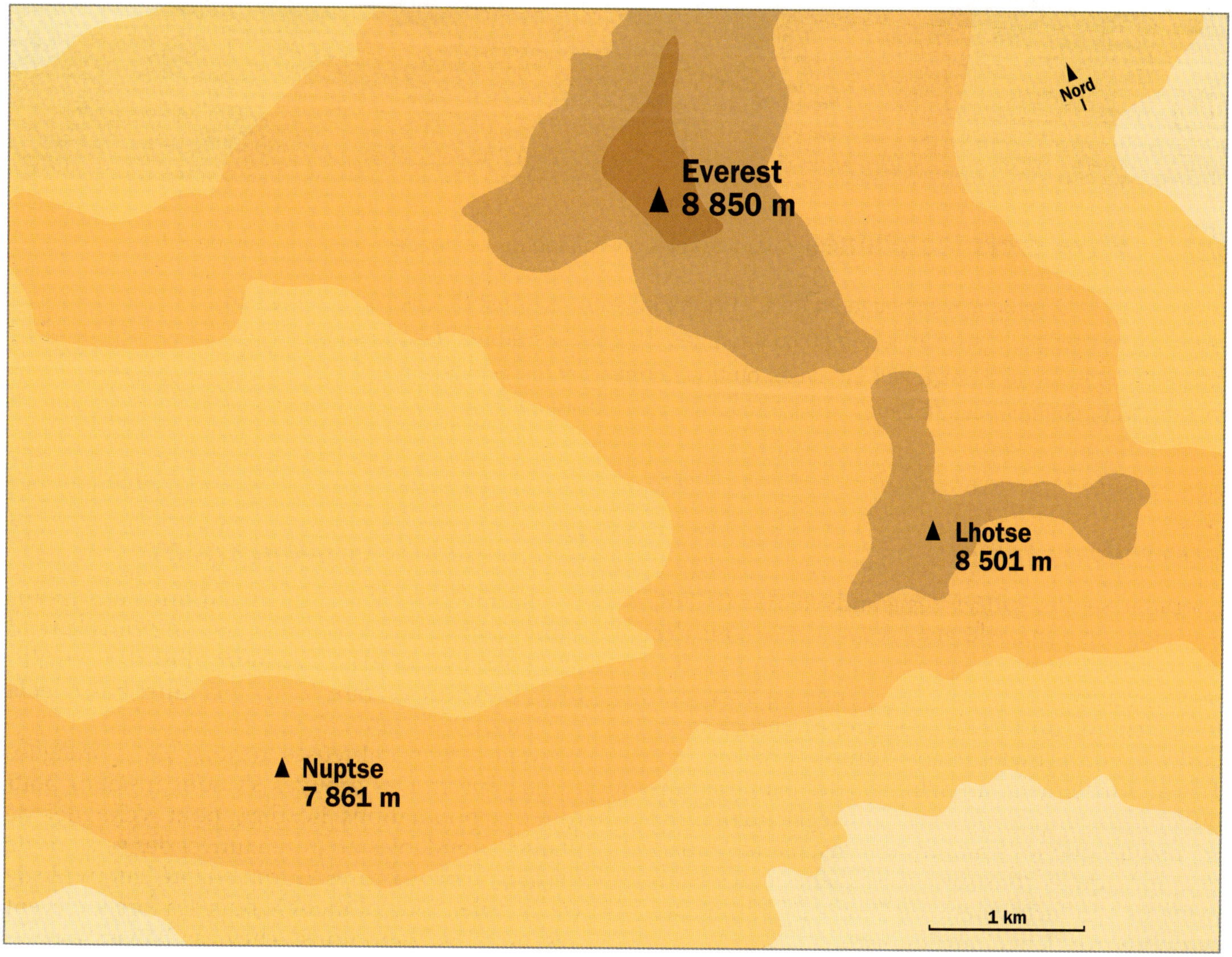
Nord
Everest
8 850 m
Lhotse
8 501 m
Nuptse
7 861 m
1 km

6 Des modes de vie adaptés au relief

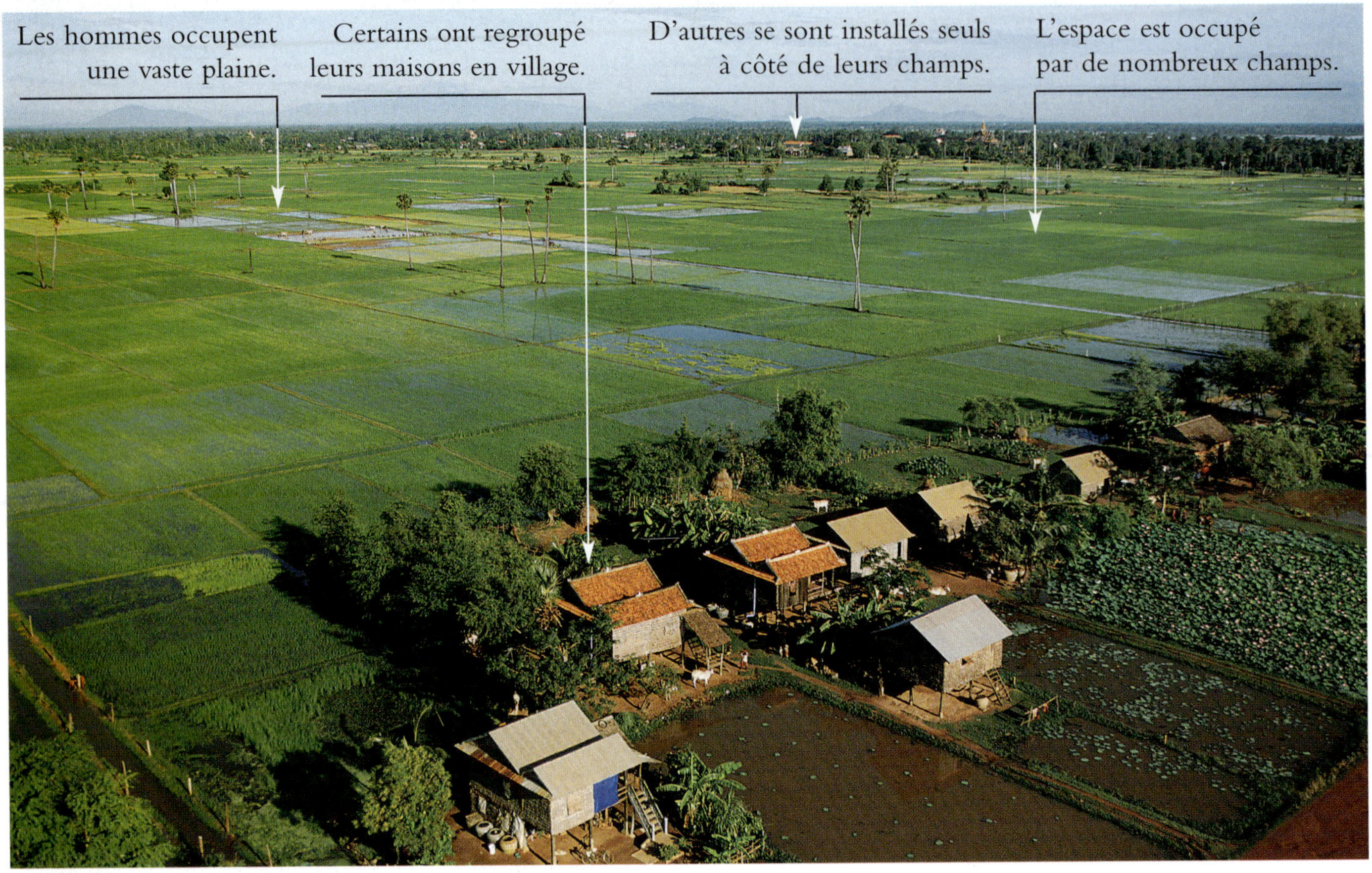

1 Vivre dans les plaines Champs dans une plaine du Cambodge

- Sur la carte 3, situe le Cambodge en Asie. D'après la carte, quel est le relief de cette région ?
- Décris ce paysage : le relief, le temps qu'il fait, les champs, les arbres, les maisons…
- Quels éléments du paysage ont été créés ou transformés par les hommes ?
- À ton avis, pourquoi des hommes ont-ils choisi de s'installer ici ?

Vivre dans les plaines

Les plaines et les vallées des grands fleuves (le Nil, le Gange, le Yangzi J0iang…) (carte 3) sont des espaces occupés par les sociétés humaines. Ces dernières y trouvent en effet de grands espaces, une terre riche et un terrain plat, toutes choses favorables à leurs activités et aux communications.
Traditionnellement, les habitants des plaines pratiquent l'agriculture (doc. 1). C'est également dans les plaines que les hommes ont installé la plupart des villes, qu'ils construisent les usines et les équipements qui nécessitent de l'espace, comme les aéroports avec leurs longues pistes.

Vivre dans les montagnes

Les montagnes offrent un environnement moins accueillant : les sols sont pauvres ; le dénivelé rend les déplacements et les transports difficiles ; en altitude, l'oxygène est rare, les températures basses et la végétation clairsemée.
Pourtant, de nombreuses régions de montagnes sont habitées. Des groupes s'y sont installés pour fuir des populations hostiles, pour s'éloigner de plaines inondables ou pour cultiver des versants de montagne bien arrosés. Ils ont adapté leur mode de vie au relief. Ils exploitent le bois des forêts, élèvent des animaux (moutons, chèvres, lamas, vaches,

2 Vivre dans les montagnes

Champs au Tibet, chaîne de l'Himalaya

Les paysans ont aménagé des terrasses sur le versant de cette montagne pour y pratiquer l'agriculture.

- Sur la carte 3, situe le Tibet en Asie.
- D'après la carte, comment s'appelle la chaîne de montagnes visible sur la photographie ?
- Décris ce paysage : le relief, les plantes, le temps qu'il fait, les traces de la présence humaine…
- Quelle est la forme des champs ?
- Pourquoi ne peut-on cultiver les versants des montagnes sans les aménager ?
- Pourquoi les hommes sont-ils moins nombreux dans les montagnes que dans les plaines ?

3 Les aménagements modernes

Presse. Avant d'être des stations de ski, elles étaient des villages. Ici, les sports d'hiver sont venus se superposer aux activités agricoles et artisanales déclinantes et apporter un souffle nouveau. Sans ce nouveau filon, elles se seraient lentement vidées de leur population. Année après année, de nouveaux chalets ont été construits, des fermes rénovées, des immeubles érigés. Les remontées mécaniques se sont hissées sur les cimes les plus élevées. Ces stations villages ont respecté les forêts fragilisées par l'altitude, et les pentes que des mouvements de terre au bulldozer auraient définitivement saccagées.

D'après Claude Francillon, *Le Monde*, 9 novembre 1988

yacks…) sur les pâturages d'altitude, font du commerce ou aménagent les pentes pour y pratiquer l'agriculture (doc. 2).

Les aménagements modernes

Grâce aux progrès techniques, les hommes surmontent les inconvénients liés au relief. Ils améliorent les transports et les communications dans les régions de montagne en construisant des routes, des autoroutes, des ponts et des viaducs, en creusant des tunnels, en installant des relais téléphoniques. Ils abandonnent les activités traditionnelles qui rapportent peu d'argent pour se consacrer au tourisme : ils construisent des logements et des équipements dans le cadre de stations de sports d'hiver… (doc. 3)

LEXIQUE

- **inondable** : régulièrement recouvert par les eaux, du fait de grosses pluies ou du débordement d'un cours d'eau.
- **un versant** : un côté incliné d'une montagne ou d'une vallée.

7 Le climat

1 Le soleil et les températures

Près de l'équateur, le soleil monte haut dans le ciel (plus encore qu'en France, à midi) et ses rayons frappent le sol à la verticale : la Terre reçoit donc beaucoup de chaleur.

Près des pôles, au contraire, le soleil reste toujours près de l'horizon (comme le matin ou le soir, en France) et ses rayons rasent le sol, qui reçoit donc peu de chaleur : il fait froid.

- Explique avec tes mots pourquoi il fait froid au pôle Nord et chaud près de l'équateur.
- À ton avis, que fait le soleil dans les régions situées entre l'équateur et le pôle Nord ?

2 Les précipitations

L'eau des océans, des mers, celle des lacs, des rivières, mais aussi celle contenue dans la végétation, s'évaporent et forment des nuages.
Là où le vent pousse les nuages, il pleut.
Là où les nuages ne peuvent aller (par exemple, s'ils sont arrêtés par une montagne), il ne pleut pas.

- Dans le dessin ci-dessus, d'où vient l'eau de ces nuages ?
- Par quoi les nuages sont-ils poussés vers la montagne ?
- Pourquoi y a-t-il une zone désertique à droite de la montagne ?
- D'où vient l'eau des nuages qui se trouvent dans ta région ?

L'étude du climat

Le climat d'une région est le type de temps qu'il y fait dans l'année : les températures, les précipitations (leur abondance, leur répartition sur l'année), les vents (leur force, leur direction), la durée d'ensoleillement (dans la journée, dans l'année).
Pour étudier le climat d'une région, on relève chaque jour les températures dans un lieu abrité du vent et du soleil. Il fait très froid près des deux pôles (ce qui explique que le sol de l'Antarctique et l'océan Arctique soient couverts par la glace toute l'année). Au contraire, il fait chaud près de l'équateur (doc. 1). Les températures sont plus basses dans les montagnes que dans les vallées : plus l'altitude est élevée, plus il fait froid (doc. 3).
Pour étudier le climat d'une région, on mesure également les précipitations : leur volume et leur répartition dans l'année. Elles varient considérablement d'une région à l'autre, en fonction notamment des vents, qui apportent ou non les nuages chargés de pluies. Certaines régions reçoivent des pluies abondantes, d'autres des pluies modérées voire aucune (les déserts) (doc. 2). Les précipita-

3 Températures et altitude Kilimandjaro, Afrique

- Sur la carte 3, situe le Kilimandjaro. Quelle est son altitude ?
- Décris ce paysage : le relief, les plantes, les animaux...
- D'après ce que tu vois, quelles sont les températures en bas de la montagne ? en haut de la montagne ?

4 Le pôle Nord

Récit d'exploration. *Nansen dirigea l'une des premières explorations de la région du pôle Nord.*

3 janvier 1894. La température varie entre -39 °C et -40 °C. Par un pareil froid, la lecture des instruments de météorologie n'est pas précisément agréable. Plus pénibles encore sont les observations astronomiques. Pour manier les petites vis très délicates des instruments, Hansen doit retirer ses gants, d'où de fréquentes congélations aux mains. Souvent, le froid est tellement pénétrant qu'il doit interrompre son travail pour battre la semelle ou pour se frapper les bras.

Fridtjof Nansen, *Vers le pôle*, Hoëbeke, 1897

tions sont réparties sur l'année ou, au contraire, se concentrent sur quelques mois.

Les zones climatiques

Près des pôles, le climat est marqué par un froid intense toute l'année : c'est la zone froide (climat polaire) **(doc. 4 et carte 4)**.
De part et d'autre de l'équateur, les températures sont élevées : c'est la zone chaude. Par endroits, les précipitations sont abondantes toute l'année ; dans d'autres régions, il y a alternance entre une saison sèche et une saison des pluies (climat tropical).
Entre la zone chaude et les deux zones froides se trouvent deux régions dans lesquelles se succèdent un hiver, un été et des saisons intermédiaires (printemps et automne) : c'est la zone tempérée. C'est dans l'une d'elles que se trouve la France.

LEXIQUE

- **les précipitations** : l'eau qui tombe du ciel (la pluie, la neige, la grêle).
- **tempéré** : ni très froid ni très chaud.

DOSSIER

La météo

La météorologie est la science qui étudie l'atmosphère et cherche à prévoir l'évolution du « temps ». On appelle familièrement « météo » le service qui annonce le temps qu'il va faire.

La carte météo

1 Le temps qu'il fait

Carte météo de l'Afrique en septembre

- Nomme les continents, les océans et les mers que tu vois sur cette carte.
- Donne la signification des dessins utilisés pour représenter le temps.
- Cette carte a-t-elle une légende ?
- À ton avis, pourquoi ?
- Quel temps fait-il à Casablanca ? à Abidjan ? au Cap ? à Kinshasa ? dans l'île de Madagascar ?
- Nomme une autre ville d'Afrique dans laquelle il fait beau.
- As-tu déjà vu des cartes de ce type ? A quelle occasion ?

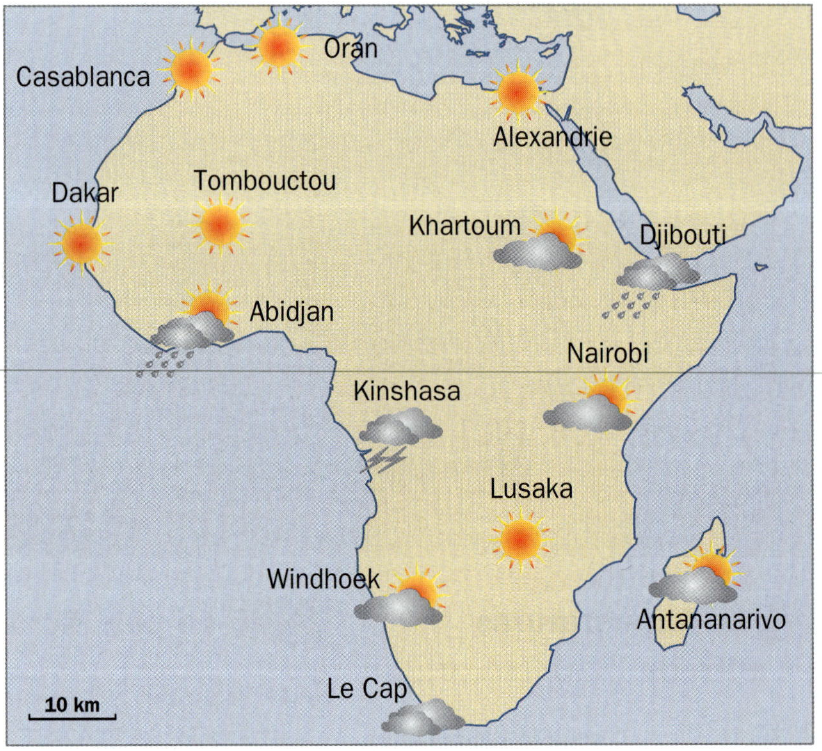

2 Les températures

Carte météo de l'Afrique en septembre

- Quelle température fait-il à Dakar ? au Cap ? dans l'île de Madagascar ?
- Où fait-il le plus chaud ? Où fait-il le moins chaud ?
- Cette carte a été faite en septembre, à la fin de l'été au nord de l'Afrique : fais des recherches pour savoir quelle est alors la saison au sud de l'Afrique.
- Dans quelle région peut-il y avoir de la neige ce jour-là ?
- Compare cette carte avec celle du dessus et trouve :
  - une ville dans laquelle il fait chaud et humide ;
  - une ville dans laquelle il fait très chaud et sec.

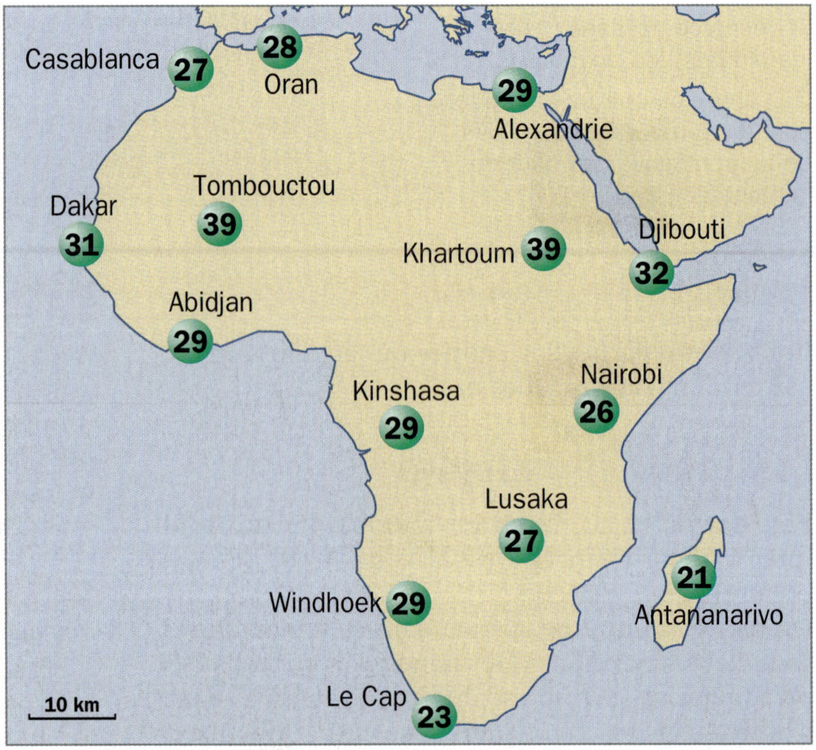

Les prévisions météorologiques

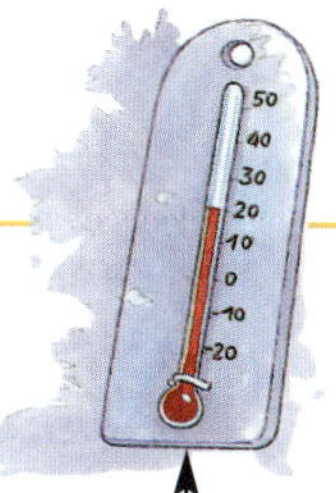

Le thermomètre mesure la température.

Le pluviomètre mesure les précipitations.

3 Les mesures

Station météorologique de Météo France, La Réunion

Pour connaître le temps qu'il fait et prévoir celui à venir, les services de la météo effectuent des mesures en de nombreux points du globe : vent, température, précipitations, humidité de l'air, ensoleillement…

Le baromètre mesure la pression atmosphérique (le « poids » de l'air).

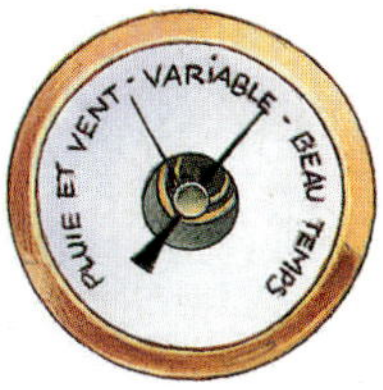

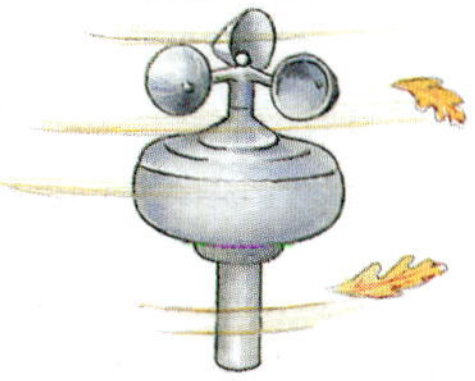

L'anémomètre mesure la vitesse du vent.

- Sur la carte 4, situe La Réunion.
- Décris cette station météorologique.
- Explique avec tes propres mots à quoi sert chacun de ces appareils de mesure.

4 Les prévisions Image satellite de Météo France

- Sur cette image satellite, quelle région du monde ou quel pays reconnais-tu ?
- Que représentent les « traces » blanches ?
- Qu'est-ce que cette image nous apprend sur le temps en France ce jour-là ? sur le sens du vent ?
- As-tu déjà vu ce type d'image ? A quelle occasion ?
- Trouve un cas pour lequel il est très important de connaître à l'avance la météo.

8 Des modes de vie adaptés aux températures

1 Vivre avec la chaleur Village au Burkina Faso, Afrique de l'Ouest

- Sur la carte 4, situe le Burkina Faso. Dans quelle zone climatique ce pays se trouve-t-il ?
- Décris ce village : le sol, les plantes, les maisons, les personnes...
- Qu'ont fait ces gens pour adapter leur vie à la chaleur ?

Vivre avec la chaleur

Les hommes vivent de préférence dans les régions où les températures sont favorables à leurs activités agricoles : dans la zone chaude et la zone tempérée (carte 4). En effet, la chaleur favorise la croissance des plantes. Dans les régions chaudes, ils adaptent leur mode de vie aux températures élevées. Ils cultivent des plantes appropriées (riz, manioc, cacao, café, légumes et fruits...). Ils construisent des maisons en terre et avec des végétaux qui entretiennent la fraîcheur (chaume...). Ils s'habillent légèrement ou, au contraire, portent des vêtements de laine qui les isolent de la chaleur. Ils se lèvent tôt pour travailler quand il fait encore frais et s'arrêtent durant les heures les plus chaudes de la journée (doc. 1).

Vivre avec le froid

À l'inverse, certaines sociétés humaines occupent les régions froides. Si le continent Antarctique n'est pas habité, le Grand Nord l'est : des hommes vivent sur les terres recouvertes de glace, au nord de l'Amérique, de l'Europe et de l'Asie, et même sur la banquise. Leur vie est entièrement conditionnée par le froid polaire : ils vivent de la chasse

2 Vivre avec le froid

Campement de Nenets en Sibérie

- Sur la carte 4, situe la Sibérie au nord de l'Asie. Dans quelle zone climatique cette région se trouve-t-elle ?
- Décris ce campement : le relief, le climat, les animaux, les traces de présence humaine, les activités des hommes…
- Qu'ont fait ces gens pour adapter leur vie au froid ?
- Pourquoi sont-ils nomades ?

3 Les aménagements modernes

Internet. À Montréal (Canada), l'hiver est rude. En quelques semaines, la température peut passer de 40 °C à -40 °C. Du coup, on utilise le réseau de couloirs souterrains pour se déplacer sans sortir : près de trente kilomètres de galeries permettent de circuler sans jamais avoir à mettre le nez dehors de l'hiver ! Et chaque numéro d'arrêt de bus est un numéro de téléphone, avec une boîte vocale donnant les horaires des prochains bus. Pas la peine d'attendre des heures au froid. Les Québécois savent apprivoiser l'hiver.

Témoignage sur le site personnel d'un Français vivant au Canada

- Quels aménagements ont été faits pour rendre l'hiver supportable ?
- Que peut-on faire pour rendre l'été agréable ?

(phoques, ours…), de la pêche, de l'élevage nomade (rennes…). Ils mangent de la viande et du poisson gras pour résister au froid, s'habillent de fourrures, construisent des habitations en peaux, des abris provisoires en glace (igloo) et se déplacent avec des traîneaux ou des motoneiges (doc. 2).

Les aménagements modernes

Les progrès techniques permettent de surmonter les inconvénients liés au climat. Le chauffage et la climatisation entretiennent toute l'année des températures agréables dans les bâtiments et dans les moyens de transport (trains, voitures…). En hiver, des engins déneigent et salent les rues et les routes (doc. 3).

LEXIQUE

- **un igloo** : un abri provisoire traditionnel arrondi, fait de blocs de glace et de neige.
- **nomade** : qui n'a pas d'habitation fixe et se déplace souvent.

9 Des modes de vie adaptés aux ressources en eau

1 Vivre avec de l'eau en abondance Village sur pilotis de Zamboanga, Philippines

- Sur la carte 4, situe les Philippines en Asie. Que t'apprend la carte sur le climat dans ce pays ?
- Décris ce village : le lieu, la manière dont les maisons sont construites, leur disposition le matériel visible…
- Qu'ont fait ces gens pour adapter leur vie à la présence de l'eau ?

Vivre avec de l'eau en abondance

L'eau est indispensable aux hommes : pour la boisson, la toilette, les activités (agriculture, élevage, pêche, refroidissement des machines dans les usines…). Les hommes s'installent donc de préférence là où il pleut régulièrement et près des cours d'eau et des lacs (carte 1). Ils adaptent leur mode de vie à l'eau disponible : par exemple, dans les champs inondés de l'Asie du Sud-Est, ils cultivent le riz ; dans les régions où il pleut beaucoup, ils construisent leurs maisons avec un toit pentu ; dans les régions qui subissent des inondations régulières, ils les installent sur pilotis (doc. 1).

Vivre avec peu d'eau

Des hommes vivent également dans les régions sèches, voire arides. Ils doivent alors adapter leur mode de vie au manque d'eau. Ils économisent l'eau dans toutes leurs activités, creusent des puits pour atteindre les nappes souterraines, stockent l'eau de pluie dans des citernes. Ils mettent en place des systèmes d'irrigation pour l'agriculture ou élèvent des animaux résistants à la sécheresse (moutons, chèvres, dromadaires, chameaux…) en se déplaçant de pâturages en pâturages. Ils adaptent leur habitat, leurs vêtements et leur nourriture (doc. 2).

2 Vivre avec peu d'eau

Campement de nomades touaregs, Niger

- Sur la carte 4, situe le Sahara. Quel est le climat de cette région ?
- Décris ce campement : le relief, le climat, les plantes, les traces de présence humaine, les activités et le mode de vie des hommes…
- Qu'ont fait ces gens pour adapter leur vie au manque d'eau ?
- Pourquoi sont-ils nomades ?

3 Les aménagements traditionnels et modernes

Livre de photographies. C'est pour abreuver leurs cultures que les hommes ont établi les premiers canaux et les premiers barrages, puis une multitude d'aménagements ingénieux. Ensuite, ils ont utilisé l'eau comme voie de communication et de transport. Certains pays ont pu développer une formidable technologie liée à l'eau. Ils ont fait travailler l'eau dans les machines à vapeur. L'eau qui, hier, alimentait les centrales électriques sert aujourd'hui à refroidir des centrales nucléaires. 36 000 grands barrages ont modifié le débit naturel de 16 % des fleuves. Ce siècle passé, les superficies irriguées ont été multipliées par sept. Elles consomment 70 % de l'eau douce utilisée dans le monde.

Yann Arthus-Bertrand, *La Terre vue du ciel*, Éd. La Martinière, 2002

Les aménagements modernes

Les progrès techniques permettent aux hommes de surmonter certaines difficultés liées à la présence de l'eau. Ils construisent des viaducs pour franchir des bras de mer et les grands fleuves. Ils construisent de gigantesques barrages pour réguler le cours des fleuves, distribuer l'eau et constituer des réserves, ou pour protéger des espaces menacés par de dramatiques inondations.
Les progrès techniques permettent aussi de surmonter les difficultés liées à l'absence d'eau. Les hommes installent des usines capables de dessaler l'eau de mer. Ils mettent en place d'immenses systèmes d'irrigation pour arroser et cultiver des zones désertiques (doc. 3).

LEXIQUE

- **aride** : qui ne reçoit presque pas de précipitations et, de ce fait, est très sec.
- **une maison sur pilotis** : une maison construite sur un ensemble de pieux enfoncés dans le sol.
- **un système d'irrigation** : un procédé permettant d'alimenter un champ en eau (par exemple, des canaux, une pompe à eau…).

10 La végétation

1 **Les forêts** Forêt tempérée, Canada

▷ Sur la carte 5, situe le Canada en Amérique.
Nomme les deux formes de végétation naturelle présentes en Amérique du Nord.

▷ Décris le paysage : le relief, la végétation… À quelle saison cette photographie a-t-elle été réalisée ?

Les forêts

Les forêts couvrent un tiers des continents et sont présentes partout dans le monde (carte 5).
Près de l'équateur (Amazonie, Afrique centrale, Indonésie), on trouve la forêt dense, toujours verte : elle est constituée de grands arbres et de lianes entremêlés et abrite de nombreux animaux.
Les forêts des régions tropicales et tempérées sont différentes selon les températures, les précipitations, l'altitude (baobabs dans les régions tropicales, chênes dans les régions tempérées, sapins en altitude…) (doc. 1).
La forêt des régions froides, au nord de l'Amérique, de l'Europe et de l'Asie, est constituée principalement de sapins.

Les végétations d'herbes

La savane, la prairie et la steppe comportent essentiellement des herbes, mais aussi des buissons, des arbustes et quelques arbres. Elles se répartissent sur la Terre en fonction des zones climatiques.
La savane occupe les régions tropicales. Elle se compose de hautes herbes, qui verdissent à la saison des pluies, d'arbustes et d'arbres, et abrite des girafes, zèbres, éléphants, lions… (doc. 2).
La prairie occupe les régions tempérées, en alternance avec la forêt. De nos jours, elle a presque disparu et a été remplacée par des champs cultivés.
La steppe occupe les régions sèches. Les herbes et les buissons ne couvrent pas totalement le sol, qui est à nu par endroits (doc. 2 p. 35).

2 Les végétations d'herbes

La savane, Tanzanie

- Sur la carte 5, situe la Tanzanie en Afrique.
- D'après la carte, quelle est la végétation dominante dans cette région ?
- Décris le paysage : le relief apparent, le climat (chaud ou froid ? humide ou sec ?), la végétation (les arbres, les herbes), les animaux...

3 Les végétations pauvres

Une oasis, Sahara

- Sur la carte 5, situe le Sahara en Afrique. D'après la carte, quelle est la végétation naturelle dominante dans cette région ?
- Décris le paysage : le relief, la végétation, la forme de l'oasis...
- À ton avis, fait-il chaud ou froid dans cette région ? Justifie ta réponse.

Les végétations pauvres

Dans les régions où le climat est extrême du fait de la sécheresse ou du froid, la végétation est rare, voire absente.
Dans les zones arides, faute de pluie, la végétation ne pousse pas et laisse le sol, fait de sable ou de pierre, à nu : ce sont les déserts. Près des rares ruisseaux ou des puits, on trouve des îlots de verdure : ce sont les oasis (doc. 3).
Dans les régions les plus froides du globe, les arbres sont rares et les sols couverts de mousses et de lichens : c'est la toundra (doc. 2 p. 23).
Au-delà, près des pôles, le sol est couvert par la glace et la végétation inexistante, comme en Antarctique : on parle de « déserts froids ».

LEXIQUE

- **la savane** : la végétation des régions tropicales, constituée de hautes herbes parsemées d'arbres.
- **la steppe** : la végétation des régions sèches, constituée de touffes d'herbe courte qui ne couvrent pas totalement le sol.
- **la toundra** : la végétation des régions froides constituée de mousses, de lichens et d'arbustes.
- **la végétation** : l'ensemble des plantes et des arbres.
- **la végétation naturelle** : la végétation qui pousse sans l'intervention de l'homme.

11 Des modes de vie adaptés à la végétation

1 Vivre dans la savane Village masaï au Kenya, Afrique de l'Est

- Sur la carte 5, situe le Kenya en Afrique. Quelle est la végétation naturelle de cette région ?
- Décris cette photographie : la végétation, la forme du village, les maisons, les activités des hommes…
- Qu'ont fait ces gens pour adapter leur vie à la végétation naturelle qui les entoure ?

Vivre dans la prairie, la savane ou la steppe

Les hommes vivent de préférence là où la végétation naturelle leur laisse la place pour leurs activités : dans les prairies, les savanes et les steppes. Certaines sociétés humaines exploitent la végétation naturelle : elles pratiquent l'élevage, quitte à se déplacer régulièrement pour trouver de nouveaux pâturages. D'autres transforment les paysages en défrichant pour créer des champs, en installant des usines, en construisant des villes…

Les sociétés traditionnelles utilisent la végétation naturelle pour se nourrir, fabriquer des tissus (coton, lin…), des objets de la vie quotidienne (bois, calebasse, osier…) et construire leurs habitations (terre, chaume…) (doc. 1).

Vivre dans la forêt

Certains groupes vivent dans les forêts. Ils adaptent leur mode de vie à leur environnement et au manque de place. Traditionnellement, ils vivent de la chasse, de la pêche et de la cueillette. Plus récemment, ils exploitent le bois (bois de charpente, fabrication de la pâte à papier).

2 Vivre dans la forêt

Forêt amazonienne, Brésil

▷ Sur la carte 5, situe l'Amazonie en Amérique.
Quelle est la végétation naturelle de cette région ?

▷ Décris ce paysage : la végétation, la maison, la rivière, le bateau, les personnes, ce que tu vois de leur mode de vie et de leurs activités...

▶ Qu'ont fait les habitants pour s'adapter à la végétation qui les entoure et en tirer parti au maximum ?

3 Les aménagements modernes

Guide touristique. Au XIXe siècle, les Landes (France) étaient si pauvres que les vaches ne faisaient pas de lait, et qu'elles n'abritaient qu'une poignée de bergers en échasses. En 1857, Napoléon III ordonne aux communes d'assainir et de boiser leurs terres. Vous allez découvrir une forêt entièrement artificielle, exploitée par l'homme. Ici des graines sont semées, là de jeunes pousses font l'objet de soins attentifs. On débroussaille pour ne garder que les arbres les plus solides. Cette gigantesque entreprise à ciel ouvert requiert des soins constants et fait vivre plus de 30 000 personnes.

Le Guide du routard, **www.routard.com**

Les habitants des forêts utilisent les ressources végétales disponibles pour construire leurs maisons (huttes en branchages, chalets en bois), fabriquer leurs outils, s'habiller (écorce, raphia...) (doc. 2)...

Les aménagements modernes

De plus en plus, les hommes transforment et remplacent la végétation naturelle.
Ils défrichent les forêts, pratiquent l'agriculture, sélectionnent les espèces et organisent l'espace en fonction de leurs besoins.

Ils façonnent le paysage en plantant des arbres, en créant des jardins (doc. 3).
Ces transformations mettent par endroits la végétation naturelle en danger. Ainsi, les défrichements font reculer de nombreuses forêts dans le monde.

LEXIQUE

• **défricher** : enlever la végétation naturelle (plantes, arbres, arbustes) d'un terrain pour pouvoir l'exploiter.

12 Les inégalités de richesse

1 Un pays riche Vancouver, Canada

- Sur la carte 6, situe Vancouver en Amérique. Dans quelle partie de l'Amérique cette ville se trouve-t-elle ?
- Décris cette rue : les bâtiments, les magasins, les véhicules, les personnes…
- À quoi vois-tu que cette ville est riche ?

Les pays riches

Les modes de vie ne sont pas les mêmes selon que l'on vit dans une ville ou une région riche ou pas (carte 6).

Dans les pays riches, la plupart des familles mangent à leur faim, achètent ce dont elles ont besoin, se soignent, envoient leurs enfants à l'école… Elles vivent dans un logement de plusieurs pièces (chambres, salon, cuisine), confortable (eau, électricité, évacuation des eaux sales et des déchets ménagers, chauffage…) (doc. 1). Elles disposent de moyens modernes pour se déplacer (voitures, transports en commun), possèdent des meubles (lits, tables, fauteuils…), des équipements modernes (machines à laver, radio, télévision, téléphone…). Elles consacrent une partie de leur temps et de leur argent aux loisirs (vacances, sports, spectacles…).

Ce mode de vie est minoritaire dans le monde. Même dans les pays riches, certains vivent dans la pauvreté et n'ont pas toujours un emploi, un logement, de quoi se nourrir, se soigner…

↑ 2 Un pays pauvre Calcutta, Inde

▷ Sur la carte 6, situe Calcutta en Asie.

▷ Décris cette rue : les bâtiments, les magasins, les véhicules, les personnes…

▶ À quoi vois-tu que cette ville est pauvre ?

↓ 3 La pauvreté dans le monde

Presse. La pauvreté dans le monde n'a jamais été aussi criante. Les exclus représentent une énorme part de la population mondiale. Leur vie ressemble à celle des paysans les plus pauvres de l'Ancien Régime en France. 56 % de la population mondiale vit dans la pauvreté.

Être pauvre, ce n'est pas seulement avoir faim, c'est aussi avoir des difficultés pour se loger, pour se soigner ou éduquer ses enfants. Les paysans endettés sont obligés de vendre leur récolte pour rembourser leurs dettes, quand les prix sont bas. Plus tard, ils doivent s'endetter pour racheter du grain pour avoir de quoi manger, alors que les prix ont monté.

D'après Lucas Delattre, *Le Monde*, 30 mars 2000

Les pays pauvres

Dans les pays pauvres, la majorité des familles vivent dans la misère.

Beaucoup ne mangent pas à leur faim, ne peuvent pas acheter ce dont ils ont besoin, ni se soigner ni envoyer leurs enfants à l'école… Ils sont mal logés, vivent entassées dans une baraque ou une seule pièce, sans confort (ni eau ni électricité ni chauffage…). Ils se déplacent à pied, à bicyclette ou à dos d'animaux, ne possèdent pas de meubles (ils dorment et mangent par terre), font tout à la main (lessive, couture…) ou de manière rudimentaire (cuisine au feu de bois) (doc. 2). Ils travaillent durement pour survivre, ne partent jamais en vacances, n'ont pas de loisirs (ni télévision, ni jeux…), n'ont pas les moyens de se soigner (doc. 3).

Ce mode de vie est majoritaire dans le monde. Mais même dans les pays pauvres, certaines familles sont riches et mènent parfois une existence luxueuse (grande villa avec piscine, voiture avec chauffeur…).

Des modes de vie différents selon le niveau de richesse

1 Une famille dans un pays pauvre Éthiopie

Ces deux familles (pages 42 et 43) ont sorti tout ce qu'elles possèdent devant leur maison.

Cette famille vit dans une seule pièce, sans électricité, ni eau courante, ni salle de bains ni cuisine.

Pas de voiture ni de bicyclette : pour se rendre à la ville, située à plusieurs jours de marche, la famille ne dispose que d'un cheval.

Pas de tracteur pour labourer les champs : cet agriculteur doit se contenter de son bœuf pour tirer sa charrue.

Pas d'eau courante : cette famille puise l'eau à la rivière. Une eau qui n'est pas toujours potable.

Très peu de meubles : avant d'avoir récupéré ce vieux canapé, la famille s'asseyait par terre.

Pas de réfrigérateur : on conserve les aliments dans des paniers et des plats.

Pas de cuisine, pas de four, pas de robot : on prépare les repas dehors, on moud le grain dans un mortier, on cuit les plats à terre, sur un feu de bois.

Cette famille vit dans plusieurs pièces, avec l'électricité, l'eau courante, le chauffage, une chambre pour chacun, une salle de bains, une cuisine…

Un canapé, des tables, des chaises, des armoires, des bibliothèques, des lits : le mobilier est varié.

Des machines pour cuire, pour réchauffer, pour laver : la vie quotidienne est facilitée par des innovations constantes.

Des vêtements chauds pour l'hiver, légers pour l'été : de quoi remplir plusieurs armoires !

Des jeux, des livres, une télévision, un projecteur de films, une chaîne stéréo : cette famille consacre du temps à ses loisirs.

Une voiture, une moto, quatre bicyclettes : chacun dispose d'un moyen de transport.

↑ 2 Une famille un pays riche Allemagne

- Sur la carte 6, situe l'Éthiopie en Afrique et l'Allemagne en Europe.
- Décris chacune de ces familles : les personnes qui les composent, leur maison, leurs habits, leurs meubles, les objets de la vie quotidienne, les loisirs éventuels…
- Quelle différence entre les modes de vie de ces deux familles te semble la plus importante ? Justifie ta réponse.

2 Espaces européens

Une diversité de paysages

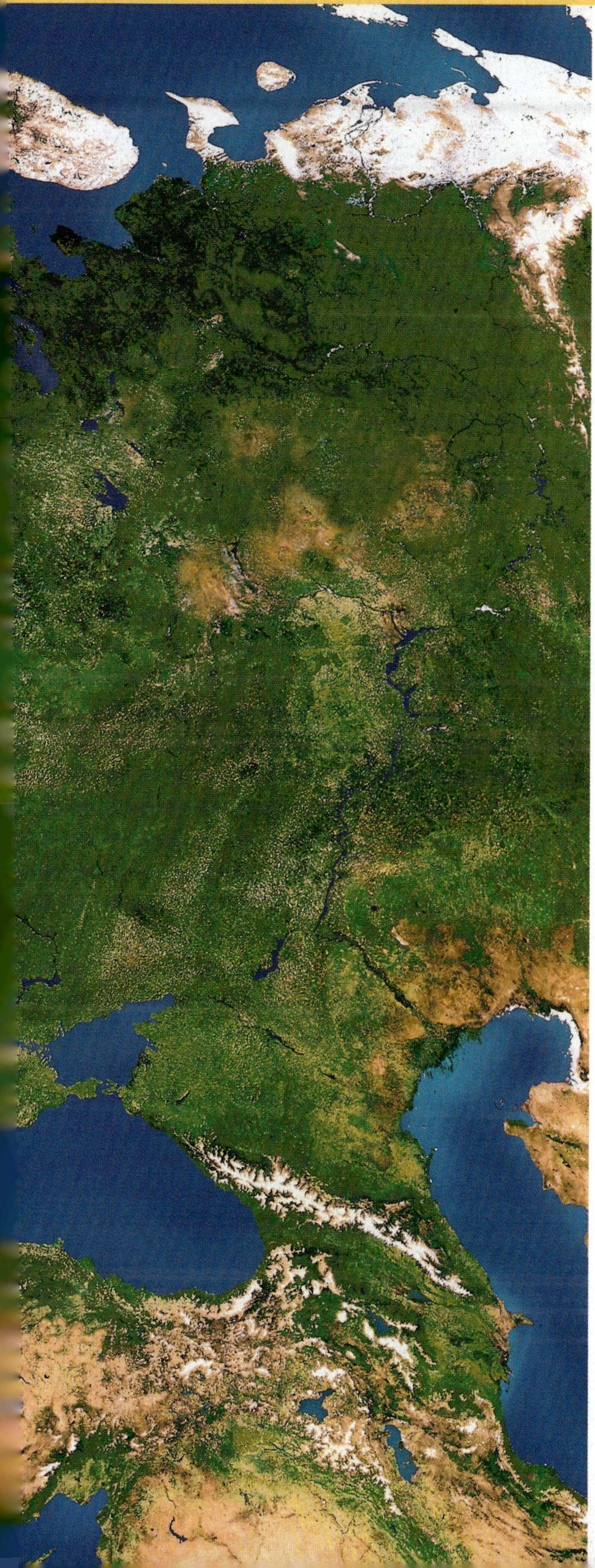

sommaire

Image satellite de l'Europe

13 Qu'est-ce que l'Europe ?

1 Les États d'Europe Gil Baer, allégorie, vers 1901, lithographie

- Décris ce document : les différents personnages, l'allure générale.
- Compare ce document à la carte 8 : par qui sont représentés chacun des États d'Europe ?
- Cette représentation est une allégorie (la représentation d'une idée par une image) :
  – Quel État d'Europe est présenté comme le plus puissant ?
  – Quelles sont les relations entre la France et l'Allemagne ? la Grande-Bretagne et l'Irlande ?
  – Trouve un État qui n'est pas représenté.

L'Europe géographique

L'Europe est l'un des six continents du globe. Elle est limitée à l'ouest par l'océan Atlantique, au nord par l'océan Arctique, et au sud par la Méditerranée et la mer Noire (carte 7). Alors que l'Amérique, l'Afrique et l'Antarctique sont entièrement bordés par l'Océan, l'Europe est soudée, à l'est, à l'Asie. On considère que l'Oural, une chaîne de montagnes en Russie, marque la limite de l'Europe à l'est (doc. 2).

L'Europe est un petit continent (10 millions de kilomètres carrés) : à part l'Océanie, les autres continents sont tous plus grands. Elle se compose d'un territoire continental et d'une série d'îles (Irlande, Grande-Bretagne...).

L'Europe des États

L'Europe est découpée en une quarantaine d'États : un pays sur cinq dans le monde est européen. Ce morcellement du continent en de nombreux pays fait que la plupart ont une superficie restreinte : certains sont minuscules (le Vatican, la principauté de Monaco...) (carte 8).

Cette division de l'Europe est le résultat de son his-

2 L'Europe géographique

Presse spécialisée. L'idée de l'Oural comme limite orientale (à l'est) de l'Europe est entrée dans l'usage commun. Comment se fait-il que cette chaîne de montagnes, aisément franchissable, ait été choisie comme limite naturelle du continent ? Longtemps repliée sur elle-même, la Russie veut, à la fin du XVIIIe siècle, s'affirmer comme une puissance européenne. Elle doit alors se définir comme appartenant à l'Europe. C'est l'historien et géographe Tatichtchev qui avança l'idée de l'Oural comme limite. La ligne qui fait descendre la frontière européenne de l'Oural ... le sud jusqu'à la mer Caspienne, finira par s'impo... ...nuels de géographie du monde entier.

... l'Europe ? *Regards sur l'Est* n° 26, mai-juin 2001

▶ ...7, situe les limites naturelles ...Oural, les mers et les océans ...urope.

▶ ...tes géographiques sont claires ? ...s le sont moins ? Justifie ta réponse.

...Europe des États

... quasi-totalité des Turcs se considèrent ...uropéens. En effet, l'Empire ottoman (turc) ... puissance européenne pendant quatre ou ...cles ; la Turquie est membre fondateur du ... de l'Europe. Les équipes de foot turques ...en Europe. Miss Turquie a été récemment élue ...urope. La Turquie fait partie de l'Eurovision, ...pposition d'une majorité d'Européens à l'ad... ... de la Turquie à l'Union européenne est très ...erçue par la population turque.

Mu... Erpuyan, *Le Monde*, 19 avril 2004

▷ Pourquoi les Turcs se sentent-ils européens ?

4 L'Union européenne

Affiche pour la journée de l'Union européenne

▶ Explique le slogan de cette affiche.

▷ Décris le logo de l'Union européenne.

▶ Le 9 mai est la journée de l'Union européenne : pourquoi, comme sur cette affiche, appelle-t-on souvent l'Union européenne « l'Europe » ?

toire : depuis des siècles, les peuples européens se sont tour à tour unis et combattus et ont résisté à toutes les tentatives d'unification (doc. 1).
Les limites des États européens ne correspondent pas à celles de l'Europe géographique : la Russie et la Turquie se sentent européennes, mais une grande partie de leur territoire se trouve en Asie (doc. 3 et carte 8).

L'Union européenne

25 États européens se sont unis pour constituer un vaste espace de paix et d'échanges en Europe : c'est l'Union européenne (carte 8). Celle-ci regroupe la majorité des États européens et près des deux tiers de la population de l'Europe : c'est pourquoi, même si ses limites sont différentes de celles de l'Europe géographique, on l'appelle souvent « l'Europe » (doc. 4).

LEXIQUE

- **un État** : le terme désigne tantôt un pays (c'est le cas ici), tantôt son gouvernement.
- **une frontière** : la ligne de séparation entre deux États.

14 Les espaces urbains

1 Des quartiers anciens Prague, République tchèque

- Sur la carte 9, situe Prague. Nomme deux autres grandes villes en Europe.
- Décris ce quartier : la place et la rue, les bâtiments, les éléments de décoration, les passants...
- À quoi vois-tu que cette ville est ancienne ?
- Pourquoi préserve-t-on les vieux quartiers des villes européennes ?

Des villes nombreuses

L'Europe compte de nombreuses agglomérations, dont d'immenses villes (doc. 2 et carte 9) : près de huit Européens sur dix vivent en milieu urbain.
Certaines villes datent de l'Antiquité (Athènes, Rome...), d'autres se sont développées à partir du Moyen Âge (Londres, Paris, Madrid...), d'autres plus récemment encore (Moscou.).
Depuis le XIXe siècle, les villes européennes connaissent une formidable expansion, du fait de la croissance de la population en Europe et de l'exode rural. Elles augmentent donc en taille en intégrant l'espace environnant : des villages isolés de la périphérie deviennent ainsi des quartiers de la ville.

Des quartiers anciens

La plupart des villes européennes conservent des traces de leur passé, avec des quartiers anciens et des monuments... (doc. 1).
Dans de nombreuses villes, on a gardé le cachet d'autrefois en restaurant les vieux bâtiments, en mettant les monuments en valeur, en créant des rues piétonnes, en aménageant des jardins...
Dans d'autres, au contraire, on a transformé les vieux quartiers pour les adapter à la vie moderne : les petits bâtiments ont été rasés pour permettre la construction de grands immeubles ; les rues ont été élargies pour faciliter la circulation des voitures et des autobus.

2 Des villes nombreuses

Les plus grandes villes d'Europe

- Sur la carte 9, situe ces différentes villes.
- À l'aide d'un dictionnaire et d'un atlas, trouve dans quel pays chacune se trouve.

3 Des quartiers modernes Istanbul, Turquie

- Sur la carte 9, situe Istanbul. Se trouve-t-elle en Europe ?
- Décris ce quartier : les bâtiments, les moyens de transport...
- Quels éléments sont modernes ?
- Pourquoi construit-on des quartiers modernes ?

Des quartiers modernes

Pour répondre à la croissance de la population et à ses besoins (logements et bureaux toujours plus nombreux), on construit de nouveaux quartiers, faits de grands ensembles et de lotissements (doc. 3). Dans certaines villes (Londres, Francfort, Paris...), des quartiers d'affaires modernes regroupent de grands immeubles de bureaux. Tous ces nouveaux quartiers sont construits là où il reste de la place : à la périphérie des villes. De même, les équipements bruyants, polluants ou encombrants comme les aéroports sont installés loin des centres-villes, ce qui implique de développer les moyens de transport dans et autour des villes.

LEXIQUE

- **une agglomération** : un ensemble d'habitations (un village, une ville).
- **l'exode rural** : le départ définitif d'une partie des habitants des campagnes vers les villes.
- **un grand ensemble** : un ensemble de grands immeubles d'habitation.
- **un lotissement** : un ensemble de pavillons, parfois identiques, concentrés dans un même lieu.
- **la périphérie** : l'espace, construit ou non, situé autour d'une ville.
- **une zone industrielle** : un quartier dans lequel sont regroupées des usines.

DOSSIER

Une ville historique et moderne : Rome

Ville très ancienne, puisqu'elle date de l'Antiquité, Rome a été transformée au fil des siècles et est aujourd'hui une ville moderne, riche de nombreux vestiges.

1 Le plan

Le titre

- Que représente cette carte ?
- Sur la carte 9 de l'atlas, situe Rome. À l'aide de la carte 8, trouve dans quel pays cette ville se trouve.

L'orientation

- Sur le plan ci-contre, trouve le nord.
- Nomme un monument qui se trouve au centre de la ville ; un autre qui se trouve à l'ouest.

L'échelle

- Quelle est l'échelle de ce plan ?
- Quelle est la distance, sur le plan, entre le Stade olympique, au nord, et le Palais des sports, au sud ?
Recopie le tableau ci-contre à l'aide de l'échelle et trouve la distance dans la réalité.
- Trouve un monument situé à 2 km de la Cité du Vatican.

. . . . . mm	1 km
. . . . . mm	2 km
. . . . . mm	3 km
. . . . . mm	4 km
etc.	

La légende

- Que représentent les différentes couleurs ?
- Quel signe désigne une voie ferrée (une voie de chemin de fer) ?
- Que représente une croix sur un rond ? Combien y en a-t-il sur le plan ?
- Que représente une croix sur un rond rouge ? (Aide-toi des couleurs de la légende)

2 Une ville ancienne

- Pourquoi la ville de Rome était-elle célèbre sous l'Antiquité ?
- Situe les limites de Rome sous l'Antiquité : la ville était-elle plus vaste ou moins vaste que de nos jours ?
- Nomme des vestiges de l'Antiquité. Où se trouvent-ils : au centre ou à la périphérie de la ville actuelle ?
- À ton avis, pourquoi n'a-t-on pas détruit les vestiges de l'Antiquité pour construire à la place des habitations ou des bureaux ?
- Quels monuments datent du Moyen Âge ?
- Que nous apprennent-ils sur la vie des habitants de Rome à cette époque ?
- Quels monuments datent des Temps modernes ? du XIXe siècle ?
- En quoi la présence de vestiges historiques est-elle une chance pour Rome ? une contrainte pour la ville ?

3 Une ville agrandie et aménagée pour la vie contemporaine

Rome, capitale de l'Italie, comptait 200 000 habitants vers 1870 : ils sont 3 millions de nos jours.

- Quelles raisons expliquent que Rome se soit tant agrandie depuis l'Antiquité ?
- Quels monuments et quels équipements ont été construits au XXe siècle ?
- Où se situent les équipements sportifs récemment construits ?
- Où se situent les zones industrielles et commerciales ?
- Pourquoi les quartiers récents n'ont-ils pas été construits dans le centre de la ville ?
- Quels équipements ont été construits pour faciliter la circulation dans la ville ?

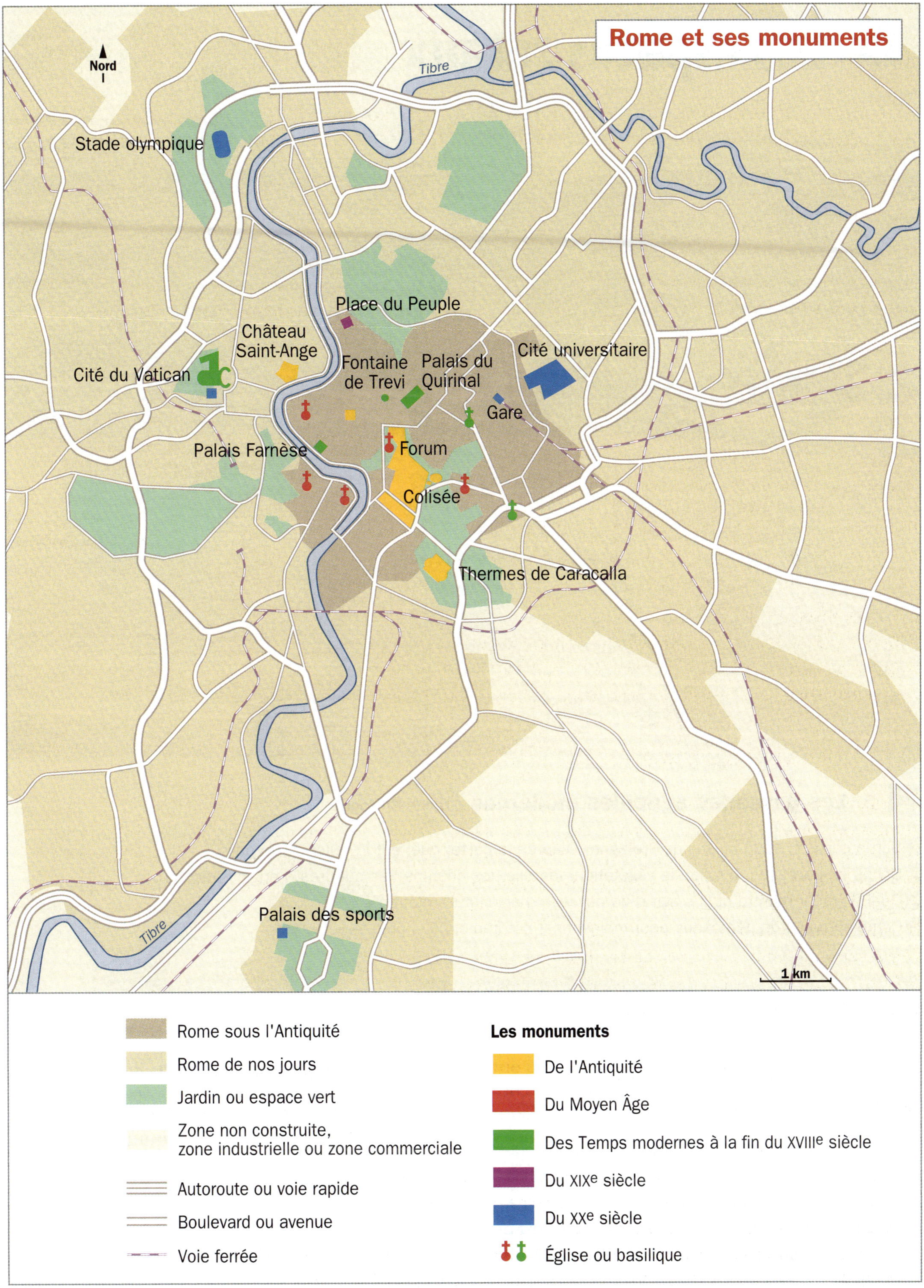
Rome et ses monuments
Nord
Tibre
Stade olympique
Place du Peuple
Château Saint-Ange
Cité du Vatican
Fontaine de Trevi
Palais du Quirinal
Cité universitaire
Gare
Palais Farnèse
Forum
Colisée
Thermes de Caracalla
Palais des sports
Tibre
1 km
Rome sous l'Antiquité
Rome de nos jours
Jardin ou espace vert
Zone non construite, zone industrielle ou zone commerciale
Autoroute ou voie rapide
Boulevard ou avenue
Voie ferrée
Les monuments
De l'Antiquité
Du Moyen Âge
Des Temps modernes à la fin du XVIIIe siècle
Du XIXe siècle
Du XXe siècle
Église ou basilique

15 Les espaces ruraux

1 Les paysages agricoles modernes Grande-Bretagne

- Sur la carte 7, situe la Grande-Bretagne. D'après la carte, quel est le relief de ce pays ?
- Décris ce paysage : le relief, la végétation, la taille des champs, les cultures, l'engin agricole…
- Quel élément montre qu'il s'agit d'un paysage d'agriculture moderne ?
- Combien faut-il de personnes pour moissonner cet immense champ ?

La fin des paysages naturels

La quasi-totalité des paysages ruraux européens ont été transformés. Les forêts ont été défrichées : elles n'occupent plus qu'un tiers de l'espace et sont entretenues et aménagées. Les prairies ont été mises en culture et les plantes agricoles ont remplacé la végétation naturelle.

Peu de paysages gardent encore leur végétation d'autrefois : les régions de toundra dans le nord de l'Europe, les régions situées en altitude dans les montagnes.

Les paysages agricoles modernes

La plupart des paysages ruraux en Europe sont des paysages agricoles : champs, prés, vergers…

Dans certaines régions, l'agriculture moderne domine : on la reconnaît à ses immenses champs non clôturés dans lesquels les gros engins agricoles circulent aisément, à ses grands bâtiments (poulaillers, étables, porcheries… d'où les animaux ne sortent pas), à ses spectaculaires systèmes d'irrigation, à ses gigantesques silos dans lesquels sont entreposées les céréales (doc. 1 et 2).

2 L'irrigation

Espagne

- Sur la carte 7, situe l'Espagne. D'après la carte, quel est le relief de ce pays ?
- Décris ce paysage : le relief, le climat, la végétation, les cultures, le système d'irrigation...
- Pourquoi l'irrigation est-elle indispensable dans certaines régions ?
- Connais-tu une autre manière d'irriguer des champs ?

3 Les paysages agricoles traditionnels Pologne

- Sur la carte 7, situe la Pologne. Quel est le relief de ce pays ?
- Décris ce paysage : la végétation, les bâtiments, les paysans, leur matériel, leur manière de travailler.
- Quel élément montre qu'il s'agit d'une agriculture traditionnelle ?
- Quels sont les inconvénients de l'agriculture traditionnelle ?

Les paysages agricoles traditionnels

Dans d'autres régions, l'agriculture traditionnelle subsiste. Faute d'équipements et de moyens, les paysans effectuent un travail pénible, qui leur permet à peine de vivre.

Les paysages de l'agriculture traditionnelle se reconnaissent à la taille des champs, plus petits que ceux de l'agriculture moderne, et aux méthodes employées : on voit encore, dans certaines régions d'Europe, des charrues tirées par des chevaux, des bœufs ou des ânes, le ramassage des foins à la main, l'élevage familial de quelques animaux (doc. 3).

Ces régions se modernisent peu à peu : les paysans utilisent des engrais sur les sols pauvres, s'équipent progressivement de machines.

LEXIQUE

- **un silo** : un réservoir servant à stocker le grain ou le fourrage.

16 Les espaces montagnards

1 Des activités en déclin Pyrénées, Espagne

- Sur la carte 7, situe les Pyrénées. Est-ce une chaîne de hautes ou de moyennes montagnes ?
- Décris ce paysage : le relief, le climat et la végétation, les animaux, le berger…
- Pourquoi l'agriculture est-elle difficile dans cette région ? et les communications ?

2 Des régions en déclin

- Explique ce texte avec tes propres mots.
- Que deviennent les anciennes régions d'agriculture et d'élevage de montagne ?

Les régions de montagne

Le sud de l'Europe est en grande partie occupé par les Alpes et ses prolongements : les Carpates et les Balkans.

Les Alpes sont de hautes montagnes qui culminent à plus de 4 000 m : leur paysage présente une succession de pics enneigés et de glaciers.

L'Europe possède d'autres montagnes : des hautes montagnes (comme les Pyrénées) et des moyennes montagnes aux sommets arrondis (comme le Massif Central, la Scandinavie et l'Oural) (carte 7).

Des activités en déclin

Les activités traditionnelles des régions de montagne sont en déclin car peu rentables. L'agriculture est rendue difficile par la rudesse du climat et par les pentes, qui ne permettent pas d'utiliser des engins modernes (doc. 2). Des bergers mènent leurs troupeaux dans les pâturages d'altitude en été et les redescendent en hiver, mais l'élevage dans de grands bâtiments demande moins d'effort (doc. 1). Enfin, cela coûte plus cher d'exploiter les forêts que d'acheter du bois à certains pays étrangers.

Texte de géographe. Dans les régions les plus pauvres et les plus arides, l'abandon de la montagne est visible ; il se voit directement dans les paysages : les versants sont couverts de champs repris par la végétation spontanée. Les petites exploitations, les terres les plus médiocres, même celles sur lesquelles on pratiquait une agriculture commerciale, sont en friche.

D'après André Humbert, *L'Espagne*, Nathan, 1992

3 L'essor du tourisme Alpes, Suisse

▷ Sur la carte 7, situe la Suisse.

▷ Décris ce paysage : le relief, le climat, la végétation, les habitations, les équipements...

▶ Quelles activités touristiques sont possibles dans ce lieu ?

▶ Quels équipements doivent être mis en place pour le séjour des touristes ?

L'essor du tourisme

Le tourisme se développe dans les régions de montagne avec les sports d'hiver, pratiqués par 32 millions d'Européens, mais aussi, en été, avec le camping, la randonnée, l'escalade et bien d'autres activités sportives... (doc. 3) Pour accueillir les touristes, on a construit des bâtiments (hôtels, appartements, chalets...), mis en place des moyens de transports (routes, voies ferrées...) et des équipements (pistes de ski, remontées mécaniques...) : cela a transformé les paysages.

LEXIQUE

- **la haute montagne** : les régions de montagne situées à plus de 1 800 m d'altitude en moyenne.
- **la moyenne montagne** : les régions de montagne situées entre 600 m et 1 800 m d'altitude en moyenne.
- **une randonnée** : une promenade de plusieurs heures, voire de plusieurs jours.
- **les sports d'hiver** : les sports que l'on pratique sur la neige (ski de fond, ski de piste...).

DOSSIER

Une station de sports d'hiver : Saint-Lary dans les Pyrénées

Petit village des Pyrénées en déclin il y a quelques années, Saint-Lary est devenu une grande station touristique, en hiver mais aussi en été.

La station, accessible par la route et desservie par des autocars, est proche d'une gare, d'une autoroute et d'un aéroport.

Le village, situé dans la vallée, possède 12 hôtels, 14 résidences de vacances, 3 gîtes, 7 campings… mais aussi une patinoire, une piscine, des musées…

Cette partie de la station est consacrée aux activités familiales (cours de skis, jardin des neiges, luge…)

Pour aménager les pistes, on emploie 183 canons à neige et 8 engins de damage.

- Sur la carte 7, situe Saint-Lary en France.
- Décris ce document : le relief, le village, les équipements…
- Quelle saison ce document présente-t-il ?
- Quelles peuvent être les activités en dehors de la période d'enneigement ?
- Quels équipements peuvent être également utilisés en été ?
- Quels éléments du paysage ont été modifiés par le tourisme ?
- Quels sont les atouts de cet espace pour des activités sportives comme la randonnée ? le VTT ? le parapente ?

L'ensemble du domaine représente 100 km répartis en 52 pistes. Cette partie de la station est spécialisée dans le ski de piste.

La station possède 32 remontées mécaniques : 1 téléphérique, 1 télécabine, 11 télésièges et 18 téléskis.

Cette partie de la station rassemble une piste à bosses, une piste de slalom et des espaces consacrés aux balades à pied, en raquettes et en traîneaux à chiens…

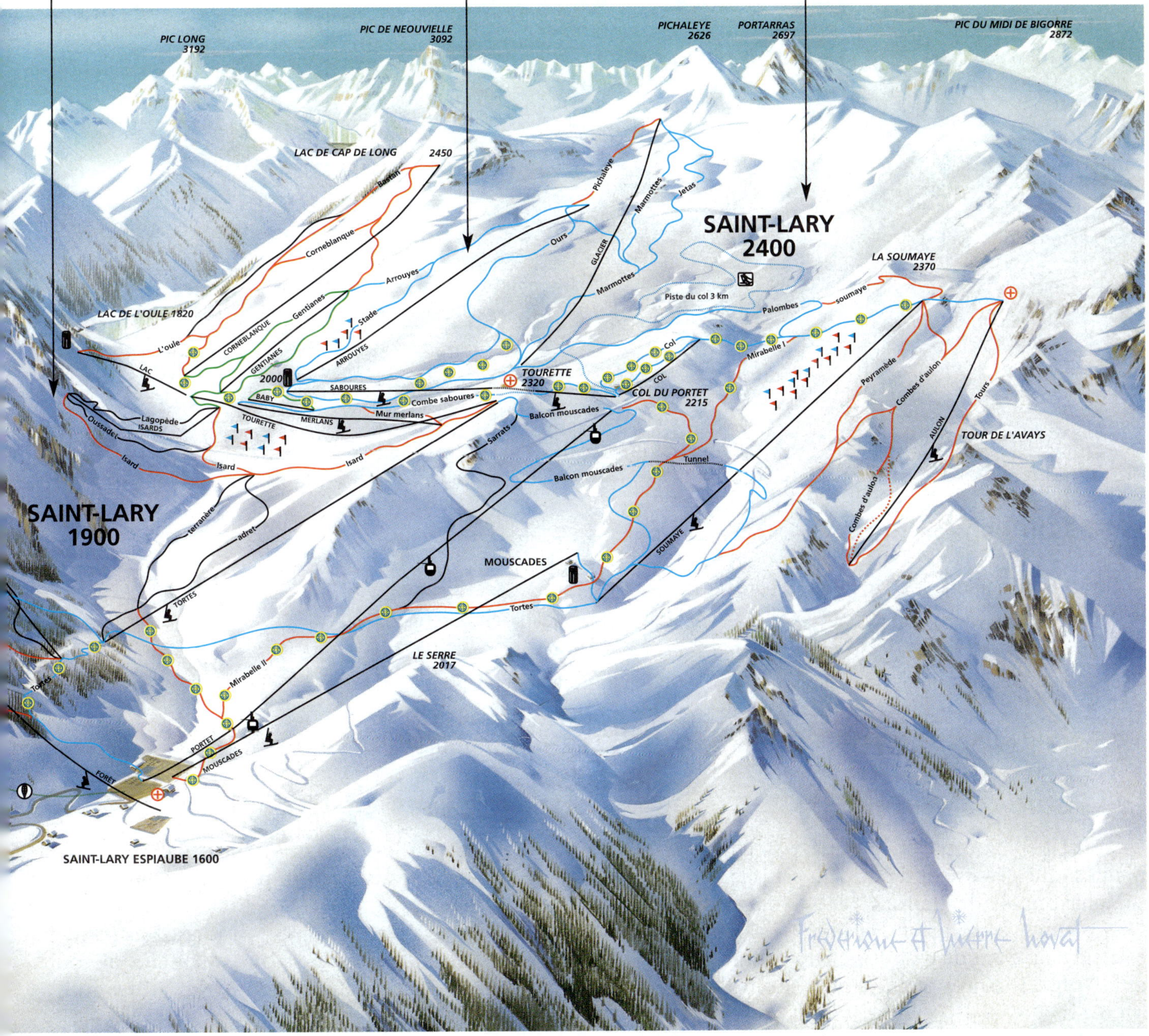

17 Les espaces de plaine

1 Un espace agricole Champs de tulipes, Pays-Bas

- Sur la carte 7, situe les Pays-Bas. D'après la carte, quel est le relief de ce pays ?
- Décris ce paysage : le relief, le climat et la végétation, le moulin, les personnes…
- En quoi le relief plat est-il favorable à l'agriculture ?
- Sais-tu à quoi sert un moulin comme celui-ci ? Comment fonctionne-t-il ?

Les régions de plaine

Le nord de l'Europe est occupé par d'immenses plaines, qui s'étendent d'ouest en est, sur la moitié septentrionale de l'Europe (doc. 2 et carte 7).

Ces plaines sont parcourues par de nombreux cours d'eau, dont de grands fleuves comme le Rhin et la Volga. D'autres plaines, plus étroites, bordent les côtes.

Des espaces agricoles

Les plaines sont les espaces privilégiés des agriculteurs, car les travaux des champs y sont plus aisés que sur les pentes.

Les plaines européennes sont donc occupées par de vastes champs dans lesquels on cultive du blé, du maïs, des tournesols, des légumes, des arbres fruitiers, voire des fleurs (doc. 1).

2 Une région de plaine

Chanson. Avec la mer du Nord pour dernier terrain vague
Et des vagues de dunes pour arrêter les vagues […]
Avec des cathédrales pour uniques montagnes
Et de noirs clochers comme mâts de cocagne […]
Quand la plaine est fumante et tremble sous juillet
Quand le vent est au rire quand le vent est au blé
Quand le vent est au sud écoutez-le chanter
Le plat pays qui est le mien.

Jacques Brel, *Le Plat Pays*, 1962 (copyright complet en page 224)

▷ Relève les images utilisées par le chanteur pour indiquer que son pays (la Belgique) est une région de plaine.

3 Un espace urbain et industriel

Wolfsburg, Allemagne

▷ Sur la carte 7, situe Wolfsburg.

▷ Décris ce paysage : le relief, le fleuve, le climat, la végétation, les bâtiments, les équipements…

▶ Pourquoi de nombreuses villes sont-elles installées dans les plaines ?

▶ Pourquoi de nombreuses usines sont-elles installées près des fleuves ?

Des espaces urbains et industriels

Les hommes ont bâti de nombreuses villes dans les régions de plaine : elles y disposent de la place nécessaire pour s'étendre.

Ils y ont également construit les équipements encombrants : les usines, les aéroports avec leurs longues pistes (doc. 3)…

Enfin, ils ont installé les grandes lignes de transport (les routes, les autoroutes, les voies de chemin de fer…) car celles-ci n'y rencontrent pas d'obstacles.

LEXIQUE

- **un cours d'eau** : un ruisseau, une rivière, un fleuve.
- **septentrionnal** : qui se trouve au nord.

18 Les espaces maritimes

→ 1 L'exploitation des mers : la pêche

▶ Pourquoi la pêche dans les mers européennes est-elle aussi importante ?

▶ D'après ce texte, qui est responsable de cette situation ?

▶ Quelles sont les conséquences ?

▶ Explique la dernière phrase du texte.

Internet. Il y a trop de bateaux et pas assez de poissons. Des navires gigantesques, dont certains dépassent la longueur d'un terrain de football, parcourent les océans et traquent les poissons de plus en plus en profondeur. La situation est telle que, malgré une flotte de pêche de plus en plus performante, les captures diminuent du fait de la surpêche qui détruit la majorité des stocks de poissons. Les navires-usines entrent directement en concurrence avec les pêcheries artisanales. Qu'en sera-t-il bientôt des petits pêcheurs si ces navires-usines continuent à vider la mer de ses ressources marines ? Une chose est sûre : la surpêche n'a pas d'avenir, elle détruit ce dont elle vit.

Greenpeace, www.greenpeace.fr

→ 2 La pollution

Marée noire dans la mer Baltique

▷ Sur la carte 7 de l'atlas, situe la mer Baltique.

▶ Qu'appelle-t-on une marée noire ?

▷ Qu'est-ce qui a provoqué cette marée noire ?

▶ Quelles autres causes peuvent provoquer une marée noire ?

▷ Quelles ont été les conséquences de cette marée noire ?

▶ As-tu déjà entendu parler d'une marée noire ? Où a-t-elle eu lieu ?

Document d'information d'une association de défense de l'environnement. Environ 2 200 tonnes de mazout ont été ramassées en mer et sur les rivages, soit quelque 80 % des 2 700 tonnes de fuel échappées d'un pétrolier entré en collision avec un cargo en mer Baltique, à 30 km des côtes du Danemark. Près de 500 hommes, soldats, techniciens, volontaires et écoliers ainsi que 14 navires ont participé, en mer et à terre, à la lutte contre cette pollution maritime, la plus importante et la plus grave dans la mer Baltique depuis vingt ans. La Commission internationale de protection de la Baltique a estimé que cette pollution aura des conséquences durables sur la faune, notamment sur les poissons et sur les crustacés vivant près des côtes. Mais il ne fait guère de doute que la marée noire a été surtout dévastatrice pour les oiseaux. Plus de 2 000 oiseaux ont péri, englués dans le mazout.

D'après l'association Keep It Blue, 2002

Un continent ouvert sur la mer

L'Europe est bordée par deux océans (océan Arctique et océan Atlantique) et jouxte de nombreuses mers (mer Baltique, mer du Nord, Manche, mer Méditerranée, mer Noire…).

L'Europe possède un vaste espace maritime. En effet, les zones maritimes qui bordent un pays, jusqu'à 370 km de ses côtes, lui appartiennent : il peut en exploiter librement les richesses (pêche, pétrole…). C'est ce que l'on appelle la « zone économique exclusive » (carte 7).

Les frontières maritimes ne sont pas visibles et des conflits opposent parfois ceux qui y travaillent, en particulier les pêcheurs.

L'exploitation des mers

La pêche est une activité importante en Europe. De petits bateaux sortent non loin des côtes et rapportent chaque jour du poisson frais. De gros navires-usines partent plusieurs jours, voire plusieurs semaines, dans des zones plus éloignées. À bord, le poisson est découpé puis congelé.

La pêche est excessive par endroits et certaines espèces risquent de disparaître. Pour remédier à cette situation, les pays membres de l'Union européenne limitent les quantités pêchées le long des côtes européennes. Cette décision est contestée par les marins, car elle les empêche de gagner leur vie (doc. 1).

3 L'exploitation des mers : le pétrole Plate-forme pétrolière en mer du Nord

- Sur la carte 7, situe la mer du Nord.
- À ton avis, à qui appartient le pétrole qui se trouve sous cette mer ?
- À ton avis, pourquoi les pays d'Europe exploitent-ils le pétrole de la mer du Nord, plus difficile à obtenir que le pétrole dans le sous-sol terrestre ?
- Pourquoi cette plate-forme pétrolière comporte-t-elle une piste d'hélicoptère ? des chambres ?

Autre source de richesse maritime, le sous-sol de la mer du Nord recèle du pétrole et du gaz naturel, exploités par des plates-formes de forage (doc. 3).

Les accidents et la pollution

De nombreux bateaux circulent sur les mers européennes. Ainsi, 300 navires de marchandises passent chaque jour de la Manche à la mer du Nord (ou l'inverse), par un détroit, naviguant entre les bateaux de pêche, les ferries, les voiliers de plaisance… Des accidents graves peuvent se produire.
Les mers et les océans européens souffrent de la pollution due à l'intensité du trafic maritime, à la négligence de certains commandants de navires qui nettoient leurs soutes en pleine mer ou qui perdent leur cargaison, mais aussi à la pollution des rivières qui se jettent dans les mers. Cette pollution nuit à la pêche et défigure les côtes (doc. 2).

LEXIQUE

- **l'environnement** : l'ensemble des éléments (végétation, bâtiments, décoration…) qui nous entourent.
- **un ferry** (des ferries) : un bateau servant aux transports des passagers et de leurs véhicules.
- **un voilier de plaisance** : un bateau à voile utilisé pour les loisirs.

19 Les espaces littoraux

1 Un littoral marécageux Marais salant, Slovénie

- Sur la carte 7, situe la Slovénie. Quelle mer borde ce pays ?
- Décris ce paysage : le relief, les marais et leur aménagement, les bâtiments…
- D'où vient le sel que tu manges ? Sur la photographie, comment fait-on pour l'extraire ?

Un continent ouvert sur la mer

En Europe, la terre et la mer s'entremêlent : des côtes découpées, des péninsules (la Scandinavie, l'Espagne, l'Italie, la Grèce), des milliers d'îles (certaines toutes petites, d'autres beaucoup plus grandes, à la taille d'un pays comme la Grande-Bretagne, l'Irlande, l'Islande…) mais aussi des mers intérieures (la mer Noire, la mer Caspienne) (carte 7). Cet entrelacement entre la mer et la terre explique que l'Europe possède 38 000 kilomètres de littoraux. Ces côtes présentent des paysages d'une grande variété : plages de sable ou de galets, rochers, falaises, marécages…

Des paysages aménagés

Les littoraux sont, depuis toujours, occupés par les hommes, qui les ont aménagés en fonction de leurs activités : pêche, aquaculture, collecte du sel… (doc. 1)
On y trouve de nombreux ports : ports de pêche (dont Douarnenez, Concarneau, Lorient et Boulogne-sur-Mer en France) ; ports de commerce (dont Marseille, Le Havre, Dunkerque, Saint-Nazaire et Bordeaux, en France) ; ports de plaisance (tourisme) (dont Port-Camargue, La Rochelle, Saint-Cyprien et Cap-d'Agde en France) mais aussi ports militaires (Toulon, Brest).

2 Un littoral touristique

Mikonos, Grèce

- Sur la carte 7, situe la Grèce. Quelle mer borde ce pays ?
- Décris ce paysage : le relief, le climat et la végétation, la plage, les bâtiments, les équipements touristiques…
- À ton avis, quels éléments de ce paysage n'existaient pas avant le développement du tourisme ?

3 La protection du littoral en France

Loi. L'extension de l'urbanisation doit se réaliser soit en continuité avec les agglomérations et villages existants, soit en hameaux nouveaux intégrés à l'environnement. En dehors des espaces urbanisés, les constructions ou installations sont interdites sur une bande littorale de cent mètres à partir du rivage. Les nouvelles routes de transit sont localisées à une distance minimale de 2 000 mètres du rivage. Les nouvelles routes de desserte locale ne peuvent être établies sur le rivage ni le longer.

D'après la loi du 3 janvier 1986, appelée « loi Littoral »

- Explique les différents aspects de cette loi.
- Où s'applique-t-elle ?

Le développement du tourisme

Sur certains littoraux, le tourisme est l'activité principale : il attire de plus en plus d'Européens qui viennent pour les bains de mer et de soleil, la voile, la planche à voile, le camping, les croisières…
Pour accueillir ces touristes, on a construit des logements (maisons, appartements, hôtels, mobil-home), installé des commerces et des bases de loisirs, aménagé les plages, mis en place des moyens de transports (routes, voies ferrées…) (doc. 2).
Beaucoup de ces aménagements, faits trop rapidement, sans respect pour l'environnement, ont dégradé les paysages. Certains États ont donc interdit les constructions nouvelles le long des littoraux (doc. 3).

LEXIQUE

- **l'aquaculture** : la culture des algues, l'élevage des coquillages, des poissons.
- **une falaise** : un brusque dénivelé, presque vertical, du relief, souvent creusé par les vagues.
- **le littoral** : la partie de terre qui se trouve le long de la mer.
- **un marais salant** : un espace aménagé en bordure de la mer, dans lequel on fait s'évaporer l'eau pour récolter le sel.

Une station balnéaire : Hendaye

Située à la frontière entre la France et l'Espagne et au pied des Pyrénées, Hendaye attire des touristes toute l'année, grâce notamment à la douceur de son climat.

- Sur la carte 7, situe Hendaye en France.
- Détaille ce que tu vois sur ce paysage : le relief, le littoral, la mer, la ville, le port, les équipements touristiques...
- Quelles activités les touristes peuvent-ils pratiquer dans cette station balnéaire ?
- Quels moyens de transport permettent d'accéder à cette station balnéaire ?
- Quels éléments du paysage ont été modifiés par le tourisme ?

20 Un continent inégalement peuplé

1 Un continent peuplé

- Quelle est la superficie de l'Europe ?
- Combien d'habitants vivent en Europe ?
- Compare sa population à celle des autres continents.
- Compareles densités de population dans chaque continent.
- L'Europe est-elle densément peuplée ?

Continent	Superficie	Population	Densité de population
Europe	10 millions de km^2	727 millions	73 hab/km^2
Amérique	39 millions de km^2	841 millions	22 hab/km^2
Asie	44 millions de km^2	3 720 millions	85 hab/km^2
Afrique	30 millions de km^2	818 millions	27 hab/km^2
Océanie	9 millions de km^2	31 millions	3 hab/km^2

2 Un peuplement inégal

- Sur la carte 9, situe l'Islande et Malte : dans quelle mer ou quel océan ces îles se trouvent-elles ?
- Combien y a-t-il d'habitants en Islande ? et à Malte ?
- Calcule la densité de population de l'Islande et celle de Malte.
- Laquelle de ces deux îles est la plus grande ?
- Laquelle a la population la plus nombreuse ?
- Laquelle a la plus forte densité de population ?

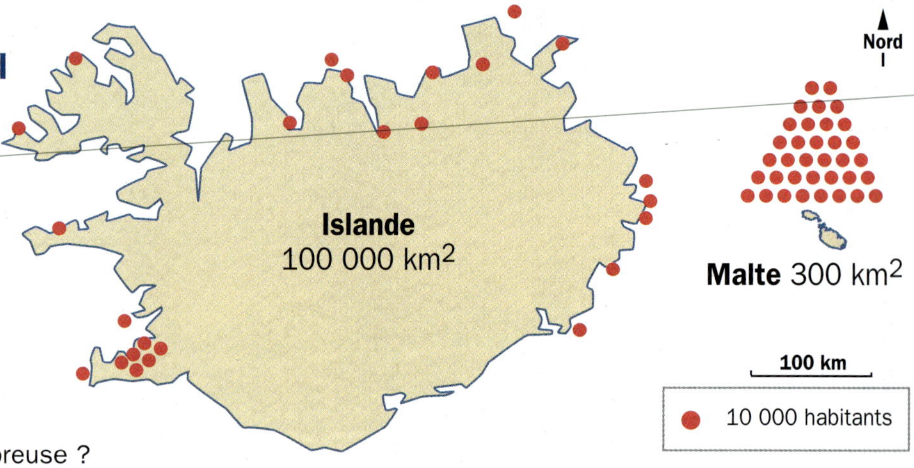

État	Superficie	Population
Russie	17 075 000	148 000 000
Ukraine	604 000	52 000 000
France	547 000	60 000 000
Suède	450 000	9 000 000
Monaco	2	32 000
Vatican	moins de 1	1 000

- Sur la carte 8, situe les États présentés dans ce tableau. Se trouvent-ils tous en Europe ?
- Lequel de ces États est le plus grand ? le plus petit ?
- Lequel a la population la plus nombreuse ? la moins nombreuse ?
- Calcule la densité de population de ces 7 États. Lequel a la plus forte densité de population ? la plus faible densité de population ?
- Imagine le paysage à Monaco.

Un continent très peuplé

L'Europe est un continent très peuplé (727 millions d'habitants), avec une forte densité de population (73 hab/km^2 en moyenne) (doc. 1). En effet, depuis la préhistoire, elle est une terre d'immigration et, au cours des deux derniers siècles, elle a connu une forte croissance démographique.
La population européenne est répartie de façon inégale sur le continent : certaines régions ont une très forte densité de population, d'autres sont presque vides d'hommes (doc. 2). La région la plus peuplée forme un arc qui s'étend de la Grande-Bretagne au nord de l'Italie (carte 9).

Les causes de l'inégal peuplement

L'inégal peuplement de l'Europe s'explique essentiellement par des causes économiques : la richesse d'une région permet la croissance de sa population

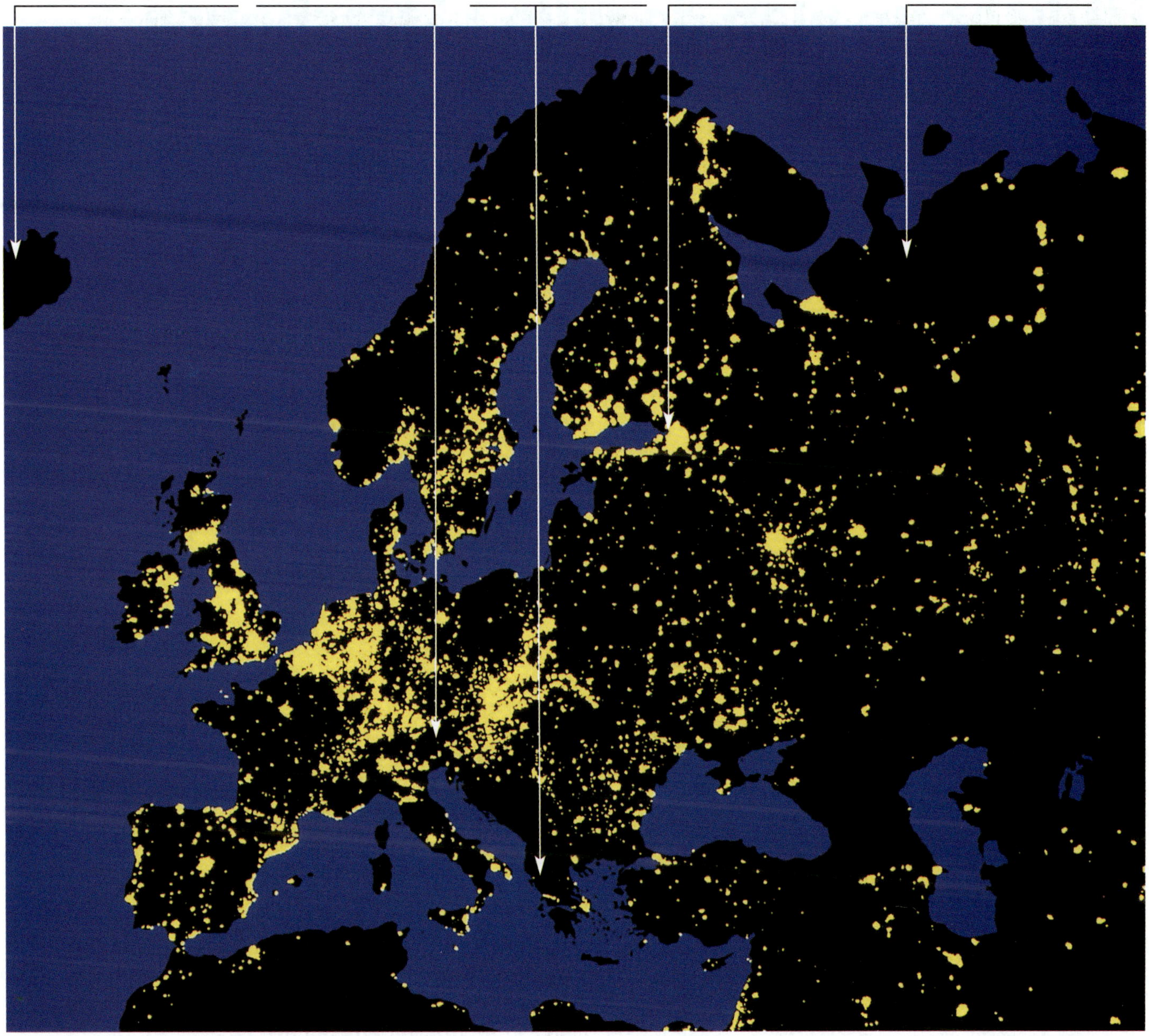

3 Un continent inégalement peuplé Image satellite de l'Europe

▷ Décris cette image : les zones en bleu, en noir, les zones « éclairées », les pays dont tu reconnais la forme.
▷ Quelles causes expliquent les différences de peuplement en Europe ?

(bonnes conditions de vie) et attire des migrants d'autres régions. C'est le cas de l'ouest de l'Europe, région la plus peuplée d'Europe mais aussi la plus riche du monde depuis le XVe siècle, grâce à son ouverture sur la mer, donc à ses relations commerciales avec le reste de la planète **(doc. 3)**.
Les causes naturelles expliquent le faible peuplement de certaines régions : climat froid dans le nord de l'Europe et dans les hautes montagnes, climat sec dans certaines zones au sud de l'Europe.

LEXIQUE

- **la croissance démographique** : l'augmentation de la population, du fait de l'immigration, d'une augmentation du nombre de naissances ou d'une diminution du nombre de décès.
- **l'immigration** : l'arrivée dans un pays de populations venues s'y installer.

Utiliser un plan de ville : Strasbourg

Strasbourg est une grande ville d'Europe et l'une des capitales de l'Union européenne puisqu'elle abrite le Parlement européen, où siègent les députés européens.

1 Découvrir le plan

Le titre

- Que représente cette carte ?
- Sur la carte 9, situe Strasbourg.
- Sais-tu dans quel pays se trouve cette ville ?

L'orientation

- Où se trouve le nord de la carte ?

L'échelle

- Quelle est la distance, sur la carte, entre la gare et la bibliothèque ?
- À l'aide de l'échelle, calcule la distance réelle.

La légende

- Que représentent les triangles ?
- Comment les espaces verts sont-ils représentés ?

2 Se situer avec un plan

- Où se trouve la place de Hagueneau : au nord ou au sud ?
- Où se trouve l'hôtel du Département : au sud-est ou au sud-ouest ?
- Le Palais du Rhin se trouve-t-il à l'est ou à l'ouest du palais de justice ?

Sur ce plan de Strasbourg, on a tracé un quadrillage pour aider celui qui le consulte à se situer. Chaque case correspond à une lettre (en haut) et à un chiffre (sur le côté). Par exemple, le Musée alsacien se trouve dans la case C7.

- Quel parc se trouve en D3 ?
- Dans quelle case se trouve le palais de justice ?
- Dans quelles cases se trouve la place de la République ?

3 Se déplacer avec un plan

- Quelle avenue mène du parc du Contades à la préfecture ?
- Quelle avenue mène de la place de Hagueneau à la préfecture ?
- Quelle rue mène de la cathédrale à l'avenue de la Marseillaise ?
- Effectue le trajet suivant :
  – depuis l'hôtel du Département, prends la rue Finkwiller vers l'est : comment s'appelle le quai qui prolonge cette rue ?
  – prends la deuxième à gauche sur ce quai et va au bout de la rue : sur quelle rue débouches-tu ?
  – prends-la sur la droite : sur quelle place arrives-tu ?
  Quel bâtiment se trouve sur cette place ?

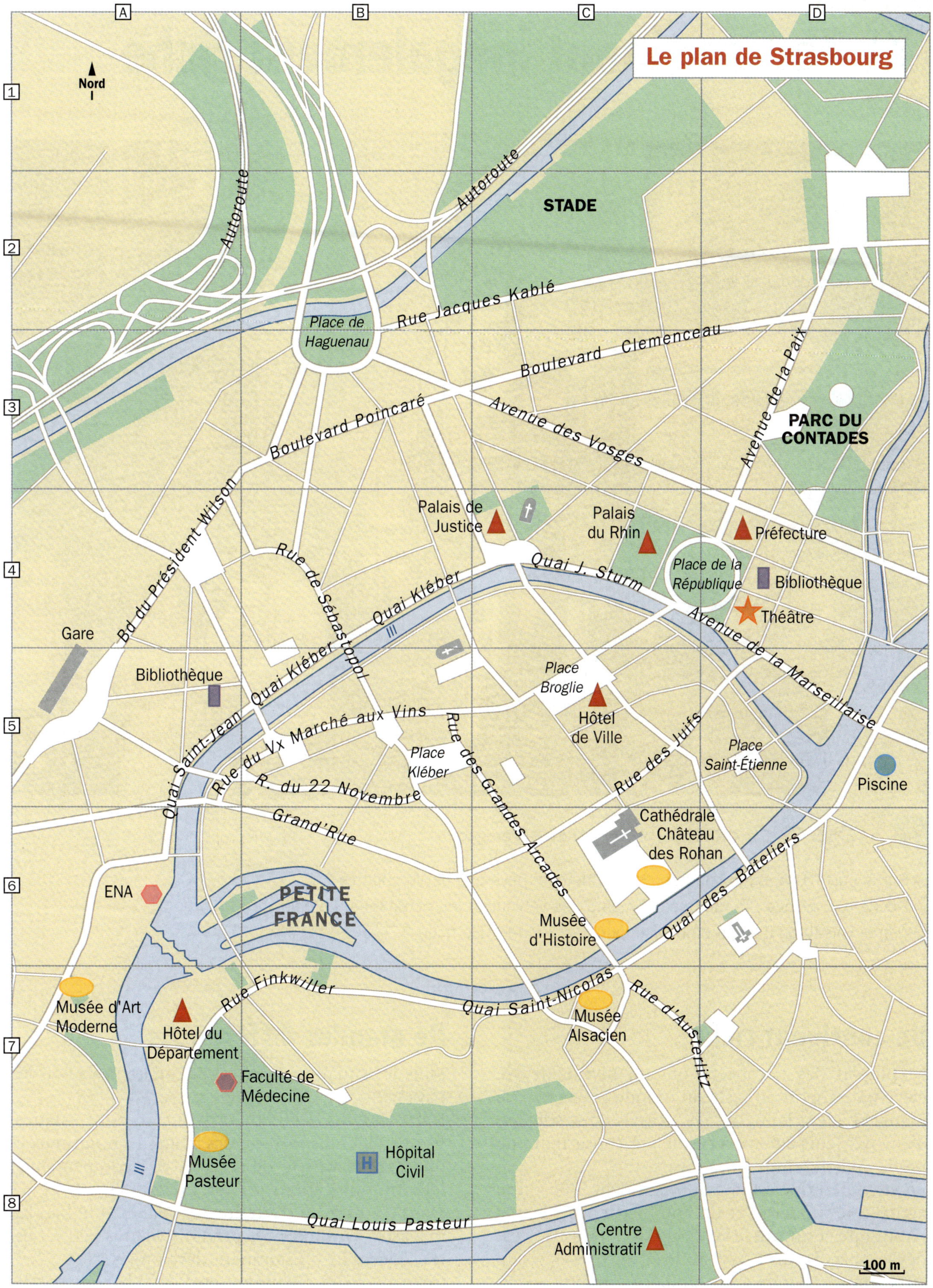
Le plan de Strasbourg
A
B
C
D
1
2
3
4
5
6
7
8
Nord
Autoroute
Autoroute
STADE
Place de Haguenau
Rue Jacques Kablé
Boulevard Clemenceau
Boulevard Poincaré
Avenue des Vosges
Avenue de la Paix
PARC DU CONTADES
Palais de Justice
Palais du Rhin
Préfecture
Place de la République
Bibliothèque
Théâtre
Quai J. Sturm
Avenue de la Marseillaise
Bd du Président Wilson
Rue de Sébastopol
Quai Kléber
Quai Kléber
Gare
Bibliothèque
Place Broglie
Hôtel de Ville
Rue du Vx Marché aux Vins
Place Kléber
Rue des Grandes Arcades
Rue des Juifs
Place Saint-Étienne
Piscine
Quai Saint-Jean
R. du 22 Novembre
Grand'Rue
Cathédrale
Château des Rohan
Quai des Bateliers
ENA
PETITE FRANCE
Musée d'Histoire
Musée d'Art Moderne
Hôtel du Département
Rue Finkwiller
Quai Saint-Nicolas
Musée Alsacien
Rue d'Austerlitz
Faculté de Médecine
Musée Pasteur
Hôpital Civil
Quai Louis Pasteur
Centre Administratif
100 m

21 Un continent inégalement riche

1 Des villes riches Londres, Grande-Bretagne

- Sur la carte 10A, situe Londres. Sais-tu de quel pays elle est la capitale ?
- Décris ce paysage : la rue, les bâtiments, les véhicules, les personnes, l'ambiance...
- À quoi vois-tu qu'il s'agit d'une ville peuplée ? d'une ville riche ?

Un continent riche

La plupart des Européens ont un niveau de vie élevé par rapport au reste du monde **(carte 6)** : ils mangent à leur faim, ont les moyens de se soigner, d'envoyer leurs enfants à l'école ; ils consacrent une partie de leur temps à des loisirs...

En effet, l'Europe est un continent riche. Elle a une agriculture moderne et un commerce actif depuis l'Antiquité et surtout le XVe siècle. Son industrie s'est développée depuis le XIXe siècle et, au XXe siècle, elle a connu une grande expansion économique.

De grandes différences

Mais les situations sont assez différentes selon les pays **(doc. 3 et carte 10A)**.

Dans certains, les habitants ont de bons salaires. Ils ont à leur disposition des magasins nombreux et une grande variété de services et d'équipements : télécommunications, routes, universités... **(doc. 1)**

Dans d'autres, au contraire, les salaires sont bas, les magasins plus rares, les produits vendus peu variés, les services insuffisamment développés **(doc. 2)**.

Cette diversité s'explique en partie par les condi-

2 Des villes pauvres

Vukovar, Croatie, en 1992

- Sur la carte 10A, situe Vukovar.
- Décris ce paysage : la rue, les bâtiments, les véhicules, les personnes, l'ambiance...
- À quoi vois-tu qu'il s'agit d'une ville pauvre ?
- Quels événements peuvent avoir mis cette ville dans cet état ?
- Et la région dans laquelle tu vis, en Europe, est-elle riche ou pauvre ? Justifie ta réponse.

3 Les différences en chiffres 2002

	salaire moyen	part des ménages ayant accès à Internet	nombre de voitures pour 1 000 habitants
Norvège	44 000 euros/an	55 %	410
Allemagne	39 000 euros/an	52 %	520
Suède	31 000 euros/an	63 %	460
France	27 000 euros/an	30 %	490
Espagne	18 000 euros/an	25 %	450
Grèce	16 000 euros/an	16 %	310
Pologne	7 000 euros/an	9 %	270
Lituanie	3 000 euros/an	6 %	310

Commission européenne, *Annuaire Eurostat 2004*

- Sur la carte 8, situe un à un ces pays.
- Calcule la différence de richesses pour chacun des exemples donnés, entre le pays le plus riche et le pays le moins riche.

tions naturelles : par exemple, les régions à climat humide ont, depuis des siècles, une agriculture plus performante que les régions à climat sec.
Elle s'explique surtout par l'histoire : les pays les plus riches sont ceux du Nord et de l'Ouest, dont le commerce est développé depuis des siècles et qui se sont industrialisés en premier.
Parfois, la pauvreté est due à des événements récents ou a été accrue par eux : c'est le cas dans les Balkans, qui se sont déchirés dans de terribles guerres à la fin du XXe siècle, ce qui a affaibli des régions entières.

LEXIQUE

- **une expansion économique** : un accroissement des richesses.
- **s'industrialiser** : développer l'industrie.
- **le niveau de vie** : le mode, plus ou moins riche, de vie d'une population.
- **les services** : les transports, les loisirs, l'hôpital, l'école, les banques, les assurances...
- **les télécommunications** : les moyens de communication à distance (téléphone, fax, Internet...).

DOSSIER

Un continent aux cultures variées

Même s'ils présentent une certaine unité face aux habitants des autres continents, les Européens présentent aussi une grande variété de cultures et de manières de vivre.

1 Des langues et des écritures Panneau pour les jeux Olympiques, Moscou

Les Européens parlent plus de soixante langues et utilisent trois alphabets différents. Même si la plupart de ces langues ont les mêmes origines, même si leurs alphabets ont des lettres communes, cette diversité est un obstacle à la communication et à l'unité de l'Europe.

- Sur la carte 10B, situe Moscou.
- Connais-tu toutes les lettres sur ce panneau ?

2 Des religions La cathédrale de Basile-le-Bienheureux à Moscou

Les Européens sont majoritairement chrétiens et se partagent entre protestants au Nord, catholiques au Sud et orthodoxes à l'Est. Les autres religions sont présentes : l'islam, important à l'est de l'Europe, le judaïsme, le bouddhisme...

- Sur la carte 10C, situe Moscou.
- Cette église ressemble-t-elle aux églises que l'on voit en France ?

3 Des organisations politiques La reine d'Angleterre et son époux

Presque tous les pays européens sont des démocraties, mais tous ne sont pas organisés de la même manière. Certains sont des républiques, d'autres des monarchies...

▷ Sur la carte 10D, situe la Grande-Bretagne (l'Angleterre en est une partie).

▷ Comment le mari de la reine est-il habillé ?

▷ Compte sur la carte 10D le nombre de monarchies en Europe.

4 Des manières de vivre Un campement de gens du voyage en France

La grande majorité des Européens sont sédentaires mais quelques-uns sont nomades : ce sont les « gens du voyage » (Roms, Tziganes...). Ils sont 8 à 10 millions en Europe, soit 1,3 % de la population totale.

▷ Sur la carte 10D, situe la France.

▷ Décris ce campement et la manière de vivre des gens du voyage.

LEXIQUE

- **une démocratie** : un pays dans lequel le pouvoir appartient au peuple.
- **une monarchie** : un pays à la tête duquel se trouve un roi, une reine...
- **nomade** : qui n'a pas d'habitation fixe et se déplace sans cesse.
- **sédentaire** : qui a une habitation fixe et vit toujours au même endroit.

22 Un réseau routier et ferré inégal

1 **Le réseau routier** Échangeur autoroutier dans l'Oxfordshire, Grande-Bretagne

- Sur la carte 11, situe la Grande-Bretagne.
- Décris ce paysage : le relief, la végétation, les bâtiments, les autoroutes et leurs connexions…
- Pourquoi construit-on des échangeurs autoroutiers au lieu de faire se croiser les autoroutes ?

Le réseau routier

La route est le principal mode de transport en Europe, pour les personnes (automobiles, autocars) et pour les marchandises (camions) (doc. 1). Il est privilégié car il permet les déplacements directs d'un point à un autre. Mais il est critiqué pour ses inconvénients : l'insécurité routière, la pollution et les difficultés de circulation.

L'Europe possède un important réseau routier et autoroutier. Elle est traversée par de grands axes qui relient les différentes régions, même les plus éloignées. Des tunnels, d'immenses ponts et des viaducs permettent de franchir les montagnes, les fleuves et même les bras de mer, qui ne sont plus des obstacles.

Ce réseau est inégal. Il est dense à l'Ouest : les habitants y sont plus riches, les automobiles plus nombreuses, les marchandises (transportées par camion) plus abondantes dans les magasins. Le réseau est moins dense dans le Nord (où la population est moins nombreuse), dans le Sud, le Centre et l'Est (moins riches) (carte 11).

Le réseau ferré

Le chemin de fer connaît un certain renouveau avec l'essor du TGV (train à grande vitesse) pour les pas-

2 Le réseau ferré

TGV (train à grande vitesse) à Nantes, France

- Sur la carte 11, situe la France.
- Qu'est-ce que le TGV ? En quoi est-il différent des autres trains ?
- Décris ce train et explique à quoi on le reconnaît.
- Décris la ville à l'arrière-plan ?
- Pourrait-on voir un avion aussi près d'un centre-ville ? Pourquoi ?
- Déduis-en les avantages du train par rapport à l'avion.
- Sur la carte 11, trouve et nomme les villes européennes reliées par les TGV.

3 Un réseau inégal

- Sur la carte 11, situe chacun des pays présentés dans ce tableau.
- Où en Europe (nord, sud, est, ouest) se situe :
  – le pays le mieux équipé en autoroutes ?
  – le pays le mieux équipé en voies ferrées ?
  – le pays le moins équipé ?

	kilomètres d'autoroute par rapport à la superficie	kilomètres de voie ferrée par rapport à la superficie
Belgique	57 km/km^2	113 km/km^2
France	18 km/km^2	57 km/km^2
Finlande	1 km/km^2	13 km/km^2
Grèce	6 km/km^2	18 km/km^2
Pologne	1 km/km^2	67 km/km^2
République tchèque	7 km/km^2	121 km/km^2

sagers, et le développement du ferroutage pour les marchandises en conteneurs.

L'Europe possède un important réseau ferré. Comme pour la route, ce réseau est dense à l'Ouest mais en pleine transformation : d'anciennes voies, qui ne sont plus rentables, sont abandonnées tandis que d'autres sont ouvertes pour le TGV (doc. 2) : c'est le cas de la voie qui relie Paris à Londres en passant par le tunnel sous la Manche.

Au Nord et au Sud, le réseau ferré est moins dense. En revanche, il est important à l'est et au centre de l'Europe, où de nombreux pays ont investi en priorité dans les chemins de fer pour le transport des marchandises (doc. 3 et carte 11).

LEXIQUE

- **le chemin de fer** : la voie pour le train.
- **un conteneur** : une caisse métallique destinée à transporter des marchandises, à des dimensions standards, adaptée aux navires, trains et camions.
- **le ferroutage** : le déplacement de camions par le train.
- **ferroviaire** : qui concerne les chemins de fer.
- **un viaduc** : un très grand pont au-dessus d'un fleuve ou d'une voie de communication (route, rail).
- **les voies ferrées** : les axes de circulation des trains.

23 Un réseau fluvial, maritime et aérien inégal

1 Le réseau fluvial Péniche sur le Rhin à Cologne, Allemagne

- Sur la carte 11, situe Cologne. Dans quelle direction le Rhin coule-t-il ?
- Dans quoi les produits transportés sur cette péniche sont-ils stockés ?
- Quel est l'avantage de ce transport en péniche par rapport au transport en camion ? en avion ?

Les réseaux de navigation

L'Europe possède des fleuves en partie navigables (Rhin, Danube, Rhône...) et des canaux, qui sont reliés. Ce réseau sert au transport en péniches des produits en vrac (sable, bois, céréales...) ou dans des conteneurs. Il est concurrencé par les camions, qui sont plus rapides et transportent directement les marchandises à leurs destinataires (doc. 1).

Le transport fluvial est important en Allemagne, aux Pays-Bas, en Belgique, dans le nord de la France et en Russie (carte 11).

La navigation maritime sert pour le transport des marchandises vers les destinations lointaines : d'immenses navires apportent des marchandises achetées aux quatre coins de la planète, comme le pétrole, et repartent avec les produits que l'Europe vend au reste du monde.

Pour accueillir ces navires, des ports ont été aménagés le long des côtes puis agrandis pour accueillir des navires toujours plus grands et plus nombreux. Les plus actifs se trouvent sur la mer du Nord et la mer Méditerranée, deux mers dans lesquelles la circulation est intense (doc. 2 et carte 11).

2 Le réseau maritime Les grands ports européens

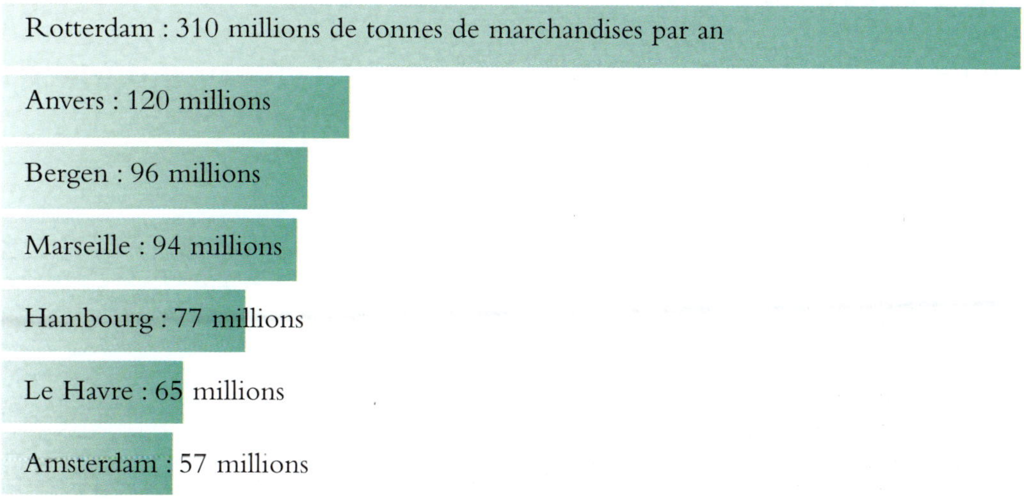

▷ Sur la carte 11, situe ces ports. Sur quelles mers ou quels océans se trouvent-ils ?
▶ Cherche dans ton atlas lesquels sont français.

3 Le réseau aérien Les grands aéroports européens

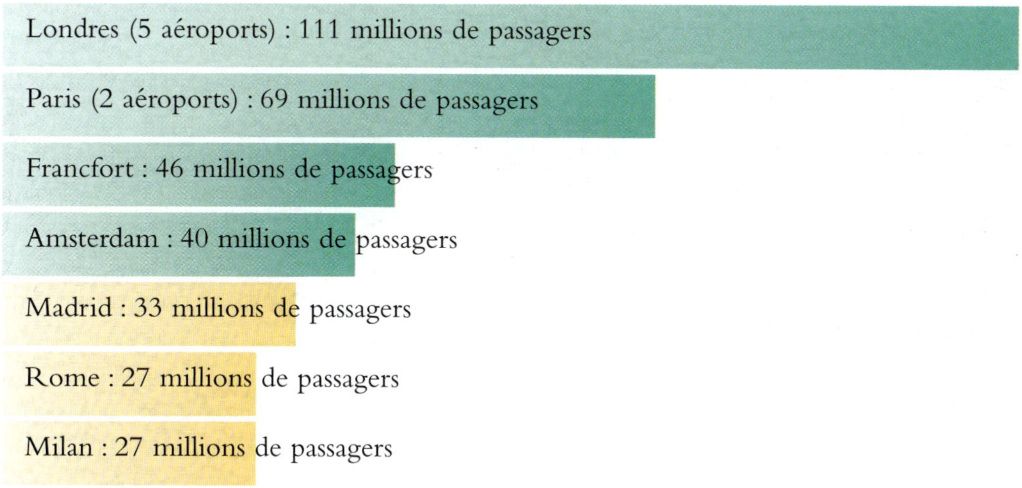

▷ Sur la carte 11, situe ces aéroports.

4 Un intense trafic

Internet. L'espace aérien est-il saturé ? En Europe continentale, les aiguilleurs du ciel suivent plus de 20 000 vols par jour. Pour celui qui prend l'avion aujourd'hui, plus de trafic signifie plus de retards.
À Londres, la demi-heure d'attente est de rigueur ; à Roissy et Orly, on enregistre quelques week-ends de panique pure.
À Roissy, soixante personnes, installées devant les écrans qui leur indiquent la position des appareils, sont en contact radio avec les pilotes en l'air et traitent les 1 500 vols par jour.
Un retard de vingt minutes d'un avion peut mettre en péril une centaine de correspondances.

D'après N. Bensahel, *Trafic aérien : les ailes du délire*, 27 juin 2000, http://ufcna.com/presselibeT Aerien270600.html

Le réseau aérien

L'avion est le moyen de transport le plus rapide, mais aussi le plus coûteux : on l'utilise donc seulement pour les transports urgents (courrier, produits frais…) et les voyages sur de longues distances (voyage dans les pays lointains). Il est concurrencé par le bateau pour le transport des marchandises et par le TGV pour les déplacements des passagers sur de courtes distances…
De nombreux avions circulent dans le ciel d'Europe (doc. 4). Celle-ci abrite des centaines d'aéroports : de grands aéroports (Londres, Paris, Francfort, Moscou…) pour les gros avions qui font la liaison avec l'étranger, et d'autres plus petits pour le trafic intérieur dans chaque pays (doc. 3 et carte 11).

LEXIQUE

- **un canal** : un cours d'eau artificiel, creusé pour permettre la circulation des bateaux.
- **fluvial** : qui concerne un fleuve.
- **maritime** : qui concerne la mer, les océans.

DOSSIER

Un port de commerce : Le Havre

Deuxième port de commerce en France après Marseille, sixième en Europe, Le Havre accueille 7 000 navires par an. Ils apportent notamment du pétrole et emportent des marchandises diverses dont des céréales, des voitures...

- D'après la carte 11, sur quelle mer le port du Havre se trouve-t-il ?
- Décris ce port, ses différentes parties, ses équipements…
- Quels modes de transport peux-tu voir sur cette photographie ?
- Pourquoi certains industriels choisissent-ils d'installer leurs usines au bord des quais ?
- Quels sont les avantages du transport par bateau par rapport à l'avion ? par rapport au camion ?
- Pourquoi ne peut-on utiliser les ports de tourisme ou les ports de pêche pour le commerce ?

24 L'Europe du Nord

1 Une ville d'Europe du Nord

Alesund, Norvège

La ville d'Alesund, 35 000 habitants, se trouve non loin de la zone polaire. On y pratique la pêche (premier port de pêche de Norvège) et toutes les activités qui en découlent (conserves de poisson).

- Sur la carte 12, situe Alesund. Nomme trois pays d'Europe du Nord.
- Décris ce paysage : le relief, le climat, la végétation, la manière dont la ville a été construite par rapport à la mer, les bâtiments, les activités apparentes…
- Fais des recherches pour savoir ce qu'est le « soleil de minuit » dans les pays d'Europe du Nord.

Des contraintes physiques

L'Europe du Nord présente des conditions naturelles rudes. La montagne en Islande et en Norvège, les côtes découpées par de multiples fjords en Norvège, les nombreux lacs dans les plaines en Suède et en Finlande réduisent l'espace disponible pour les hommes **(carte 12 et doc. 1)**.

Partout, le climat froid, voire polaire, rend la vie difficile. Les températures moyennes sont très basses en hiver et dépassent rarement 10 °C en été. Enfin, du fait de l'inclinaison de la Terre sur son axe, l'extrême Nord de l'Europe est plongé dans la pénombre ou la nuit tout l'hiver, tandis que le soleil brille en continu au milieu de l'été : c'est ce que l'on appelle le « soleil de minuit ».

Une population peu nombreuse

Les contraintes physiques font que l'Europe du Nord est peu peuplée. Les densités moyennes de population sont les plus basses d'Europe : 3 hab/km² en Islande, 15 hab/km² en Finlande, 20 hab/km² en Suède… Il n'y a pas de très grandes villes **(carte 9)**.

Les populations, pour la plupart, sont protestantes,

2 Une famille d'Europe du Nord Islande

Cette famille a sorti tout ce qu'elle possède devant sa maison.

▷ Sur la carte 12, situe l'Islande.
▷ Décris cette famille, sa maison, ses habits, ses meubles, les objets de la vie quotidienne, les loisirs éventuels…
▶ Que peux-tu dire du niveau de vie de cette famille islandaise ?

3 Une population riche

Pays	Niveau de vie ($ par an par famille en moyenne)	Espérance de vie à la naissance
Danemark	26 000 $	77 ans
Finlande	23 000 $	78 ans
Islande	27 000 $	80 ans
Norvège	28 000 $	79 ans
Suède	22 000 $	80 ans
Ensemble de l'Europe	15 000 $	74 ans
Ensemble du monde	7 000 $	67 ans

▷ Sur la carte 12, situe chacun de ces pays.

parlent des langues germaniques et ont un haut niveau de diplômes (cartes 10B et 10C).

Un haut niveau de vie

L'Europe du Nord est très active sur le plan économique. Elle a une agriculture productive, une industrie puissante, qui exporte dans le monde entier (automobiles, téléphones).
Les populations ont un niveau de vie très élevé. En outre, grâce aux impôts, ces pays possèdent des équipements nombreux (hôpitaux ultramodernes, services sociaux) auxquels tous ont accès, ce qui garantit aux habitants une qualité de vie exceptionnelle : l'espérance de vie est l'une des plus élevées du monde (doc. 2 et 3, carte 10A).

LEXIQUE

- **l'espérance de vie** : le nombre moyen d'années qu'une personne, à la naissance, peut espérer vivre.
- **le niveau de vie** : le mode de vie d'une population en fonction de sa richesse.
- **un fjord** : une vallée étroite et profonde, entre deux montagnes, occupée par la mer.

25 L'Europe du Sud

1 Une ville d'Europe du Sud Venise, Italie

Venise est construite à cheval sur la côte, sur plusieurs îles et sur des terres gagnées sur la mer. C'est l'une des grandes villes touristiques d'Europe du Sud.

- Sur la carte 12, situe Venise. Nomme trois pays d'Europe du Sud.
- Décris ce paysage : la mer, le relief, le climat, la disposition de la ville, les bâtiments, les activités apparentes...
- Cherche un avantage et une difficulté de la vie dans cette ville.

L'Europe du soleil

L'Europe du Sud est celle qui borde la mer Méditerranée. Elle se caractérise par un relief de moyennes montagnes (carte 7) et surtout par le climat méditerranéen, aux étés chauds, aux hivers doux, avec de longues périodes de sécheresse en été, et des pluies brutales et violentes en automne et en hiver (doc. 3). Ces conditions naturelles marquent les paysages du pourtour méditerranéen : végétation adaptée à la sécheresse, champs de vignes, d'oliviers et d'agrumes, cultures en terrasses, zones irriguées, villages et villes accrochés à des versants escarpés.

Grandeur historique et retard

L'Europe méditerranéenne est riche de vestiges (monuments) des grandes civilisations de l'Antiquité (grecque, romaine) et du Moyen Âge (byzantine, arabe) (doc. 1).

À partir du XVe siècle, qui marque le début de l'expansion européenne dans le monde, l'espace méditerranéen a perdu sa suprématie au profit de la façade atlantique de l'Europe.

Au XIXe et dans la première moitié du XXe siècle, l'expansion industrielle a peu touché cette partie de l'Europe, ce qui a accentué son retard. Des pays comme la Grèce ont alors connu la pauvreté.

2 Une famille en Europe du Sud

Espagne

- Sur la carte 12, situe l'Espagne.
- Décris cette famille, ses habits, ses meubles, les objets de la vie quotidienne, les loisirs...
- Décris la ville à l'arrière-plan.
- Compare le mode de vie de cette famille à celui de la famille islandaise page 81.

3 L'Europe du soleil

Texte littéraire. La chaleur semblait fendre la terre. Pas un souffle de vent ne faisait frémir les oliviers. La pierre gémissait de chaleur. Il était impossible de croire qu'en ces terres, un jour, il avait pu pleuvoir. La mer était là. Comme une flaque immobile qui ne servait qu'à réfléchir la puissance du soleil.

Extraits de L. Gaudé, *Le Soleil des Scorta*, Actes Sud, 2004

Renouveau et difficultés

Après avoir été, pendant longtemps, la partie la plus pauvre du continent, l'Europe du Sud connaît un véritable renouveau grâce au tourisme (les littoraux méditerranéens sont la première destination touristique du monde) et à l'installation de nombreuses usines (carte 10A).

Mais les disparités sont importantes : certains pays comme l'Espagne et l'Italie voient le niveau de vie des populations rejoindre la moyenne européenne, tandis que d'autres comme l'Albanie demeurent très en retard (doc. 2).

Enfin, en Europe du Sud se côtoient des populations ayant des langues (romane, grecque ou slave) et des croyances (catholiques, orthodoxes, juifs, musulmans) différentes. Cette variété culturelle peut être source de richesse mais aussi de tensions voire de conflits et de guerres (cartes 10B et 10C).

LEXIQUE

- **escarpé** : qui présente une pente raide.
- **la suprématie** : le fait de dominer.

26 L'Europe de l'Ouest

1 Une ville d'Europe de l'Ouest Francfort, Allemagne

Francfort, 620 000 habitants, est une grande ville industrielle et la première ville bancaire du pays.

- Sur la carte 12, situe Francfort. Nomme trois pays d'Europe de l'Ouest.
- Décris ce paysage : le relief, le climat, le fleuve, les quartiers, les bâtiments, les monuments…

La région la plus peuplée

L'Europe de l'Ouest est l'espace le plus peuplé du continent : la richesse de la région depuis le Moyen Âge et surtout depuis son essor industriel au XIXe siècle ont permis à la population d'augmenter. Celle-ci s'est notamment concentrée le long des grandes voies de communication reliant la mer du Nord à la Méditerranée.

L'Europe de l'Ouest porte les plus fortes densités de population du continent (392 hab/km² aux Pays-Bas) et les plus grandes agglomérations, dont certaines comme Londres, Paris et Francfort ont un rayonnement mondial (doc. 1 et carte 9).

Un carrefour sur l'Océan

L'Europe de l'Ouest possède de nombreux atouts :

– sa proximité géographique avec l'Europe du Nord, l'Europe de l'Est, l'Europe du Sud et l'océan Atlantique (carte 12),

– son climat doux et humide favorable à l'agriculture (carte 4),

– son relief plat et ses fleuves navigables propices aux communications (carte 7),

– son long littoral qui permet l'exploitation des ressources maritimes (pêche, gisements pétroliers…) et les échanges commerciaux avec le reste du monde (carte 7).

2 Une famille en Europe de l'Ouest

Grande-Bretagne

- Sur la carte 12, situe la Grande-Bretagne.
- Décris cette famille, sa maison, ses habits, ses meubles, les objets de la vie quotidienne…
- Compare son mode de vie à celui des familles pages 81 et 83.

3 Une puissance économique

Parmi les 10 premiers pays au monde pour…	combien se trouvent en Europe de l'Ouest ?
la richesse de la population	3
le commerce	5
le nombre de lignes téléphoniques	4
le nombre d'ordinateurs	2
l'espérance de vie la plus longue	2

- En quoi chacune de ces informations prouve-t-elle la richesse de l'Europe de l'Ouest.

Elle se présente donc comme un carrefour entre les différentes régions d'Europe et le reste du monde.

Une puissance économique

L'Europe de l'Ouest regroupe les États les plus riches d'Europe (Allemagne, Grande-Bretagne, France…) qui se trouvent également parmi les plus puissants du monde.

L'Europe de l'Ouest abrite également, de Londres à Milan, la Mégalopole européenne, région la plus urbanisée et la plus riche du continent, véritable puissance commerciale, industrielle et financière en Europe et dans le monde, mais aussi région au rayonnement culturel mondial. Enfin, les niveaux de vie dans cette zone sont parmi les plus élevés du monde (doc. 2 et 3).

Mais l'Europe de l'Ouest n'est pas uniformément riche : certaines régions sont durement frappées par le chômage et la précarité, d'autres se dépeuplent.

LEXIQUE

- **une mégalopole** : un ensemble de grandes villes.
- **la précarité** : le fait de se trouver dans une situation incertaine, instable, du fait de la pauvreté.

27 L'Europe centrale et l'Europe de l'Est

1 Une ville d'Europe centrale Bratislava, Slovaquie

Capitale de la Slovaquie, Bratislava (460 000 habitants) est une ville très ancienne, qui s'est considérablement agrandie au XXe siècle.

▷ Sur la carte 12, situe Bratislava. Nomme trois pays d'Europe centrale et d'Europe de l'Est.

▷ Décris ce paysage : le relief, le quartier ancien et ses bâtiments au premier plan, le quartier récent et ses immeubles modernes à l'arrière-plan.

Une Europe continentale

L'Europe centrale et l'Europe de l'Est se trouvent à l'intérieur du continent européen (carte 12). Certains pays n'ont pas d'accès à la mer ou s'ouvrent sur l'océan Arctique (couvert par les glaces une partie de l'année) et sur des mers presque fermées (mer Noire, mer Baltique), ce qui limite leurs communications maritimes avec le reste du monde.
Le climat est tempéré mais rude : les hivers sont froids, les étés chauds et les précipitations moyennes, car l'Océan est trop éloigné pour adoucir les températures et apporter des pluies abondantes.
L'Europe centrale et l'Europe de l'Est sont moins peuplées que l'Europe de l'Ouest (carte 9). Les populations parlent des langues slaves et sont en majorité orthodoxes (cartes 10B et 10C).

Une Europe à l'écart ?

Depuis des siècles, l'Europe centrale et l'Europe de l'Est sont moins riches que l'Europe de l'Ouest : elles ont développé leur agriculture et leur industrie après celles d'Europe de l'Ouest.
Au cours du XXe siècle, les pays d'Europe de l'Est et d'Europe centrale ont été organisés suivant le modèle de la Russie communiste : les champs, les usines, les entreprises appartenaient à l'État et fournissaient des emplois aux habitants ; en échange,

2 Une famille de Russie

▷ Sur la carte 12, situe la Russie.

▷ Décris cette famille, sa maison, ses habits, ses meubles, les objets de la vie quotidienne…

▶ Compare le mode de vie de cette famille à celui des familles pages 81, 83 et 85.

3 Le modèle de la Russie communiste

Un État où l'on peut être condamné sans jugement, une société dans laquelle quelqu'un est malheureux parce qu'il dit ce qu'il pense, une société où dix personnes vivent dans la même pièce, un État qui a plus d'espions que de nourrices, et plus de gens en prison que dans les hôpitaux,

L. Kolakowski, *La Vérité*, 15 mars 1957

ceux-ci recevaient un salaire et avaient accès presque gratuitement aux logements, aux écoles, aux transports, aux hôpitaux… Mais ce système n'a pas permis de compenser le retard économique de ces régions, et le niveau de vie est resté bas. En outre, les citoyens étaient privés de leurs libertés individuelles (doc. 3).

Depuis les années 1990, cette partie de l'Europe a adopté une organisation politique démocratique et le modèle économique de l'Europe de l'Ouest, dans l'espoir de rattraper peu à peu son retard. Neuf pays d'Europe centrale ont intégré l'Union européenne en 2004.

Mais leur niveau de richesse et leur niveau de vie demeurent inférieurs à ceux du reste de l'Europe et certains États, comme la Russie, vivent un certain désordre économique et politique (doc. 1 et 2).

LEXIQUE

- **communiste** : organisé selon le principe de la mise en commun des biens, de façon à permettre l'égalité dans la société.
- **la démocratie** : l'organisation de la société selon laquelle le pouvoir appartient au peuple, qui choisit ses dirigeants.
- **les libertés individuelles** : la liberté de penser, de se déplacer, de s'exprimer…

L'Europe vue par les artistes

Dans leurs représentations, les artistes révèlent leur vision des paysages.

1 L'ouest de l'Europe

Claude Monet (1840-1926), *Le Parlement derrière l'abbaye de Westminster* (huile sur toile), 1871, Londres, National Gallery

2 Le sud de l'Europe

Georges Braque (1882-1963), *Paysage à l'Estaque*, (huile sur toile), 1907, Troyes, musée d'Art moderne

3 L'est de l'Europe

Marc Chagall (1887-1985), *La Maison bleue* (huile sur toile), 1917, Liège, musée d'Art moderne et d'Art contemporain

4 Le nord de l'Europe

Jan Bruegel le Vieux (1568-1625), *Scène d'hiver en Hollande,* Wiltshire, collection du comte de Pembroke, Wilton House

- Décris un à un ces tableaux : le paysage, mais aussi les choix faits par les artistes pour les représenter (le type de représentation – les éléments figurés sont-ils le plus semblables possible à la réalité ou sont-ils suggérés – les couleurs employées, les éléments mis en avant dans chaque cas – climat, modes de vie…).
- Quelle image chacun de ces tableaux donne-t-il de la région d'Europe qu'il représente ?

28 L'Union européenne

1 Les buts de l'Union européenne

▷ Explique un à un les articles de ce traité.

▷ Récapitule les domaines dans lesquels l'Union européenne intervient.

Traité. Article A. Les pays signataires instituent entre eux une Union européenne. Ce traité marque une nouvelle étape dans la création d'une union sans cesse plus étroite entre les peuples de l'Europe. L'Union a pour mission d'organiser de façon cohérente et solidaire les relations entre les États membres et entre leurs peuples.
Article 2. L'Union européenne a pour mission le développement économique, l'emploi, la protection sociale, l'égalité entre les hommes et les femmes, la compétitivité économique, l'environnement, le niveau et la qualité de vie, la solidarité entre les États membres.
Article 3. L'Union européenne veille à la libre circulation des marchandises, des personnes, des services et des capitaux, assure une politique commune dans les domaines de l'agriculture, de la pêche, des transports, de l'environnement, de la recherche, de la santé, de l'éducation, du tourisme, de l'emploi...
Article 8. Toute personne ayant la nationalité d'un État membre est citoyen de l'Union.
Article 18. Tout citoyen de l'Union a le droit de circuler et de séjourner librement sur le territoire des États membres.
Article 19. Tout citoyen de l'Union résidant dans un État membre a le droit de voter et d'être élu aux élections municipales de ce pays.

D'après le traité sur l'Union européenne, 1992

2 La construction européenne

▷ Sur la frise chronologique, nomme dans l'ordre les traités qui ont permis de créer l'Union européenne.
▷ Sur la carte 8, situe les six pays fondateurs de l'Union européenne.

1945	1950	1955	1960	1965	1970	1975
Fin de la Seconde Guerre mondiale	1951 Premier accord (6 pays)	1957 Traités de Rome Allemagne Belgique France Italie Luxembourg Pays-Bas				Danemark Grande-Bretagne Irlande

La construction européenne

Après la Seconde Guerre mondiale (1939-1945), des hommes politiques comme le Français Robert Schuman ont eu l'idée, pour établir la paix en Europe, de lier les anciens pays ennemis, la France et l'Allemagne, par une étroite coopération économique.
Depuis, d'autres pays se sont joints à eux et, par des traités successifs, ont fondé la CEE (Communauté économique européenne) puis l'UE (Union européenne). Actuellement, ils sont 25, et d'autres demandent à les rejoindre : la Bulgarie, la Roumanie et la Turquie (doc. 2 et carte 8).

Le fonctionnement de l'Europe

Ensemble, les pays membres de l'Union européenne forment un vaste espace au sein duquel les personnes et les marchandises circulent librement, sans droits de douane ni visas : tous les Européens peuvent voyager, s'installer, occuper un emploi dans n'importe quel pays de l'Union.
Les pays de l'UE prennent des décisions communes pour assurer la paix et la démocratie, améliorer le niveau de vie, lutter contre le chômage, protéger l'environnement, empêcher le terrorisme. Mais ils restent autonomes : chacun a son gouvernement, ses lois, son mode de vie... (doc. 1)

3 Les institutions européennes Réunion de la Commission européenne

- Combien de personnes sont assises autour de cette table. À ton avis, pourquoi ?
- Sur la carte 8, situe les pays membres de l'UE. Quels pays sont en cours de négociation pour entrer dans l'UE ?
- Au fond, dans les cabines, se trouvent des interprètes : pourquoi sont-ils présents ?

1980	1985	1990	1995	2000	
	1985 Schengen	1992 Traité de Maastricht	1997 Traité d'Amsterdam	2002 L'euro	Chypre Estonie Hongrie Lettonie Lituanie Malte Pologne Slovaquie Slovénie Tchéquie
Grèce	Espagne Portugal		Autriche Finlande Suède		

Les institutions européennes

Chaque pays de l'Union européenne nomme des représentants au sein des différentes institutions de l'UE et participe ainsi aux décisions prises :
– le Conseil, qui réunit les ministres des États membres (par exemple, tous les ministres de l'Éducation pour une question concernant l'école) ;
– le Parlement européen, composé de députés élus par les citoyens européens et chargés de voter les lois valables dans toute l'Union européenne ;
– la Commission européenne, dont les membres sont choisis par les États membres et qui fait fonctionner l'UE au quotidien (doc. 3).

LEXIQUE

- **un droit de douane** : un impôt que l'on paye pour faire entrer certaines marchandises dans un pays.
- **des institutions** : les organismes chargés de diriger un État ou un ensemble d'États (par exemple, un parlement, un ministère...).
- **le terrorisme** : les actes de violence (attentats, meurtres, prises d'otages...) commis pour créer un sentiment de peur et d'insécurité, dans l'espoir de faire passer des revendications.
- **un visa** : une autorisation d'entrer ou de sortir d'un pays.

29 L'Union européenne : un projet économique

1 Un vaste marché commun W. P. Roberts (1895-1980), *Le Marché commun* (allégorie), 1963

▷ Décris cette scène dans le détail : les marchands, les clients, les produits vendus…

▶ Cette représentation est une allégorie (une représentation d'une idée par une image) : que dit-elle des relations commerciales entre les pays de l'Union européenne ?

Un vaste marché commun

L'Union européenne est un « marché commun », c'est-à-dire que chaque habitant, chaque entreprise peut travailler et vendre ses marchandises ou ses services dans tous les pays membres (doc. 1). Chaque produit fabriqué peut ainsi être librement vendu aux 445 millions d'habitants de l'Union. Depuis 2002, ces échanges sont facilités par l'utilisation d'une monnaie commune : l'euro. Celui-ci remplace progressivement les monnaies des différents pays membres (dossier p. 94).

Une active coordination

Les États membres coordonnent leurs actions dans de nombreux domaines économiques. Par exemple, la PAC (Politique agricole commune) assure des prix minimums aux agriculteurs.
Les pays membres mettent en commun leurs moyens pour réaliser de grands projets comme la construction d'avions (Airbus) et de fusées (Arianespace) (doc. 2).
Ils travaillent à réduire les inégalités au sein de l'Union européenne et aident ensemble, par des

ailes fabriquées en Grande-Bretagne — ailettes fabriquées en Espagne — corps fabriqué en Allemagne — avion assemblé en France — poste pilotage fabriqué en France

2 Une active coordination

Usine d'assemblage des avions Airbus, Toulouse

- Sur la carte 8, situe Toulouse : dans quels pays cette ville se trouve-t-elle ?
- Décris cet atelier d'assemblage.
- Quels pays participent à la fabrication des Airbus ?

3 Une puissance économique à l'échelle mondiale

- L'Union européenne a-t-elle du « poids » au niveau mondial ?

Superficie de l'UE	7e rang mondial après la Russie, le Canada, la Chine, les États-Unis, le Brésil et l'Australie
Population	3e rang mondial, après la Chine et l'Inde
Production agricole	2e rang mondial après les États-Unis
Production industrielle	2e rang mondial après les États-Unis
Exportation de biens	1er rang mondial
Exportation de services	1er rang mondial
Commerce	1er rang mondial
Tourisme	1er rang mondial

subventions, les régions et les secteurs économiques en difficulté.

La grande puissance économique

L'Union européenne est une grande puissance à l'échelle de la planète : elle est notamment la première puissance commerciale du monde (doc. 3). Quatre de ses membres (Allemagne, France, Grande-Bretagne et Italie) font partie du G8, et un représentant de la Commission européenne assiste à toutes les réunions du G8.

LEXIQUE

- **les exportations** : les marchandises vendues à l'étranger.
- **le G8** : le groupe des 8 pays les plus riches et les plus puissants du monde, dont les chefs d'État et de gouvernement se réunissent chaque année.
- **les subventions** : des aides sous la forme de sommes d'argent...

DOSSIER

L'euro

L'euro est la monnaie commune au sein de l'Union européenne :
plus de 300 millions d'Européens dans 12 pays l'utilisent dans leur vie quotidienne.

Une monnaie unique

1 La même monnaie

- Décris ces pièces et ces billets.
- Décris la pièce d'un euro dans le détail : les couleurs, l'indication de la valeur de la pièce, les représentations qui y figurent (carte, étoiles) et leur signification.
- Quel symbole est utilisé pour écrire « euro » ?

carte 8 2 ... pour douze pays

- Sur la carte 8, trouve et nomme les douze pays qui utilisent l'euro (n'oublie pas les tout petits pays).
- Quels pays de l'Union européenne n'utilisent pas encore l'euro ?

3 ... au quotidien

Autrefois, chaque pays de l'Union européenne avait sa propre monnaie : le franc en France, le mark en Allemagne...

- Peux-tu savoir dans quel pays cette scène a lieu ?
- Quel est l'avantage de la monnaie unique pour le consommateur ? pour le vendeur ? pour le voyageur ?

Douze pièces différentes

4 Des pièces personnalisées Les faces des douze pièces d'un euro

Chaque pièce, chaque billet possède un côté commun à tous les pays et une face personnalisée par l'un des pays utilisateurs. Mais toutes les pièces peuvent être utilisées dans tous les pays membres de l'Union européenne.

a

b

c

d

e

f

g

h

i

j

k

l

Certains pays, qui sont des monarchies, ont représenté le roi ou la reine sur la face personnalisée.

- La pièce en haut à gauche est celle de la Belgique. Trouve sur les pièces b, c et d le nom des autres monarchies.
- Lesquelles ont un roi ? une reine ? Leur nom est-il indiqué sur les pièces ?

Les autres pays ont choisi de graver des symboles. Trouve la pièce et le pays correspondants à chaque fois.

- Sur la pièce française, on peut voire un arbre de la liberté et lire la devise de la République.
- Un dessin de Léonard de Vinci (un homme bras ouverts) se trouve sur la pièce de son pays natal : l'Italie.
- Dans l'Antiquité, la sagesse grecque était représentée par une chouette.
- Mozart a son portrait sur la pièce de son pays natal : l'Autriche.
- L'Irlande est célèbre notamment pour sa musique : quel instrument la symbolise ?
- La Finlande a choisi de représenter des oiseaux migrateurs.
- Le Portugal a fait graver d'anciens blasons du Moyen Âge.
- Par déduction, quel pays est représenté par un aigle ?

30 L'Union européenne : un projet politique

1 Quel projet ? Dessin de Plantu paru dans le journal *Le Monde* en 2003

▷ Décris cette scène dans le détail : les personnes autour de la table, ce qu'elles font, le drapeau au-dessus d'elles, les personnes qui se trouvent à la porte, leurs drapeaux…

▶ Les personnes autour de la table représentent les pays membres de l'Union européenne avant 2004, les personnes à la porte représentent les pays qui sont entrés en 2004 : explique la situation.

Quel projet ?

À l'origine, la création d'une communauté européenne avait pour objectif de garantir la paix en Europe en tissant des liens économiques entre les pays membres. Depuis, le projet a beaucoup évolué. De nos jours, l'Union européenne est une organisation non seulement économique mais aussi politique.

Les États membres ont des avis différents sur l'avenir de l'Union européenne : certains veulent que leur association reste strictement économique ; d'autres pensent que l'Union doit défendre, dans le monde, des valeurs comme la démocratie, la solidarité, la paix et la justice (doc. 1, et doc 3 p. 47).

Quel espace ?

L'Union européenne rassemble 445 millions d'habitants (plus que les États-Unis ou la Russie) sur près de 4 millions de kilomètres carrés (plus que les États-Unis mais moins que la Russie). Elle regroupe des États très divers par leurs dimensions, leur population et leur niveau de richesse (doc. 2).

D'autres États négocient pour entrer dans l'UE : la Roumanie et la Bulgarie, qui se trouvent dans l'Europe géographique, et la Turquie, dont une partie du territoire se trouve hors d'Europe. Les citoyens européens ne sont pas d'accord sur la question de savoir jusqu'où élargir l'Union européenne (doc. 3).

2 Quel espace ?

	Superficie	Nombre d'habitants	PNB/hab.
Allemagne	357 000 km²	83 millions	24 000 €
Autriche	84 000 km²	8 millions	26 000 €
Belgique	31 000 km²	10 millions	25 000 €
Chypre	9 000 km²	700 000	18 000 €
Danemark	43 000 km²	5 millions	27 000 €
Espagne	505 000 km²	41 millions	20 000 €
Estonie	45 000 km²	1 400 000	9 000 €
Finlande	305 000 km²	5 millions	24 000 €
France	544 000 km²	60 millions	25 000 €
Grèce	132 000 km²	11 millions	16 000 €
Hongrie	93 000 km²	10 millions	12 000 €
Irlande	70 000 km²	4 millions	28 000 €
Italie	301 000 km²	57 millions	23 000 €
Lettonie	65 000 km²	2 millions	9 000 €
Lituanie	65 000 km²	3 millions	8 000 €
Luxembourg	3 000 km²	400 000	45 000 €
Malte	300 km²	400 000	16 000 €
Pays-Bas	34 000 km²	16 millions	27 000 €
Pologne	313 000 km²	38 millions	10 000 €
Portugal	92 000 km²	10 millions	17 000 €
République tchèque	79 000 km²	10 millions	14 000 €
Royaume-Uni	244 000 km²	59 millions	25 000 €
Slovaquie	49 000 km²	5 millions	11 000 €
Slovénie	20 000 km²	2 millions	16 000 €
Suède	411 000 km²	10 millions	25 000 €
Total	3 874 000 km²	445 millions	

- Quel pays est le plus étendu ? le moins étendu ?
- Quel pays est le plus peuplé ? le moins peuplé ?
- Quel pays est, en moyenne par habitant, le plus riche ? le moins riche ?
- Comment la France se situe-t-elle par rapport au reste de l'Union ?

3 Quelle union ?

Sondage. Les citoyens de l'Union européenne sont majoritairement en faveur de l'élargissement de l'Union européenne (66 % de personnes favorables), mais la situation diverge selon les pays : 82 % des Italiens et 79 % des Irlandais se déclarent favorables à l'élargissement de l'UE, contre seulement 54 % en Grande-Bretagne, 52 % en Suède et 51 % en Finlande. 53 % des citoyens de l'Union européenne pensent que l'appartenance de leur pays à l'UE est une bonne chose. 51 % estiment que leur pays a bénéficié de son appartenance à l'UE. Enfin, 46 % ont plutôt confiance dans l'UE, 37 % plutôt pas confiance.

D'après l'Union européenne, *Eurobaromètre*, 2002

Quelle union ?

Au sein de l'Union européenne, de nombreux problèmes se posent. Les Européens sont parfois divisés sur la manière de régler les problèmes, comme pour la création de l'euro, à laquelle certains pays ont refusé de participer (carte 8).

Pour résoudre ces difficultés, une Constitution a été rédigée : elle définit les objectifs et les valeurs de l'Union ainsi que la répartition des tâches et des responsabilités.

Certains veulent aller plus loin et faire de l'Union européenne un même État au sein duquel chaque membre serait une région, disposant d'une certaine autonomie.

D'autres ont le sentiment que l'Union européenne privilégie surtout le développement économique et ne s'occupe pas de ce qui les préoccupe le plus : le chômage, la justice sociale…

Enfin, la plupart des citoyens européens ont le sentiment que les décisions sont prises loin d'eux : ils ne se sentent pas attachés à l'Union européenne comme ils le sont à leur commune ou à leur pays.

LEXIQUE

- **l'élargissement de l'Union européenne** : l'entrée de nouveaux pays au sein de l'Union européenne.

31 Les centres et les périphéries de l'Europe

1 Les centres de l'Europe Quartier des affaires, Bruxelles.

Bruxelles est l'une des « capitales » de l'Union européenne. Elle abrite notamment la Commission européenne.

- Sur la carte 12, situe Bruxelles. De quel pays est-elle également la capitale ?
- Décris ce paysage.
- À quoi vois-tu que cette région est riche ?

Les centres de l'Europe

Certaines régions d'Europe concentrent un grand nombre d'habitants, de richesses, et exercent une influence économique et politique sur le reste du continent et sur le monde.

C'est le cas de la Mégalopole, région la plus peuplée, la plus active et la plus riche d'Europe (carte 12). La production y est importante, la main-d'œuvre qualifiée et abondante, le réseau de communication dense : elle possède les principaux aéroports et ports, le réseau autoroutier le plus dense d'Europe. Des entreprises du monde entier y installent leurs bureaux et leurs usines.

On y trouve les fondateurs de l'Union européenne (Allemagne, France, Belgique, Luxembourg, Pays-Bas, Italie) et plusieurs membres du G8 (Allemagne, France, Royaume-Uni, Italie) (doc. 1). De même, de grandes villes comme Berlin, Londres, Madrid, Moscou, Paris et Rome sont des carrefours importants. Moscou, capitale de la Russie, se trouve à la marge de l'Europe mais exerce une influence décisive sur sa région, y compris sur les pays voisins.

2 Les périphéries de l'Europe Famille en Albanie

À l'extrême sud-est, l'Albanie est le plus pays le plus pauvre d'Europe.

- Sur la carte 12, situe l'Albanie. Dans quelle partie de l'Europe ce pays se trouve-t-il ?
- Décris cette famille : les parents, les enfants, leur maison, leurs habits, leurs meubles, leurs objets…
- Compare son mode de vie à celui des familles des pages 81, 83, 85 et 87.

Les périphéries

Les régions en dehors de la Mégalopole sont moins riches, moins urbanisées, moins dotées en moyens de transports… Les plus éloignées souffrent d'un certain retard économique.
L'extrême Ouest, essentiellement rural et maritime, tente de moderniser pour se raccrocher à la dynamique de la Mégalopole.
Le Sud-Est subit les conséquences de plusieurs années de guerres terribles (les Balkans) et d'un retard économique déjà ancien (Roumanie, Albanie) : le niveau de vie y est très bas (doc. 2). Ces inégalités font que les habitants de l'Europe du Sud et de l'Est sont attirés par les richesses de l'Europe de l'Ouest. Certains pays, comme l'Albanie et la Roumanie, sont devenus des zones d'émigration massive (carte 10A).

LEXIQUE

- **la périphérie** : une région qui se trouve loin du centre.

DOSSIER

Deux villes, au cœur et à la périphérie de l'Europe : Bruxelles et Lisbonne

carte 9 — 1 La position de Bruxelles et de Lisbonne en Europe

- Sur la carte 9, situe Bruxelles et Lisbonne.
- De quel pays sont-elles les capitales ?
- Dans quelle région se trouve chacune d'elles : Europe du Nord ? Europe de l'Est ? Europe centrale ? Europe de l'Ouest ? Europe du Sud ?
- À l'aide de la carte 8, nomme les pays voisins de la Belgique puis les pays voisins du Portugal.
- La Belgique est-elle un grand ou un petit pays par rapport à ses voisins ? et le Portugal ?
- À l'aide de l'échelle, calcule sur la carte 9 la distance entre Bruxelles et la mer Méditerranée ; entre Bruxelles et la mer du Nord ; entre Bruxelles et l'océan Atlantique.
- À l'aide de l'échelle, calcule la distance entre Lisbonne et la mer Méditerranée ; entre Lisbonne et la mer du Nord ; entre Lisbonne et l'océan Atlantique.
- D'après la carte 9, Bruxelles et Lisbonne se trouvent-elles dans la Mégalopole ou en dehors ?
- Quelles grandes villes d'Europe se trouvent à moins de 1 000 km de Bruxelles ? de Lisbonne ?

○	Ville principale
(trait orange épais)	Axe routier important
(trait orange fin)	Autre axe routier
(trait vert épais)	Ligne TGV
(trait vert fin)	Autre voie ferrée importante
(trait vert pointillé)	Autre voie ferrée importante
(double trait noir)	Tunnel sous la Manche
(cercle bleu)	Port (marchandises ou passagers)
(bande bleue)	Grand trajet maritime
(avion rouge)	Aéroport international

2 Le réseau de transports

Les réseaux terrestres

- D'après les cartes ci-contre, quels moyens de transport sont présents à Bruxelles ? à Lisbonne ?
- À quelles grandes villes européennes le réseau routier relie-t-il chacune d'elles en direct ?
- À quelles grandes villes européennes le réseau ferré relie-t-il chacune d'elles en direct ?

Les autres réseaux

- Quel autre moyen de transport permet aux passagers de se rendre de Bruxelles ou de Lisbonne vers les autres grandes villes européennes ?
- À quelle distance Bruxelles se trouve-t-elle du port d'Anvers ? Comment les marchandises sont-elles transportées entre les deux ?
- Nomme trois moyens de se rendre de Bruxelles à Londres ?
- À quelle distance Bruxelles et Lisbonne se trouvent-elles du plus grand port d'Europe et du monde (cherche son nom page 77). Sont-elles bien reliées à ce port ?

La situation de ces deux villes en Europe

- Est-il facile, quand on se trouve à Bruxelles, de se déplacer vers le reste de l'Europe ?
- Est-il facile, quand on se trouve à Lisbonne, de se déplacer vers le reste de l'Europe ? Par où faut-il systématiquement passer ?
- Compare la situation de Bruxelles et celle de Lisbonne : position en Europe, réseau de communications les reliant au reste du continent.
Laquelle de ces villes se trouve au cœur de l'Europe ?
Laquelle se trouve à la périphérie ?

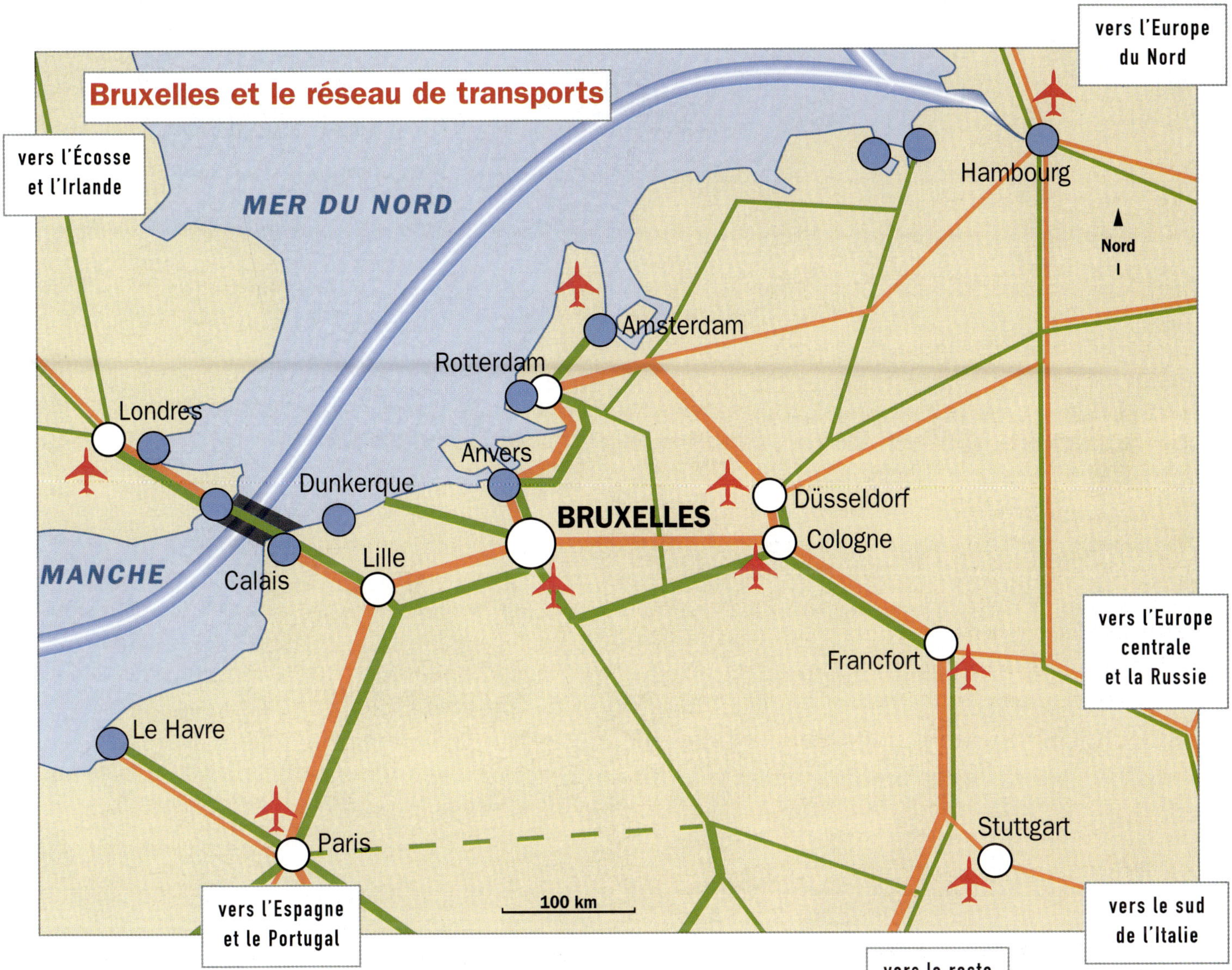
Bruxelles et le réseau de transports
vers l'Écosse et l'Irlande
vers l'Europe du Nord
MER DU NORD
Hambourg
Nord
Amsterdam
Rotterdam
Londres
Anvers
Dunkerque
Düsseldorf
BRUXELLES
Cologne
MANCHE
Calais
Lille
Francfort
vers l'Europe centrale et la Russie
Le Havre
Stuttgart
Paris
vers l'Espagne et le Portugal
100 km
vers le sud de l'Italie

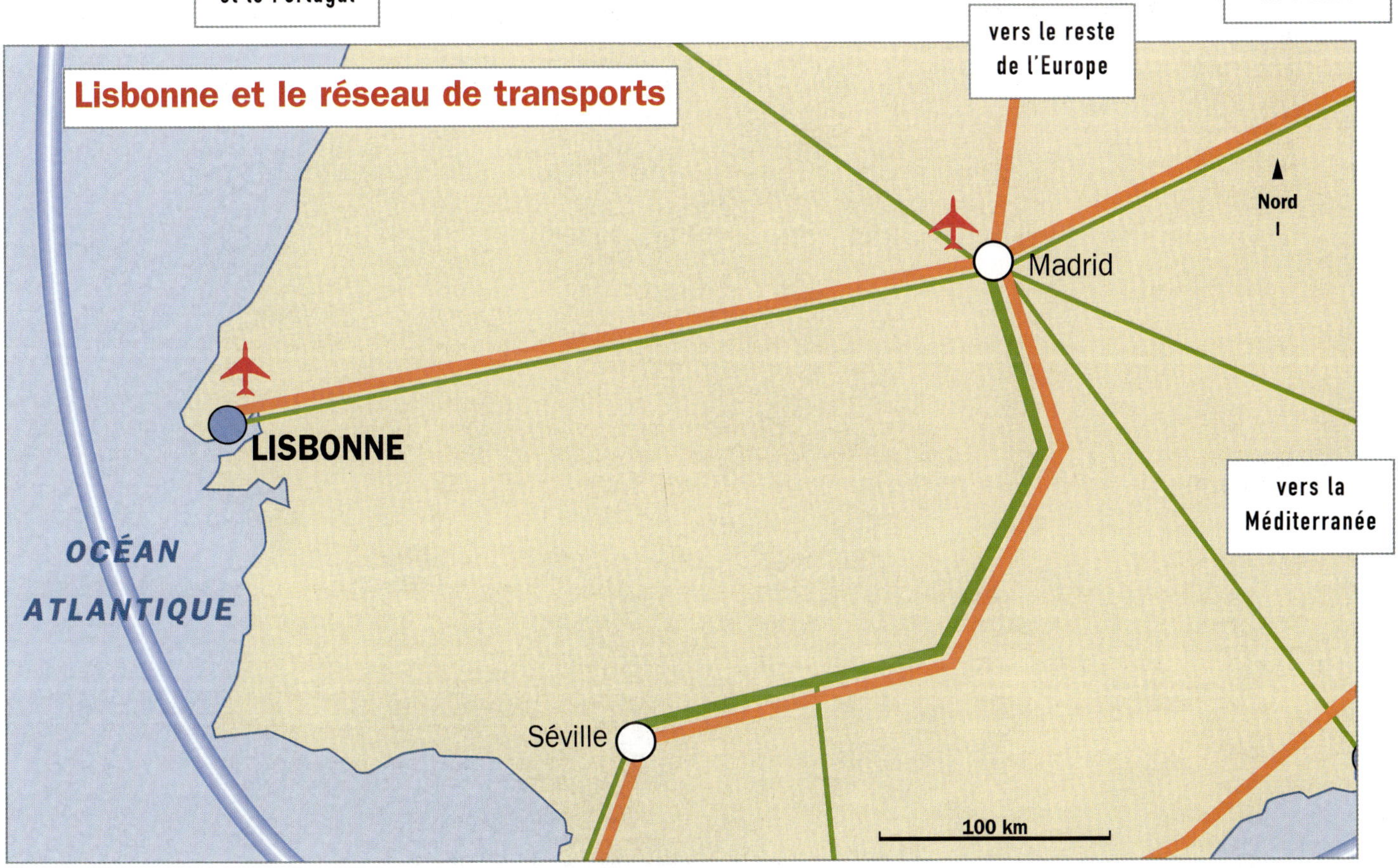
Lisbonne et le réseau de transports
vers le reste de l'Europe
Nord
Madrid
LISBONNE
OCÉAN ATLANTIQUE
vers la Méditerranée
Séville
100 km

3 Espaces français

sommaire

DOSSIER

Des paysages historiques en constante évolution

La diversité du territoire français

carte 8 page 102 1 La métropole Image satellite de la France

La partie du territoire français qui se trouve en Europe s'appelle la métropole.
Située à l'extrémité de l'Europe, elle a une superficie de 550 000 km^2 : la France est l'un des plus vastes pays du continent européen.

- Sur la carte 8, situe la France en Europe. Où se trouve-t-elle : à l'ouest ou à l'est ? au nord ou au sud ?
- Nomme les huit pays (dont deux tout petits) qui ont une frontière commune avec la France.
- Nomme les trois mers et l'océan qui bordent la France.
- Sais-tu comment s'appelle la grande île française qui se trouve en Méditerranée ?
- Décris l'image satellite page 102.
- À l'aide de la carte 8, trace les frontières avec le doigt.
- Pourquoi appelle-t-on parfois la France l'« Hexagone » ?
- Sais-tu comment s'appelle la capitale de la France ?
- Sur l'image satellite, situe l'endroit où se trouve ton école en France.

carte 20 2 Les départements et territoires d'outre-mer

La France a également une partie de son territoire en dehors de l'Europe : ce sont les départements et territoires d'outre-mer.

- Sur la carte 20, nomme et situe les quatre départements français d'outre-mer.
Dans quel océan ou sur quel continent se trouvent-ils ?
- Nomme un département ou territoire d'outre-mer de l'océan Pacifique ; un autre situé dans l'océan Atlantique.
- Regarde le tableau page 211 et calcule la superficie totale de la France (sans oublier la métropole).
- Regarde la carte 3 : quel est le relief des différentes parties du territoire français ?
- Regarde la carte 4 : dans quelles zones climatiques se situent les différentes parties du territoire français ?
- Regarde la carte 5 : quelle est la végétation des différentes parties du territoire français ?
- Regarde la carte 9 : la population est-elle bien répartie sur le territoire français ?
- Que peux-tu en conclure sur la variété des paysages français ?

Des paysages variés

3 Des paysages de France

- Cherche dans ce chapitre une photographie d'un paysage naturel, c'est-à-dire non transformé par les hommes.
- Cherche dans ce chapitre une photographie d'un paysage aménagé, c'est-à-dire transformé par les hommes.
- Cherche dans ce chapitre une photographie d'un paysage comportant des éléments qui témoignent du passé de la France.
- Décris le paysage que tu vois depuis la fenêtre de la classe : le relief si tu le vois, le climat si tu trouves des indices, la végétation naturelle éventuelle, les signes de la présence humaine...

Des paysages en constante évolution

4 Paysage urbain au début du XXe siècle

Statue de Rouget de Lisle à Choisy-le-Roi, Val-de-Marne

- Sur la carte 13, situe Choisy-le-Roi.
- Décris la statue de Rouget de Lisle : sa taille, son vêtement, son attitude…
- Cherche dans un dictionnaire pourquoi Rouget de Lisle est célèbre.
- Explique ce qu'il est en train de faire sur la statue.
- Décris le reste du paysage : les bâtiments en arrière-plan, le restaurant, la rue, la circulation, les personnes…

5 Paysage urbain au début du XXIe siècle

Voici le même paysage un siècle plus tard.

- Décris ce paysage aujourd'hui : la statue, la rue, les bâtiments, la circulation, les personnes…
- Recense :
  – les éléments qui sont inchangés,
  – ceux qui ont disparu,
  – ceux qui ont été transformés,
  – ceux qui sont nouveaux
  (observe notamment les bâtiments, lampadaires, magasins, véhicules, habillement des personnes…).
- Pour quelle raison les hommes ont-ils transformé ce paysage ?

32 Les paysages urbains d'habitation

1 L'habitat collectif ancien

Camille Pissaro (1830-1903), Avenue de l'Opéra, *Soleil, matinée d'hiver* (1898), Reims, musée des Beaux-Arts

Ces larges façades en pierre, les ornements et les balcons sont caractéristiques de la fin du XIXe siècle.

L'habitat collectif

Les paysages urbains français sont essentiellement constitués d'immeubles collectifs. En effet, les citadins sont nombreux à se loger sur un espace réduit. Dans les quartiers anciens, on trouve de beaux immeubles, dont un grand nombre date du XIXe siècle. Ils sont habités essentiellement par des familles aisées, car leurs loyers sont élevés (doc. 1). Les quartiers récents comportent des bâtiments modernes. Ils sont habités par des familles plus modestes : en effet, les loyers y sont donc moins élevés car ces quartiers sont généralement moins bien situés dans la ville, plus éloignés des zones les plus dynamiques (doc. 2).

Certains quartiers modernes sont constitués de grands ensembles, construits il y a quarante ans, quand la population des villes a augmenté et qu'il fallait loger tout le monde. Nombre d'entre eux, construits à la hâte, sont devenus inconfortables : on les qualifie parfois de « cités ». Certains immeubles sont détruits, d'autres remis à neuf.

↑ 2 L'habitat collectif et individuel récent Vitry-sur-Seine, Val de Marne

▷ Sur la carte 13, situe Vitry-sur-Seine. Près de quelle grande ville se trouve-t-elle ?

▷ Décris ces deux paysages, pages 106 et 107 : les rues, les bâtiments, les autres éléments…

▶ Combien de familles peuvent vivre dans chacun de ces bâtiments : une seule, vingt ou cent ?

▶ Quels sont les avantages des immeubles collectifs ? Quels en sont les inconvénients ?

↓ 3 L'habitat individuel en lotissement

Annonce publicitaire. Aux portes de Carcassonne, sous le soleil du Grand Sud, une résidence avec le confort de tous les modes de vie : 54 appartements en résidence, 23 villas prolongées de leur jardin privatif. Un cadre agréable : le domaine, vaste et arboré, est entièrement clos. Appartements en petites résidences et villas forment un ensemble harmonieux.

Groupe Capri-Immo, annonce publiée sur Internet, 2004

L'habitat individuel

Dans certaines zones urbaines où la population est moins nombreuse, chaque famille possède sa propre maison, avec parfois un jardin. C'est le cas dans certains quartiers anciens, qui rassemblent des « maisons de ville » et leurs jardinets. C'est également le cas dans les quartiers modernes, où des lotissements regroupent des maisons récentes, parfois toutes construites sur un même modèle (doc. 3).

LEXIQUE

- **un citadin** : un habitant de la ville.
- **un grand ensemble** : un ensemble de grands immeubles d'habitation.
- **l'habitat collectif** : les bâtiments dans lesquels vivent plusieurs familles.
- **l'habitat individuel** : les bâtiments dans lesquels vit une seule famille.
- **un lotissement** : un ensemble de pavillons, parfois identiques, concentrés en un même lieu.

33 Les paysages urbains du travail

1 Une usine

Ancienne usine textile reconvertie en maison de la Culture, Lille

- Sur la carte 13, situe Lille. Est-ce une grande ou une petite ville ?
- Décris ce que tu vois sur cette photographie : le bâtiment en briques, la cheminée, les panneaux en métal...
- Quels éléments montrent qu'il s'agissait d'une usine ?
- Pourquoi n'a-t-on pas détruit cette usine pour construire, à la place, un nouveau bâtiment ?
- Y a-t-il, près de l'école, des usines en activité ou d'anciennes usines ? Comment sont-elles ?

Les paysages industriels

Les villes abritent d'anciennes usines : on les reconnaît à leurs bâtiments en briques et à leurs hautes cheminées. Ces usines se trouvent dans la ville même : en effet, au XIXe puis au XXe siècle, les entreprises se sont installées en bordure des zones urbaines, à proximité de la main-d'œuvre et des clients potentiels. Depuis, les villes se sont agrandies, de nouvelles habitations ont été construites et les anciennes usines ont été encerclées par la zone urbaine.

De nos jours, les entreprises déplacent leurs activités : le manque d'espace ne leur permet plus d'étendre leurs activités et les nuisances qu'elles provoquent (bruit, fumée, va-et-vient de camions) déplaisent au voisinage. Les anciennes usines sont détruites ou transformées (doc. 1).

Les nouvelles usines sont installées à proximité des villes mais en dehors, dans des zones industrielles réservées aux entreprises. Elles y disposent de vastes espaces (ateliers, usines, parkings), de services (restauration pour les salariés, par exemple) et de la proximité des grandes voies d'accès : une autoroute, une voie de chemin de fer, éventuellement un canal ou un fleuve pour le transport des marchandises en train ou en péniche (doc. 2 et dossier pp. 112-113).

2 La création d'une zone industrielle

Compte rendu de conseil municipal.

Création d'une ZAC (zone d'aménagement concertée). Monsieur le Maire présente le sujet. Il montre le plan de la zone concernée. Un aménagement important est à réaliser et il faut que ce soit pensé et réfléchi. Une entreprise a fait une proposition pour la réalisation. Monsieur le Maire soumet au vote le projet de ZAC et le choix de l'entreprise. Pour le projet de ZAC/Accord à l'unanimité. Pour le choix de l'entreprise, accord du conseil municipal moins une abstention.

Extraits du compte rendu du conseil municipal de Barneville-Carteret, 14 juin 2004

- Qu'est-ce qu'un compte rendu de conseil municipal ?
- Qu'a-t-il été décidé lors de ce conseil municipal ?

3 Un quartier d'affaires

La Défense, Paris

- Sur la carte 13, situe Paris.
- Décris ce paysage : le relief, la ville, le fleuve, le quartier au premier plan, les bâtiments, les équipements visibles…
- À ton avis, quels sont les avantages et les inconvénients de ce quartier ?

Les paysages de bureaux

Du fait de la progression des activités de services, les villes abritent de plus en plus de bureaux. Certaines entreprises s'installent dans les quartiers historiques et prestigieux, où elles occupent de beaux immeubles anciens.

D'autres se regroupent dans des quartiers modernes : les quartiers d'affaires (doc. 3). On y trouve de vastes espaces de bureaux, mais aussi un grand nombre d'équipements qui facilitent la vie de ceux qui y travaillent : des moyens de transport (autoroutes, trains régionaux) et des parkings, des restaurants, des magasins…

LEXIQUE

- **les équipements** : le matériel nécessaire à une activité.
- **les nuisances** : les inconvénients, les dangers.
- **un quartier d'affaires** : un quartier d'une ville dans lequel sont regroupés des bureaux.
- **réhabiliter** : remettre en bon état et moderniser.
- **une usine** : un lieu dans lequel on fabrique des objets en grand nombre.
- **une zone industrielle** : un lieu dans lequel sont regroupées des usines.

DOSSIER

Une zone industrielle : Lille-Seclin

De plus en plus de villes françaises aménagent une zone industrielle pour accueillir les entreprises, sources d'emplois, et les cantonner en dehors des zones d'habitation.

1 Le document

- Sur la carte 13, situe la zone industrielle de Lille-Seclin. Où se trouve-t-elle par rapport à la ville de Lille ?
- D'où vient ce document ? Quel indice te permet de le savoir ?
- À ton avis, par qui a-t-il été fait ?
- À qui est-il destiné ?
- Quel est son objectif ?

2 Les entreprises

- Combien d'entreprises sont implantées dans cette zone industrielle ?
- Combien de salariés emploient-elles au total ?
Calcule combien chacune en emploie en moyenne.
- De combien d'espace disposent-elles au total ?
Calcule l'espace dont dispose chacune en moyenne.
- Quels sont les domaines d'activité des entreprises installées à Lille-Seclin ?
- Quelles entreprises ne sont pas autorisées à s'installer dans cette zone industrielle ?
- Pourquoi ?
- Explique la phrase : « De grands noms côtoient des sociétés plus discrètes, mais qui n'en sont pas moins performantes. »

3 Les accès

- Quels sont les moyens d'accès à la zone industrielle de Lille-Seclin ?
- Sur la carte 18, situe l'autoroute Lille-Paris.
- Quels moyens d'accès peuvent servir aux personnes travaillant dans les entreprises de la zone industrielle ?
- Quels moyens d'accès servent pour les marchandises ?
- Où les marchandises des différentes entreprises peuvent-elles être chargées et déchargées ?
- Pourquoi est-il essentiel que la zone industrielle soit desservie par les transports en commun ?

4 Les services

- Quels services sont mis en avant par ce document ?
- Quels services de sécurité sont proposés ?
- À quoi servent-ils ?
- Pourquoi la présence d'un service de restauration est-il indispensable ?

Adresse http://www.zi-lille-seclin.com/

Zone Industrielle Lille - Seclin

- La zone
- Les accès
- Les services
- L'association
- Les entreprises
- Contact
- L'actualité

LES ENTREPRISES

Un pôle économique de poids
Créée en 1967, la zone industrielle de Lille-Seclin est le plus important pôle d'activités de la région. Ingénierie informatique, transport, transformation des métaux, distribution, formation, négoce, mécanique... 170 entreprises de toutes tailles y concentrent une vingtaine d'activités différentes. De grands noms côtoient des sociétés plus discrètes mais qui n'en sont pas moins performantes. Si la vocation industrielle de ce pôle est nettement marquée, il s'est toujours refusé en revanche la venue d'industries polluantes.

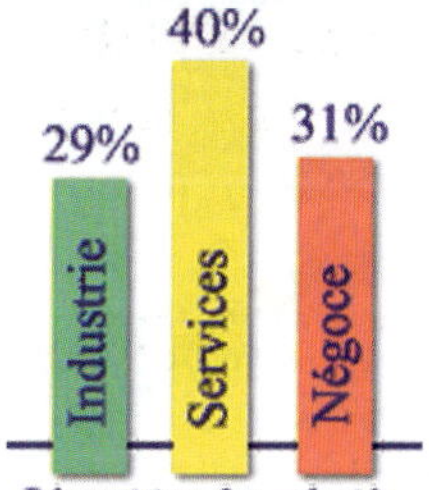

Répartition des salariés

Aux côtés de sociétés installées depuis sa création, la zone industrielle accueille régulièrement de nouvelles entreprises attirées par sa dynamique et son image de marque.
170 entreprises, 6000 salariés, 170 hectares.

industries...

tertiaire...

etc...

LES ACCES

Optimiser les accès à une zone industrielle constitue, à l'heure du choix, un atout clé. Seclin, zone implantée il y a plus de trente ans, a su évoluer et développer ses différents accès et offre aux utilisateurs (salariés, clients, fournisseurs) une offre à la fois large et répondant spécifiquement aux besoins de chacun.
- Par la **route**, la zone industrielle est en prise directe sur l'autoroute A1, Lille/Paris
- Par le **rail**, un embranchement permet à certaines entreprises de la zone de bénéficier d'une desserte directe sur leur terrain et à toutes les autres d'utiliser le quai commun de chargement/déchargement spécialement équipé.
- L'offre de **transports en commun** permet de relier facilement Lille, Loos, Wattignies et Seclin.

La route

Le rail

Transports en commun

LES SERVICES

Choisir une zone industrielle pour implanter son entreprise, c'est opter pour une palette de services qui sauront créer un environnement favorable à son développement. La zone de Seclin s'est attachée à développer une offre complète et diversifiée.

Assurer la sécurité des biens et des personnes...
La zone industrielle de Seclin s'est donné les moyens de sa sécurité.
- Mise en place de rondes nocturnes quotidiennes.
- Service diurne supplémentaire lors des week-ends et jours fériés.
- En liaison avec les entreprises concernées...
- ... et les services de la police nationale.

La sécurité sur la zone

Une restauration de proximité... et de qualité.
API Restauration vous propose, dans le cadre de son restaurant "Les Terrasses de Seclin", des formules adaptées à tous les budgets et à toutes les envies...
- Restauration rapide
- Restauration en self-service
- Restaurant "service à table"
- Organisation de cocktails, repas d'entreprises, etc.

La restauration

34 Les paysages du commerce

1 Une rue commerçante

Rue Montorgueil, Paris

- Sur la carte 13, situe Paris.
- Cette photographie a-t-elle été prise au sol ? S'agit-il d'une vue aérienne ? Justifie ta réponse.
- Décris ce paysage : la rue, les bâtiments, les commerces, les personnes, le temps qu'il fait...
- Existe-t-il une rue commerçante piétonne près de chez toi ? Où se trouve-t-elle ?
- Quels sont les avantages des rues piétonnes ?
- À quel endroit et quels jours se tient le marché le plus proche de chez toi ?
- En quoi le paysage d'un marché est-il différent de celui d'une rue piétonne ? Donne au moins deux différences.

Les commerces traditionnels

Les villes sont des lieux de commerce très actifs : il faut fournir à la population tout ce dont elle a besoin (nourriture, vêtements, objets de la vie courante, mais aussi loisirs...).
Dans les villes d'aujourd'hui, on trouve encore de nombreux paysages du commerce qui ressemblent à ceux d'autrefois. C'est le cas des marchés, avec leurs étals sur lesquels sont principalement exposés des produits alimentaires frais (fruits, légumes, viandes et poissons), parfois des vêtements et d'autres produits. Ils sont installés temporairement, pour la matinée ou la journée, dans les rues, sur les places ou dans des halles qui leur sont réservées, et changent de lieu tous les jours.
On trouve aussi des boutiques spécialisées (épicerie, boulangerie, librairie, habillement...), des grands magasins généralistes (habillement, meubles, bricolage...) qui se mêlent aux supermarchés, plus récents.
Certains quartiers sont spécialisés dans le commerce : on y trouve des magasins variés dans un environnement aménagé pour le confort des clients, avec de vastes parkings souterrains (pour faciliter la circulation et le stationnement) et des rues réservées aux piétons (donc plus accessibles et plus attrayantes) (doc. 1).

2 Un centre commercial

Texte de géographe. Les centres commerciaux rassemblent, autour de vastes parkings, différentes activités : une galerie marchande avec ses nombreux commerces spécialisés, des restaurants, parfois des cinémas, et un hypermarché ou un grand magasin. Le plus grand centre commercial de France est celui de La Part-Dieu à Lyon. Ce type de commerce est apprécié car il permet de fournir, sur un espace réduit, tout ce que demande le consommateur.

D'après M. Baleste, *L'Économie française*, Armand Colin, 1995

3 Une zone commerciale

La Lézarde à Montivilliers, près du Havre

- Sur la carte 10 de l'atlas, situe Le Havre.
- Décris cette zone commerciale : les bâtiments (forme, taille, matériaux, enseigne), les parkings, l'arrière-plan.
- Pourquoi les zones et les centres commerciaux sont-ils situés près des autoroutes ou des voies rapides ? Pourquoi possèdent-ils de vastes parkings ?
- Quels sont les avantages de ce type de commerce ? Quels en sont les inconvénients ?
- Connais-tu un centre commercial ou une zone commerciale ? Lequel ou laquelle ?

Les commerces modernes

De nouvelles formes de commerce sont apparues dans les villes : en effet, la population est de plus en plus nombreuse et la consommation de plus en plus importante et variée.
Des centres commerciaux modernes rassemblent des grands magasins et des boutiques dans des bâtiments conçus comme des petites villes, sur plusieurs étages, avec des galeries ressemblant à des rues piétonnes couvertes (doc. 2).
Des zones d'activité commerciale regroupent d'immenses hypermarchés et de grandes surfaces spécialisées (ameublement, bricolage, habillement, sport…) : on les reconnaît à leurs immenses hangars métalliques, à leurs multiples pancartes et à leurs vastes parkings (doc. 3). Ces zones commerciales sont situées près des autoroutes ou des voies rapides, pour permettre l'accès des clients (en voiture) et des marchandises (livrées en camion).

LEXIQUE

- **une galerie marchande** : un couloir couvert, réservé aux piétons et bordé de magasins.
- **une halle** : un bâtiment ouvert sur l'extérieur qui abrite un marché.

35 Les paysages de la culture et des loisirs

1 Un espace culturel L'opéra de Lyon

Ce bâtiment du XIXe siècle a été complété d'une verrière en guise en toit en 1993.

- Sur la carte 13, situe Lyon.
- Décris cette photographie : la rue, les bâtiments…

Un espace culturel

Les villes ne sont pas seulement des espaces dans lesquels les citadins dorment (habitation), travaillent (bureaux, usines) et achètent ce dont ils ont besoin : ce sont également des espaces dans lesquels ils vivent. Elles sont donc pourvues d'équipements divers, nécessaires à la vie quotidienne, notamment aux besoins culturels de la population.

On trouve dans les villes de nombreuses écoles, des collèges, des lycées et, dans les plus grandes, des universités. On reconnaît leurs bâtiments à leurs constructions anciennes, en pierre ou en brique, ou, au contraire, à leurs bâtiments récents, le plus souvent en préfabriqué (doc. 2).

Certains quartiers urbains rassemblent différents édifices à vocation culturelle : monuments, musées, bibliothèques, théâtres, opéras, cinémas… La plupart se trouvent dans des bâtiments anciens, dont certains sont des monuments. Mais pour répondre aux besoins d'une population croissante, on en construit de nouveaux : de grandes bibliothèques et médiathèques, de vastes complexes avec de nombreuses salles de cinémas… Ces quartiers qui rassemblent les édifices culturels attirent les citadins et les touristes, et sont animés, notamment le soir et le week-end (doc. 1).

2 Une école

Internet. En 1881, Jules Ferry rend l'école obligatoire. Une école doit être construite dans chaque village avec l'aide de l'État. Une école neuve inaugurée en 1910 comportait deux appartements pour les instituteurs, une cour et deux classes. Saleilles a une population stable et l'école restera à deux classes jusque dans les années 1970, date où le conseil municipal décide l'ouverture de lotissements. Des préfabriqués sont alors construits dans la cour de l'école Jules Ferry, offrant des classes supplémentaires.

J. Carbonne, « Saleilles, un village d'hier et d'aujourd'hui », www.saleilles.net

- Quelles ont été les étapes de la construction de cette école ?
- Pourquoi la construction d'un lotissement a-t-elle entraîné l'agrandissement de l'école ?
- À quoi ressemble l'école aujourd'hui ?
- Décris ton école : est-ce un bâtiment ancien ou récent ?

3 Un espace de loisir

Valenton, Val-de-Marne

- Sur la carte 13, situe Valenton.
- Décris ce terrain de sport et ses alentours : le lieu, les équipements, les bâtiments, les joueurs…
- À quoi sert un terrain de sport ? un stade ?
- Quels autres équipements servent aux loisirs ?
- Y a-t-il un terrain de sport près de chez toi ? Où se trouve-t-il ? Qui l'utilise ?
- Quels autres équipements servent aux loisirs ou à la culture près de chez toi ?

Un espace pour le jeu et le sport

Les loisirs occupent une place croissante dans la vie des citadins. Aussi les villes comportent-elles des équipements spécifiques : des jardins publics, des squares, des parcs, des aires de jeux, des terrains de sport (football, tennis…), des stades, des piscines, des complexes sportifs… (doc. 3)

Ces équipements sont peu nombreux dans les quartiers anciens : en effet, ces quartiers ont été construits à une époque où la population disposait de peu de temps pour la détente.

En revanche, ils sont nombreux dans les quartiers récents, qui ont été construits en tenant compte des nouveaux besoins de la population urbaine : de nombreux espaces ont été réservés aux activités de loisir (dossier pp. 116-117).

LEXIQUE

- **un bâtiment préfabriqué** : un bâtiment dont les éléments sont fabriqués en usine et assemblés sur le lieu de construction.
- **un complexe sportif** : un ensemble d'installations sportives (piscine, gymnase, terrain de sports…).
- **un édifice** : un bâtiment.

DOSSIER

La culture et les loisirs dans la ville : Créteil

Créteil est passé de 25 000 habitants en 1960 à 83 000 habitants de nos jours. Son expansion récente a permis de tenir compte du mode de vie moderne et de prévoir l'espace nécessaire pour de nombreux équipements dédiés à la culture et aux loisirs.

1 L'enseignement

- Un élève peut-il effectuer la totalité de sa scolarité dans cette ville ? Peut-il poursuivre ses études au-delà ?
- À ton avis, pourquoi les écoles sont-elles réparties dans différents quartiers et non pas regroupées au centre de la ville ?

2 Les loisirs culturels

- Établis la liste des loisirs culturels que l'on peut pratiquer à Créteil.
- Compte combien de lieux sont dédiés à cet usage.
- Cherche dans une encyclopédie ou sur Internet ce qu'est une salle de cinéma d'arts et d'essai.

3 Les loisirs sportifs

- Établis la liste des sports que l'on peut pratiquer à Créteil.
- Compte combien de lieux accueillent les personnes voulant pratiquer un sport.
- As-tu déjà entendu parler des sportifs de Créteil ? À quelle occasion était-ce ?
- Quel loisir culturel ou sportif pratiques-tu ou rêves-tu de pratiquer ? Pourrais-tu le pratiquer à Créteil ?

6 centres sportifs, 12 gymnases, 4 salles polyvalentes, 18 plateaux permettent de pratiquer : basket, football, handball, volley, badminton, tennis, tennis de table, squash, judo, arts martiaux, danse, musculation, gymnastique, boxe française, escrime, tir, bicross, rollers…

Une université accueillant 25 000 étudiants, un IUT (institut universitaire de technologie) et une faculté de médecine

Une base de loisirs et de plein air (64 hectares) avec un lac artificiel (42 hectares), une plaine de jeux, une école de voile, de planche à voile et de canoë, une piscine à vagues, des plages, des pataugeoires, un mur d'escalade, une maison de la nature…

Un immense parc des sports (13 hectares) fréquenté par 70 000 personnes par an, notamment par les élèves des écoles. Avec un terrain d'honneur pouvant accueillir plus de 10 000 spectateurs

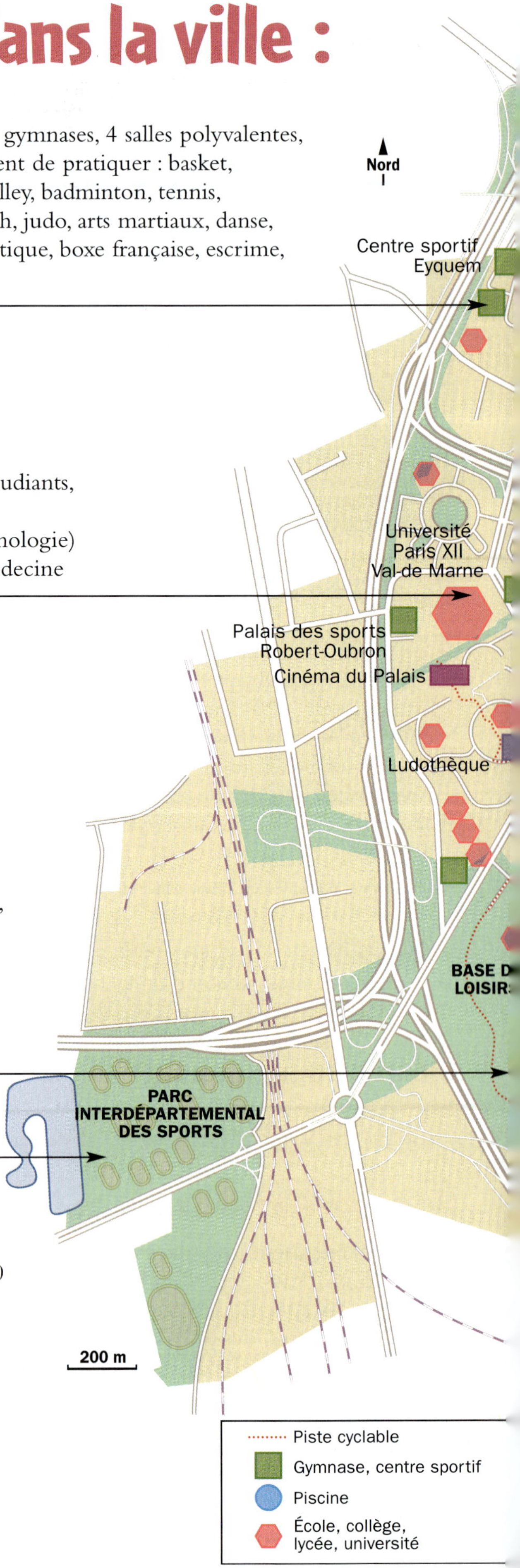

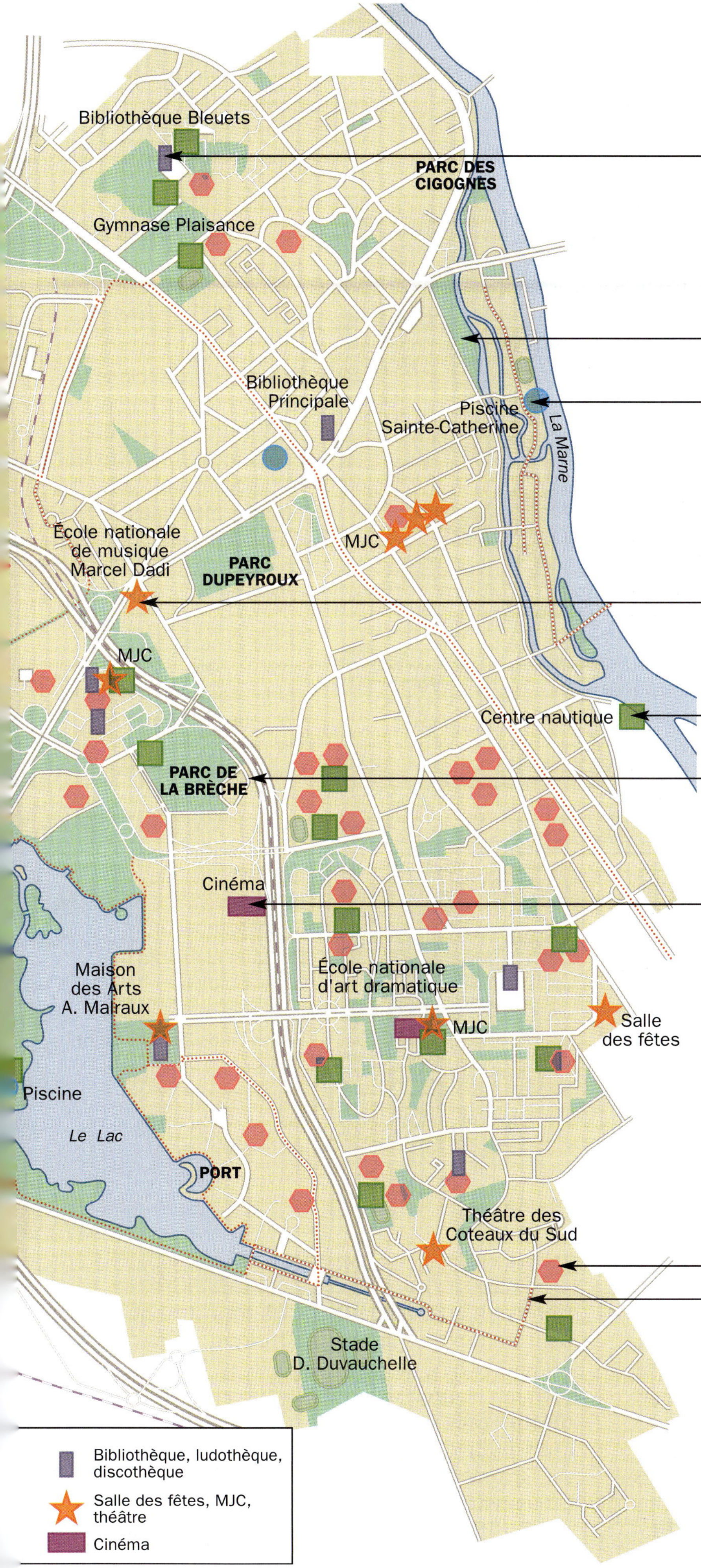

8 bibliothèques, 1 ludothèque, 1 bibliothèque multimédia

Des jardins pour les familles qui souhaitent pratiquer le jardinage et disposer d'un espace de détente

3 piscines couvertes

Une école de musique, de danse et d'art dramatique, avec une salle de spectacles et deux studios de répétitions

Une base nautique pour la pratique du canoë-kayak

De nombreux squares, parcs et jardins, des espaces verts, des aires de jeux (pistes de rollers…)

Deux salles de cinéma d'art et d'essai, et un complexe commercial de 12 salles (près de 3 000 places), doté d'un immense parking

26 écoles maternelles et 25 écoles primaires publiques et privées, 8 collèges et 5 lycées publics…

11 kilomètres de pistes cyclables et 20 parcs de stationnement pour les bicyclettes

36 Le centre-ville

1 Un centre historique

Rue du Gros-Horloge, Rouen

Ces maisons anciennes, dont certaines datent du Moyen Âge, ont été restaurées et les ruelles ont été transformées en rues piétonnes. En arrière-plan, on voit le toit pointu d'une église moderne.

- Sur la carte 13, situe Rouen. Où se trouve cette ville par rapport à Paris ? par rapport à Tours ? Quelle ville se trouve à moins de 100 km de Rouen ?
- Décris ce paysage : les bâtiments, la rue, la chaussée, les magasins, les personnes...
- Quels éléments sont anciens ? Lesquels sont récents ?
- Y a-t-il de la végétation ?
- À ton avis, pourquoi a-t-on interdit la circulation des voitures dans cette rue ?

Le centre historique

Le centre des villes est généralement le quartier le plus ancien : c'est là que l'on trouve les plus vieux bâtiments, mais aussi des monuments (arènes de l'Antiquité, églises et cathédrales du Moyen Âge, demeures du XVIIIe siècle...).

Certaines villes possèdent un véritable centre historique, avec des immeubles vieux de plusieurs siècles. On y trouve encore des ruelles étroites, dans lesquelles la circulation (voitures, camions, autobus) est difficile (doc. 1).

Des atouts et des nuisances

Ces vieux quartiers attirent les touristes, qui viennent découvrir leur charme typique, et les citadins les plus riches, qui apprécient de se loger confortablement « près de tout » (bureaux, commerces, théâtres prestigieux...).

Mais pour de nombreux habitants, le centre-ville est synonyme de nuisances : manque d'espace (logements petits, manque de places de stationnement, difficultés de circulation), bruit et pollution (doc. 3).

Texte littéraire.

Qui frappe l'air, bon Dieu ! de ces lugubres cris ?
Est-ce donc pour veiller qu'on se couche à Paris ? [...]
J'entends déjà partout les charrettes courir,
Les maçons travailler, les boutiques s'ouvrir. [...]
Mais si seul en mon lit je peste avec raison,
C'est encor pis vingt fois en quittant la maison,
En quelque endroit que j'aille, il faut fendre la presse
D'un peuple d'importuns qui fourmillent sans cesse ;
L'un me heurte d'un ais, dont je suis tout froissé
Je vois d'un autre coup mon chapeau renversé. [...]
Je fais pour reposer un effort inutile :
Ce n'est qu'à prix d'argent qu'on dort en cette ville,
Il faudrait dans l'enclos d'un vaste logement,
Avoir loin de la rue un autre appartement. [...]

Nicolas Boileau, *Les Embarras de Paris*, 1660

2 Un centre moderne La Part-Dieu, Lyon

Pour restaurer le centre, on a rasé des quartiers vétustes et construit de nouveaux bâtiments.

- Sur la carte 13 situe Lyon.
- Décris cette photographie.
Quels éléments sont anciens ?
Quels éléments sont récents ?
- Décris le centre de la ville le plus proche de chez toi.

3 Les nuisances du centre-ville

- De quand date ce texte ?
- Quelle nuisance gêne l'auteur ?
- Ces nuisances sont-elles les mêmes de nos jours ?

De ce fait, nombre de citadins s'installent loin des centres-villes.

La rénovation des centres-villes

Pour améliorer les conditions de vie des habitants et attirer davantage les touristes, certains centres-villes ont été rénovés : les bâtiments vétustes ont été restaurés, les transports en commun développés, des parkings créés, la circulation des bicyclettes encouragée ; certaines rues ont été réservées aux piétons...

Dans d'autres villes, des quartiers vétustes ou insalubres ont été détruits pour laisser place à un centre moderne (doc. 2).

LEXIQUE

- **insalubre** : mauvais pour la santé.
- **la périphérie** : l'espace, construit ou non, situé autour d'une ville.
- **restaurer, rénover** : remettre en bon état.
- **vétuste** : vieux et très abîmé.

La ville vue par les artistes

Dans leurs œuvres, les peintres, les dessinateurs et les photographes nous donnent leurs visions de la ville en mettant en avant les facettes qui les marquent.

1 Allégorie

Albert Lebourg (1849-1928), *Paris, l'écluse de la Monnaie* (huile sur toile) 1,15 mètre de large, Musée d'Orsay, Paris

- Décris ce tableau : les éléments que tu identifies, les couleurs...
- Quelle impression se dégage de ce tableau ?
- À ton avis, quel aspect de la ville l'artiste a-t-il voulu mettre en avant ?

2 Photographie

Robert Doisneau (1912-1994), *Le vert-galant*, Paris 1950

- Décris cette photographie : le lieu et les éléments du décor, les personnages et ce qu'ils font, les couleurs...
- À ton avis, cette photographie a-t-elle été prise sur le vif ou a-t-elle été mise en scène ? Justifie ta réponse.
- Quelle image de la ville le photographe donne-t-il ici ?

3 Tableau

George Grosz (1893-1959), *Metropolis* (huile sur toile), 1916-1917, Collection Thyssen-Bornemisza, Madrid

- Décris ce tableau : les bâtiments, la rue, les personnages et ce qu'ils font, les écrits, le mode de représentation choisie (plus ou moins figuratif), les couleurs...
- La scène a-t-elle lieu le jour ou la nuit ? Quels éléments te permettent de le savoir ?
- Quelle impression se dégage de ce tableau ?
- À ton avis, quel aspect de la ville l'artiste a-t-il voulu mettre en avant ?

4 Dessin (bande dessinée)

Léo Mallet , Jacques Tardi, *Brouillard au pont de Tolbiac*, Casterman, 1982

- Décris ce dessin : les bâtiments, la rue, les personnages et la manière dont ils sont représentés, l'atmosphère générale, le mode de représentation choisie et les couleurs...
- La scène a-t-elle lieu le jour ou la nuit ? Quels éléments te permettent de le savoir ?
- Quelle impression se dégage de ce tableau ?
- À ton avis, quel aspect de la ville l'artiste a-t-il voulu mettre en avant ?

37 La périphérie des villes

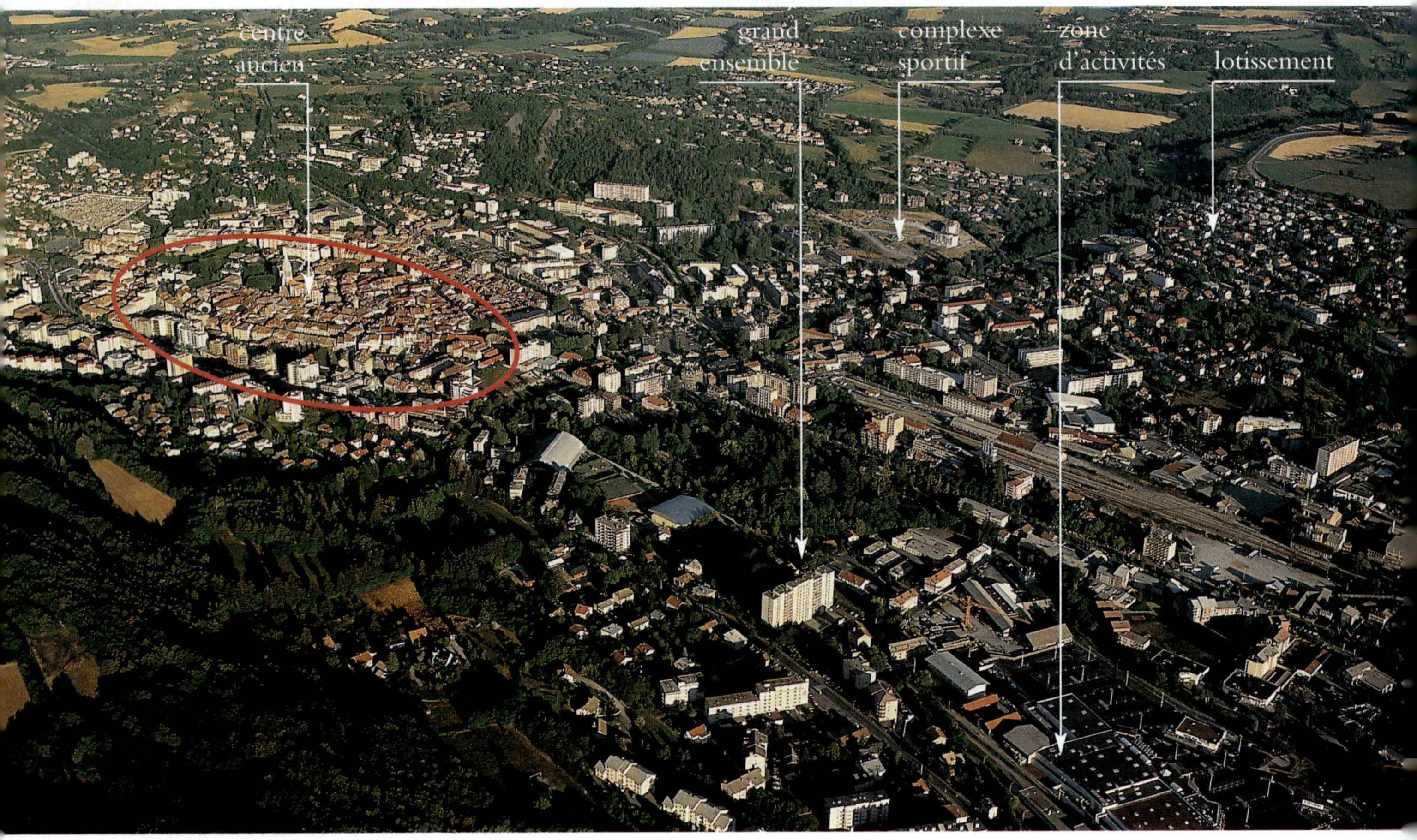

1 Une ville en expansion La ville de Gap et sa périphérie

- Sur la carte 13, situe Gap, au sud-est de la France. Nomme la grande ville la plus proche.
- Cette photographie a-t-elle été prise au sol ou s'agit-il d'une vue aérienne ? Justifie ta réponse.
- À quoi reconnais-tu le centre-ville ?
- Pourquoi les lotissements, les grands ensembles, les équipements sportifs et la zone d'activités commerciales ont-ils été construits hors du centre-ville ?

Des villes en expansion

Les villes françaises sont en pleine expansion : chaque année, de nouveaux quartiers sont construits et l'espace urbain qui s'étend absorbe d'anciens villages (doc. 1). Les grandes villes et leurs banlieues couvrent désormais plusieurs dizaines de kilomètres de long.
En effet, la population urbaine augmente : les activités rurales (notamment l'agriculture) se réduisent, tandis que les usines et le travail de bureau, installés principalement en ville, emploient la majorité de la population.

Des périphéries en expansion

La croissance de la population est plus forte à la périphérie que dans le centre : en effet, on manque de place dans le centre, alors que l'espace disponible s'étend à volonté à la périphérie.
C'est donc à la périphérie que l'on implante les grands ensembles, les lotissements avec jardins, les zones d'activités commerciales, les zones industrielles, les complexes sportifs et culturels… (doc. 2 et 3).
Cette croissance des banlieues est stimulée par le fait qu'un grand nombre de citadins préfèrent s'ins-

2 Une périphérie en expansion

Témoignage oral. Il y a trente ans, il y avait ici des champs et des prés avec des vaches. Quand on a construit les premiers immeubles, je me disais que personne ne viendrait jamais s'installer ici, en pleine campagne. Depuis, les champs ont disparu, d'autres immeubles, un immense hôpital et une autoroute ont « poussé ». La ville s'est étendue et a englouti notre village.

D'après un témoignage à propos de la ville de Créteil

3 L'aménagement des transports

Louis Neillot (1898-1973), *Quai d'Issy-les-Moulineaux*, vers 1934

- Décris ce tableau : le lieu, les bâtiments…
- Quelles couleurs l'auteur a-t-il utilisées pour représenter ce paysage ? À ton avis, pourquoi ?
- Pourquoi installe-t-on les usines à la périphérie des villes ?
- Pourquoi ces usines se retrouvent-elles, au bout de quelques années, dans la ville même ?

taller à la périphérie des villes : ils y trouvent des logements plus grands et moins coûteux, et une meilleure qualité de vie (calme, espaces verts, équipements de loisirs…).

L'aménagement des transports

Pour faire face à l'expansion des villes, les transports urbains sont sans cesse développés : il faut faciliter la circulation de la périphérie vers le centre-ville, mais aussi entre les différents quartiers, de plus en plus éloignés, pour permettre notamment à chacun de se rendre sur son lieu de travail. On construit de nouvelles routes, des voies rapides et des autoroutes. Pour réduire les inconvénients du trafic (embouteillages, pollution), on développe aussi les transports en commun (trains régionaux, autobus, métros, tramway…) et l'on crée de gigantesques parcs de stationnement à l'entrée des villes.

LEXIQUE

- **la banlieue** : les zones construites qui se trouvent autour d'une ville.

DOSSIER

Le centre et la périphérie : la ville de Gap

En un demi-siècle, la population de Gap a doublé : permettre aux habitants de se loger, de travailler, de vivre au quotidien a nécessité la création de nouveaux quartiers.

1 Découvrir la carte

Le titre, l'orientation, l'échelle

- Que représente cette carte ?
- Sur la carte, trouve le nord. Nomme un quartier de Gap situé à l'est.
- Quelle est l'échelle de cette carte ? Quelle est la distance réelle entre l'université et la gare ?

La légende

- De quelle couleur les espaces verts sont-ils représentés ?
- À ton avis, pourquoi a-t-on choisi cette couleur ?
- Que représentent les autres couleurs ?
- Comment sont représentés les écoles, collèges et lycées ?
- Que représente le carré avec la lettre H à l'intérieur ? Où le trouves-tu sur la carte ?

2 Décrire l'expansion de la ville

Légende

- Centre-ville
- Zone urbaine
- Zone d'activités
- Fleuves, rivières
- Espaces verts
- Route, rue
- Rue piétonne
- Chemin de fer
- Cathédrale
- Musée et monuments historiques
- Bâtiment administratif
- Hôpital
- École, collège, lycée, université
- Bibliothèque, ludothèque, discothèque
- Salle des fêtes, MJC, théâtre
- Gymnase, centre sportif
- Piscine
- Lotissement

Le centre ancien

- Sur le plan de Gap, situe le centre-ville. Par quoi est-il délimité ?
- La cathédrale se trouve-t-elle dans le vieux centre ? et la piscine ? et la patinoire ?
- Comment les rues piétonnes sont-elles représentées ?
- Ces rues se trouvent-elles toutes dans le centre-ville ?

La périphérie

- Situe la périphérie : est-elle plus vaste ou moins étendue que le centre-ville ?
- Nomme un quartier à l'ouest, un quartier au sud-ouest et un quartier au nord de cette périphérie.
- Comment la périphérie se dispose-t-elle par rapport au centre-ville ?
- Quel rapport peut être fait avec la disposition des principales routes ?
- Situe la zone d'activités.
- Pourquoi n'a-t-elle pas été installée dans le centre-ville ?
- Comment les lotissements sont-ils représentés ?
- Où se trouvent-ils ?
- Pourquoi ne les a-t-on pas construits dans le centre-ville ?

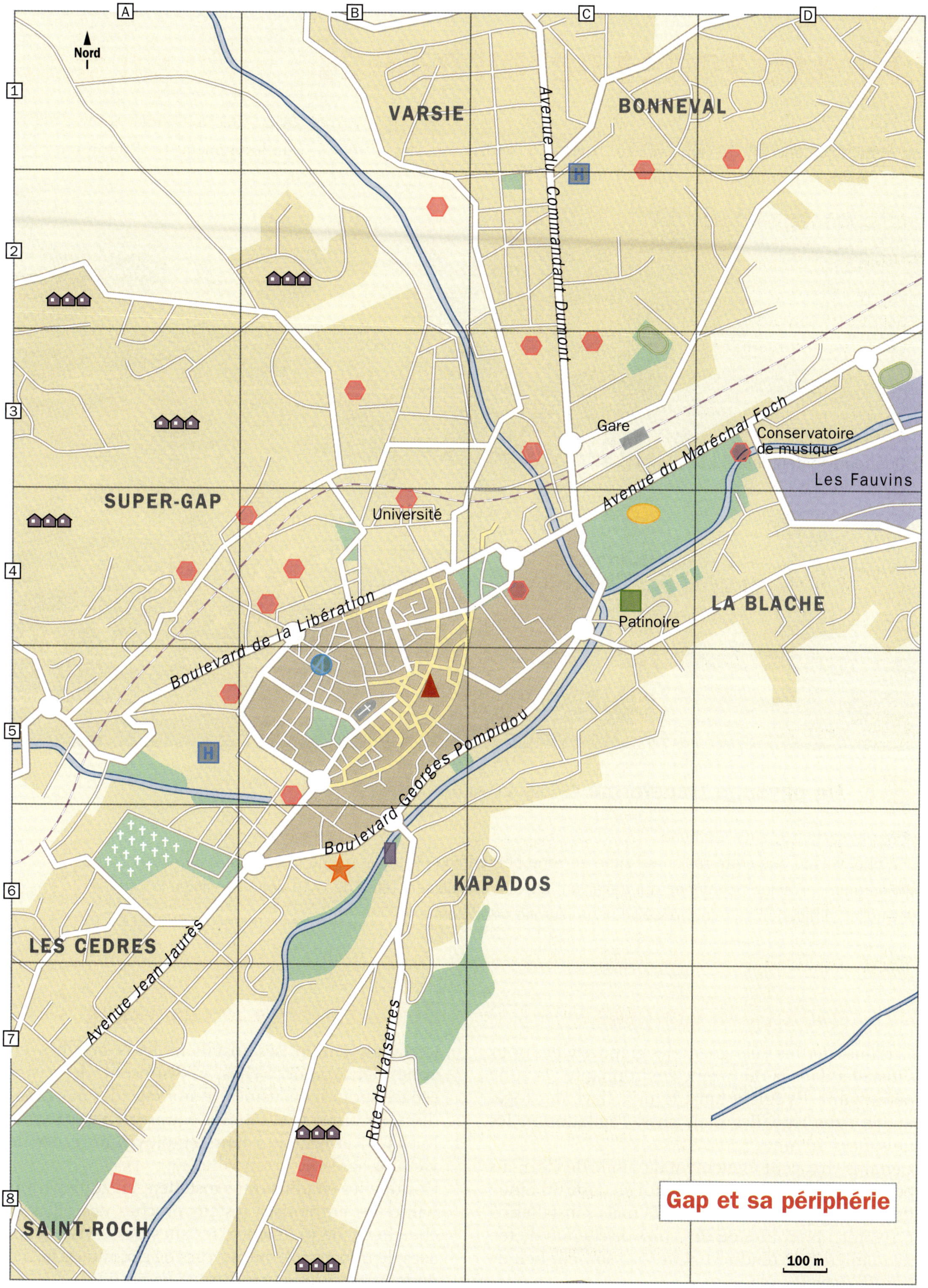
A
B
C
D
1
2
3
4
5
6
7
8
Nord
VARSIE
BONNEVAL
Avenue du Commandant Dumont
SUPER-GAP
Université
Gare
Conservatoire de musique
Les Fauvins
Avenue du Maréchal Foch
LA BLACHE
Patinoire
Boulevard de la Libération
Boulevard Georges Pompidou
KAPADOS
LES CEDRES
Avenue Jean Jaurès
Rte de Valserres
SAINT-ROCH
Gap et sa périphérie
100 m

38 Les zones périurbaines

1 Un paysage transformé Gosnay à l'est de Béthune

- Sur la carte 13, situe Béthune.
- À quoi vois-tu que cette région se situe en zone périurbaine (à la campagne mais près d'une ville) ?
- Pourquoi certaines personnes qui travaillent en ville choisissent-elles de vivre dans ce village ?
- Quelles difficultés cela leur pose-t-il dans leur vie quotidienne ?

Des citadins à la campagne

Certains citadins s'éloignent des grandes villes pour s'installer dans la campagne environnante : la zone périurbaine. Ils fuient ainsi le prix élevé des logements dans les villes mais aussi l'agitation et les nuisances urbaines (doc. 2).

Certains changent totalement de mode de vie, mais beaucoup conservent leur emploi en zone urbaine : ils habitent en dehors de la ville mais s'installent à proximité des routes ou des voies de chemin de fer, de manière à se rendre chaque jour sur leur lieu de travail, dans la ville.

Des activités à la campagne

Certaines entreprises installent leurs activités en zone périurbaine : elles y disposent de vastes espaces pour leurs usines, le stockage des marchandises, les bureaux et certains équipements (parcs de loisirs…) et offrent à leurs employés un cadre de vie plus agréable qu'en ville (doc. 3).

Comme les citadins qui s'installent en zone périurbaine, les entreprises restent proches des villes et cherchent, de préférence, les sites desservis par les axes de transport (routes, voies de chemin de fer…) de manière à rester proches de leurs clients.

2 Des citadins à la campagne

Annonces immobilières. Paris centre, dans un quartier recherché, immeuble ancien, appartement 4 pièces, 70 m^2, 3e étage, 1 800 euros/mois.

Créteil [à 13 km de Paris], métro, immeuble faisant partie d'un ensemble, appartement 4 pièces, 69 m^2, 12e étage : 995 euros/mois.

Limeil-Brévannes [à 20 km de Paris], RER, maison 4 pièces, jardinet, 70 m^2 : 1 000 euros/mois.

Proche Provins [à 90 km de Paris], gare, si vous désirez vous évader, dans un village vallonné, pavillon dans petit lotissement, 4 pièces avec jardin et terrasse, 120 m^2 + ssol total : 750 euros/mois.

3 Une activité à la campagne

Le Futuroscope, parc d'attractions, près de Poitiers

Ouvert en 1987, ce grand parc d'attractions, consacré aux nouvelles technologies de l'image (cinéma, animation...), couvre 60 hectares.

- Sur la carte 13, situe Poitiers.
- Décris ce paysage.
- Pourquoi ce parc d'attractions a-t-il été construit près d'une ville ? loin du centre-ville ?
- Quels équipements a-t-il fallu construire pour faciliter l'accès à ce parc ?
- Connais-tu d'autres parcs d'attractions français ? Près de quelles villes se trouvent-ils ?

Des paysages transformés

L'arrivée de citadins et d'entreprises dans les campagnes transforme les paysages. Pour les accueillir, certains villages s'agrandissent et font construire des lotissements, des crèches, des écoles, des équipements de loisirs... (doc. 1) On trouve désormais des usines au milieu des champs.

Les paysages périurbains ne sont plus vraiment des paysages de campagne : les villages sont devenus de petites villes, avec des bâtiments récents caractéristiques des zones urbaines : on parle de rurbanisation. Mais ils ne ressemblent pas non plus aux paysages urbains du centre-ville et des banlieues proches : il y a plus de place, plus de calme, plus de verdure...

LEXIQUE

- **l'environnement** : l'ensemble des éléments naturels et humains d'une région.
- **périurbain** : qui concerne la campagne proche de la ville.
- **la rurbanisation** : le développement des villages du fait de l'arrivée de nouveaux habitants venus des villes voisines.

DOSSIER

La carte des transports : Poitiers

1 La zone urbaine et périurbaine

Le titre, l'orientation, l'échelle

- Que représente cette carte ?
- En comparant les cartes 13 et 17 de l'atlas, trouve dans quel département se trouve Poitiers ?
- Sur la carte ci-contre, trouve le nord. Nomme un quartier qui se trouve à l'ouest.
- Quelle est l'échelle de ce plan ? Quelle est la distance entre ce quartier et le centre-ville ?

La légende

- Découvre la légende. Que représentent les différentes couleurs ?
- Comment le centre-ville et la périphérie sont-ils représentés ? Situe-les sur la carte.
- Situe le Futuroscope : où se trouve-t-il par rapport à Poitiers ?
- Pourquoi les transports sont-ils indispensables dans la périphérie de Poitiers et dans la zone périurbaine ?

2 Les transports

La route

- Où passe l'autoroute proche de Poitiers ?
- Quelles villes relie-t-elle ?
- Comment s'appelle la voie rapide qui contourne le centre-ville ?
- Pour se rendre de l'hôtel de ville au Futuroscope, peut-on passer par la route ? par l'autoroute ?

Les voies de chemin de fer

- Situe la gare de Poitiers. Où se trouve-t-elle par rapport au centre-ville ?
- Situe la voie de chemin de fer qui passe par Poitiers. Quelles villes relie-t-elle ?
- Peut-on se rendre en train au Futuroscope ?

Les autobus

- Nomme une ligne d'autobus qui traverse le centre de Poitiers.
- Dans quelle direction le bus numéro 6 qui part de la gare de Poitiers se déplace-t-il ?
- Quelle ligne d'autobus faut-il prendre pour aller de la gare de Poitiers au Futuroscope ?
- Quelles lignes d'autobus peut-on emprunter pour aller de Chantejeau (au sud) au Futuroscope ? Où faut-il changer d'autobus ?

Les transports aériens

- Situe l'aéroport de Poitiers.
- Pourquoi a-t-il été construit hors du centre-ville ? près de l'autoroute ?
- Comment peut-on se rendre de l'aéroport au Futuroscope ?

Légende

Centre-ville	Route, rue	Gare
Zone urbaine	Chemin de fer	10 Terminus de bus
Zone périurbaine	Ligne de bus	Aéroport

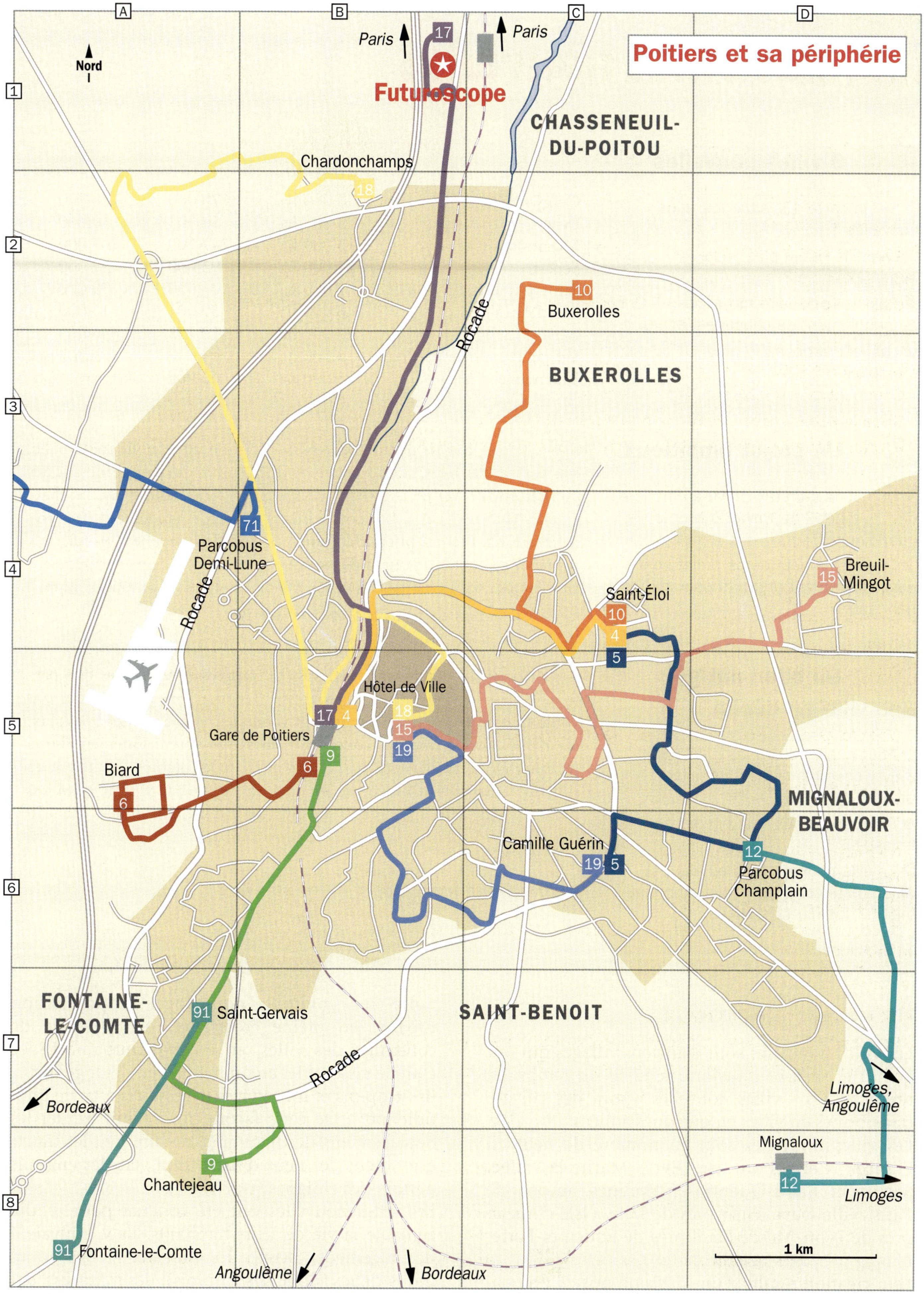
Poitiers et sa périphérie
Nord
Paris
Paris
Futuroscope
CHASSENEUIL-DU-POITOU
Chardonchamps
Buxerolles
Rocade
BUXEROLLES
Parcobus Demi-Lune
Rocade
Breuil-Mingot
Saint-Éloi
Hôtel de Ville
Gare de Poitiers
Biard
MIGNALOUX-BEAUVOIR
Camille Guérin
Parcobus Champlain
FONTAINE-LE-COMTE
Saint-Gervais
SAINT-BENOIT
Rocade
Bordeaux
Limoges, Angoulême
Chantejeau
Mignaloux
Limoges
1 km
Fontaine-le-Comte
Angoulême
Bordeaux

39 Les villes nouvelles

1 9 villes nouvelles

- Sur la carte 13, situe les villes nouvelles ?
- Laquelle est la plus vaste ? la plus peuplée ?
- Calcule la densité moyenne de peuplement de chacune d'elles.
- Laquelle propose le plus d'emplois ?

	Superficie	Nombre d'habitants	Nombre d'emplois
Cergy-Pontoise	8 000 ha	179 000	84 000
Évry	3 000 ha	50 000	49 000
Marne-la-Vallée	15 000 ha	247 000	105 000
Sénart	12 000 ha	93 000	27 000
Saint-Quentin-en-Yvelines	7 000 ha	143 000	79 000
Isle-d'Abeau	6 000 ha	39 000	16 000
Berre-l'Étang	27 000 ha	112 225	46 000
Val-de-Reuil (Le Vaudreuil)	3 000 ha	13 000	non communiqué
Villeneuve-d'Ascq	3 000 ha	65 000	non communiqué

2 Un projet ambitieux

- Qu'est-ce qui était prévu en matière de logement ? de travail ? pour la vie quotidienne ?
- Quels éléments de ce projet sont particulièrement attirants pour les habitants ?

Presse spécialisée. Sur les documents, on nous annonçait une vie toute belle, « lisse » : ici des fêtes, là une avenue animée, là-bas des gamins faisant des pirouettes dans un espace vert. Les zones d'activité côtoyaient les charmants quartiers fleuris. Les équipements sortaient rapidement de terre, théâtre, bibliothèque, piscine, commerces. Sur la place, une « bricolerie » attendait nos enfants pour la durée des courses. Des ateliers permettaient aux jeunes couples de fabriquer leurs bibliothèques et de se rencontrer !

D'après J.-C. Brémaud, *Les Cahiers du Crepif* n° 58, mars 1997

3 Un bilan mitigé : une ville en déclin

- Pour quelle raison les habitants d'Évry cherchent-ils à s'installer ailleurs ?
- Pourquoi le prix des logements baisse-t-il ?
- La ville nouvelle telle qu'elle est aujourd'hui correspond-elle au projet initial ? Justifie ta réponse.

Témoignage oral. La délinquance ne cesse de progresser, il y a des tags partout, la dégradation des lieux progresse. Beaucoup de propriétaires ont voulu quitter le quartier. Certains ont vendu leur appartement à bas prix, pour pouvoir trouver un acquéreur. D'autres préfèrent louer, au risque de louer à des familles précarisées qui ne peuvent bientôt plus payer. La situation s'aggrave d'année en année. L'an dernier, il y avait quelques appartements dans l'immeuble le plus dégradé. Cette année, sur 130 logements, 75 (plus de la moitié) sont vacants. Le prix des appartements a encore baissé.

D'après un témoignage recueilli par les auteurs à propos d'Évry

Un projet ambitieux

Les villes françaises sont d'anciens villages qui ont grandi et se sont transformés au fil du temps. En revanche, les « villes nouvelles » sont des villages transformés en villes en quelques années.

Les villes nouvelles sont au nombre de neuf en France : Cergy-Pontoise, Évry, Marne-la-Vallée, Sénart et Saint-Quentin-en-Yvelines autour de Paris, Villeneuve-d'Asq près de Lille, l'Isle-d'Abeau près de Lyon, Val-de-Reuil près de Rouen et Berre-l'Étang près de Marseille (doc. 1 et carte 13).

Leur création résulte d'une décision prise il y a quarante ans environ : pour loger la population urbaine en pleine croissance, on a décidé de construire des villes, en zone périurbaine. L'idée était de rassembler en un même lieu des logements, des emplois et les services nécessaires à la vie quotidienne… De cette façon, on espérait limiter les déplacements des habitants, notamment les trajets quotidiens des lieux d'habitation vers des emplois parfois très éloignés (doc. 2).

Les villes nouvelles ont été conçues pour rendre agréable la vie de leurs habitants. Ils y trouvaient des logements neufs, des bureaux et des zones industrielles (donc des emplois), des magasins, des

4 Un bilan mitigé : une ville en pleine croissance

Noisy-le-Grand (Marne-la-Vallée) dans la région parisienne

- Sur la carte 13, situe Marne-la-Vallée. Près de quelle grande ville se trouve-t-elle ?
- Décris ce paysage : les bâtiments, la végétation, le bassin, les personnes...
- Quelle impression s'en dégage ?

écoles, des hôpitaux, des équipements de loisirs, des moyens de transport, mais aussi un environnement agréable constitué d'une place centrale animée, d'espaces verts, de rues et de passerelles réservées aux piétons...

Un bilan mitigé

De nos jours, près d'un million de personnes y vivent : c'est beaucoup moins que ce qui était prévu dans le projet initial. En effet, certaines villes ont connu une véritable expansion (doc. 4) mais d'autres n'ont pas été à la hauteur des espérances : le cadre de vie s'est dégradé au fil du temps, les logements ont mal vieilli, les lieux publics sont mal entretenus, les équipements se sont avérés insuffisants (doc. 3).

LEXIQUE

- **marginalisé** : mis de côté, en marge, à part.
- **précarisé** : mis dans une situation incertaine, instable, généralement du fait de la pauvreté.

DOSSIER

Une ville nouvelle : Évry

Petit village de l'Essonne, Évry s'est doublé, à partir de 1965, d'une ville nouvelle.

1 Des habitants

La population

- Sur la carte 13, situe Évry.
- D'après le document ci-contre combien de personnes vivent à Évry ?
- Sur quelle superficie la ville nouvelle s'étend-elle ?
- Calcule la densité moyenne de la population.
- Quel est l'âge moyen des habitants d'Évry ?
- Compare-le à l'âge moyen des Français (39 ans) ?

Les logements

- Quel est le nombre de logements ?
- Calcule combien de personnes vivent, en moyenne, dans chaque logement.
- Quelle part de la population vit en logements collectifs ?
- Comment sont les logements des autres ?
- Quelle part de la population est propriétaire de son logement ?
- Quelle est la situation des autres ?
- Quel est le quartier le plus peuplé ?

Internet.

Nouveaux habitants : laissez-vous accueillir par votre nouvelle ville ! Chaque année, vous êtes nombreux à venir vous installer à Évry. Pour vous aider à vous familiariser avec votre nouvelle ville, nous vous proposons un « après-midi découverte » : visite de la ville en car, pot de bienvenue et goûter récréatif pour les enfants, remise de réductions, d'invitations, mais aussi de guides et documents pratiques...

www.mairie-evry.fr

2 Des emplois

- Combien d'emplois sont présents à Évry ?
- Calcule combien de personnes travaillent en dehors de l'administration.
- Combien d'entreprises sont installées à Évry ?
- Calcule combien de personnes travaillent, en moyenne, dans chaque entreprise (ne prends en compte que les personnes travaillant en dehors de l'administration).

3 Un cadre de vie

- Décris la ville telle que tu la vois sur la vue aérienne.
- Les espaces verts sont-ils importants ?
- Cherche sur le document quelle superficie est consacrée aux espaces verts.
- Énumère les équipements mis en place pour les enfants et pour les jeunes.
- Énumère les équipements mis en place pour la culture, puis ceux mis en place pour les loisirs de plein air et sportifs.
- D'après le texte, que fait la ville d'Évry pour accueillir les nouveaux habitants ?
- Pourquoi ?

Quelques chiffres

- **42** écoles maternelles et élémentaires
- **13** centres de loisirs
- **500** places en crèches et haltes-garderies
- **12** gymnases et stades
- **1** patinoire
- **2** piscines
- **3** lycées dont 2 professionnels
- **5** collèges
- **1** collège et lycée privés
- **1** lycée professionnel privé
- **1** faculté des métiers (rentrée septembre 2004)
- **1** université, des grandes écoles
- **1** conservatoire
- **1** Ecole nationale de musique et de danse
- **1** Halle du Rock
- **1** médiathèque
- **1** Scène Nationale (théâtre de l'Agora)
- **1** salle de spectacles (Arènes)
- **7** équipements de quartier
- **7** espaces "ados"
- **1** Foyer club pour les seniors
- **400** associations qui œuvrent au bien-être et au mieux-vivre des Evryens dans tous les domaines

Evry aujourd'hui

Evry en chiffres

- Superficie : **860** hectares
- Superficie des espaces verts : **100** hectares
- Nombre d'habitants : **50 202**
- Age moyen : **26** ans
- **37%** de 20-39 ans
- **8,3%** de + de 60 ans

- Nombre de logements : **19 238** dont **61%** de F3-F4
- **86%** de logements collectifs
- **48%** de logements sociaux
- **38%** de propriétaires

Population par quartier :

- Bois Sauvage-Bois Guillaume : **2770** habitants
- Pyramides : **9992** habitants
- Centre-ville : **4051** habitants
- Aunettes : **6246** habitants
- Epinettes : **6630** habitants
- Evry-Sud : **8073** habitants
- Village/Aguado : **4990** habitants
- Champtier du Coq / Champs-Elysées/Parc aux Biches : **7215** habitants

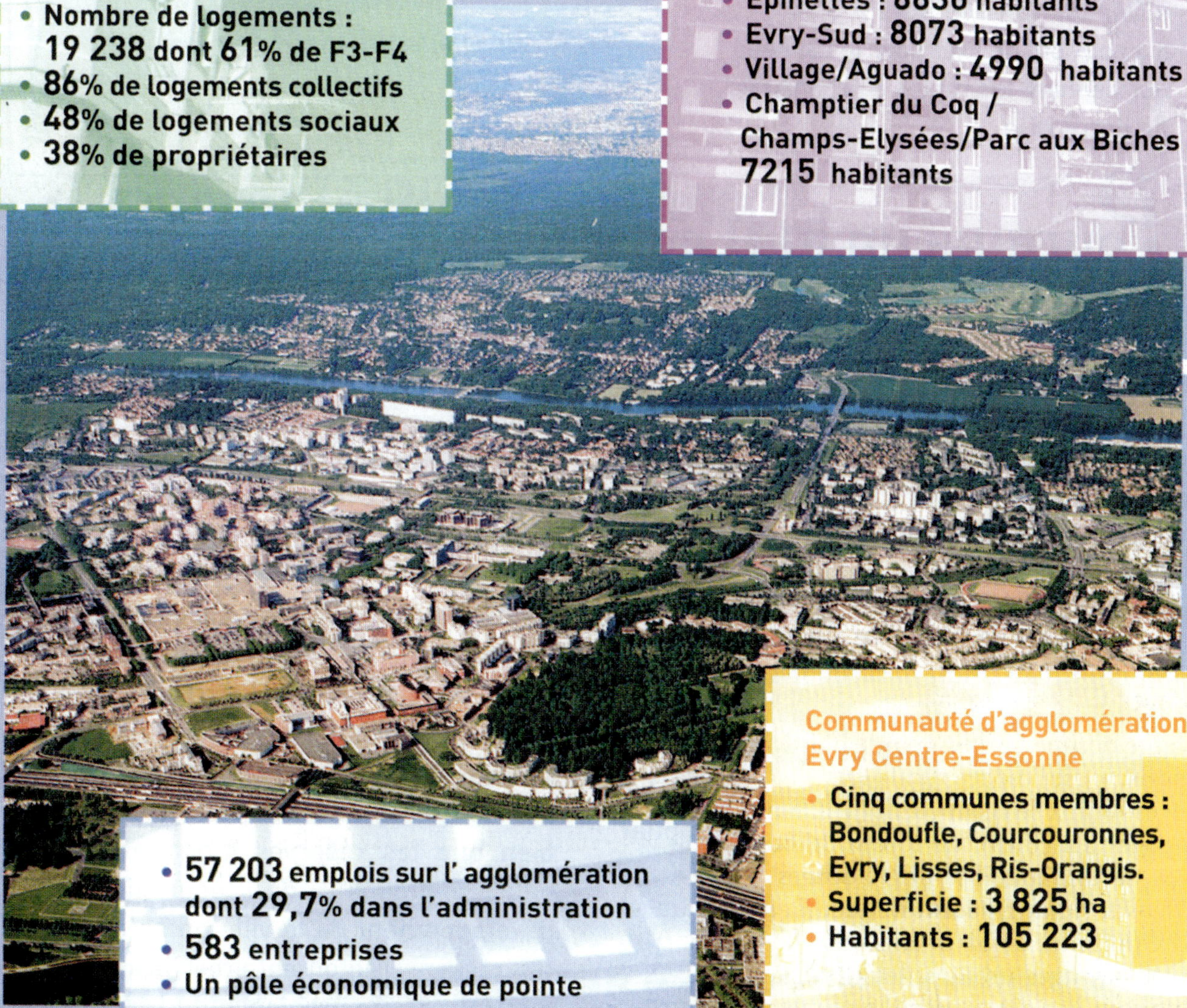

- **57 203** emplois sur l'agglomération dont **29,7%** dans l'administration
- **583** entreprises
- Un pôle économique de pointe

Communauté d'agglomération Evry Centre-Essonne

- Cinq communes membres : Bondoufle, Courcouronnes, Evry, Lisses, Ris-Orangis.
- Superficie : **3 825** ha
- Habitants : **105 223**

Extraits d'un document réalisé par la ville d'Évry

40 Les paysages agricoles

1 Le paysage d'openfield Bassin parisien

- Sur la carte 14, situe le Bassin parisien. À l'aide de la carte, nomme une autre région d'openfield.
- Décris ce paysage : le relief, les cultures, les arbres, les bâtiments, les autres traces de présence humaine...
- Qu'est-ce qui occupe la plus grande surface : l'habitat, l'espace cultivé ou les arbres ?
- Qu'est-ce qui délimite les champs ?

Les paysages ruraux

La campagne occupe la plus grande partie du territoire français : c'est l'espace rural (carte 14).
Les paysages ruraux se composent de champs et de prés (paysages agricoles), de forêts, de bois et de villages. Ils se différencient des paysages urbains par une densité de population inférieure, donc par la moindre présence de bâtiments.
Comme les paysages urbains, les paysages ruraux français ne sont pas des paysages naturels : ils sont largement transformés par les hommes.

Des paysages agricoles

Les paysages de l'agriculture sont ceux dans lesquels les hommes cultivent différentes plantes et élèvent des animaux.
Ils sont différents selon les régions : les agriculteurs ne pratiquent pas les mêmes cultures et n'utilisent pas les mêmes méthodes partout en France.
Certains espaces présentent de vastes champs sans clôture : c'est ce que l'on appelle l'openfield, caractéristique du Bassin parisien et du Bassin aquitain (doc. 1 et carte 14).

2 Le paysage de bocage

Côtes-d'Armor, Bretagne

Dans le paysage de bocage, les champs sont entourés de haies et de murets. Ceux-ci permettent de garder le bétail et de protéger la végétation du vent. Sur les pentes, ils évitent un écoulement trop rapide des eaux de pluie.

▷ Sur la carte 14, situe la Bretagne. À l'aide de la carte, nomme une autre région de bocage.

▷ Décris ce paysage : le relief, les cultures, les arbres, les bâtiments, les autres traces de présence humaine…

▶ Quelle est l'activité principale dans ce paysage ?

3 Le paysage de cultures délicates

Culture de fraises, Anjou

Les serres laissent passer la lumière, indispensable aux végétaux, conservent la chaleur et protègent les plantes des oiseaux.

▷ Sur la carte 14, situe l'Anjou. À l'aide de la carte, nomme une autre région de cultures délicates.

▷ Décris ce paysage : le relief, les cultures, les arbres, les bâtiments, les autres traces de présence humaine…

▶ Quelles cultures protège-t-on dans des serres ?

Dans d'autres régions, le paysage se présente comme une succession de petits champs et de prés fermés par des haies ou des murets : c'est le bocage, caractéristique de l'ouest de la France et des régions montagneuses (doc. 2 et carte 14).
D'autres régions encore sont spécialisées dans les cultures délicates : fruits, fleurs, légumes, vigne… Les paysages sont ceux d'immenses vergers, de vignes et ou de serres. On les trouve autour de la Méditerranée (qui bénéficie d'un temps doux, favorable à ces cultures) et près des villes (pour l'approvisionnement régulier des citadins) mais aussi dans les régions spécialisées dans le vin (Champagne, Bordelais, Bourgogne…) (doc. 3 et carte 14).

LEXIQUE

- **boisé** : couvert d'arbres.
- **un champ** : un terrain cultivé.
- **un pré** : un terrain herbeux, qui sert généralement à nourrir les animaux.
- **une serre** : un abri en verre ou en plastique pour les plantes que l'on cultive.

41 Les paysages forestiers

1 Des espaces transformés Forêt de Sologne

- Sur la carte 14, situe la Sologne. À l'aide de la carte, nomme d'autres régions de forêt.
- Décris ce paysage : ce que tu vois du relief, la saison, la végétation, le sous-bois, le chemin…
- Quels indices permettent de dire que cette forêt est aménagée et entretenue ?

De vastes espaces

Les bois et les forêts occupent un quart du territoire français. Ils sont répartis un peu partout en France et couvrent essentiellement les terrains que les hommes n'ont pas défrichés pour les cultiver : versants des montagnes difficiles d'accès, terres les moins fertiles (carte 14).

Les forêts sont extrêmement variées : forêts de feuillus (chênes, hêtres…) qui, pour la plupart, perdent leurs feuilles à l'automne ; forêts de conifères (pins, sapins…) qui gardent leurs aiguilles toute l'année ; mais aussi forêts mêlant conifères et feuillus…

Des espaces transformés

Les forêts françaises sont presque toutes aménagées ou exploitées : on coupe les arbres pour vendre le bois et pour favoriser la croissance des autres ; on aménage des espaces de promenade, avec des chemins, un balisage, des aires de pique-nique et de jeux… (doc. 1)

Certaines forêts sont artificielles : elles ont été créées par les hommes. C'est le cas de la forêt de pins dans les Landes, plantée au XIXe siècle pour aménager cette région de marais, et de certaines forêts de montagne, où des terres difficiles à cultiver ont été reboisées.

2 La forêt française se porte bien !

Presse. Les surfaces boisées ne cessent de gagner du terrain en France : 4 millions d'hectares supplémentaires en cinquante ans. Pour cela, il a fallu sans cesse protéger, entretenir, nettoyer, replanter les espaces boisés. En revanche, les arbres « épars » qui constituent les haies, les bosquets, les vergers, les alignements de bords de rivières ou de routes, disparaissent progressivement.

D'après J.-P. Besset, *Le Monde*, 5 décembre 1996

▶ Que peux-tu faire pour participer à la protection de la forêt ?

3 Un patrimoine à protéger

Forêt après un incendie, Landes

▶ Sur la carte 14, situe les Landes.
▶ Décris ce paysage.
▶ Par quoi les feux de forêts sont-ils provoqués ?
▶ En quoi représentent-ils un danger ?
▶ Que faut-il faire pour lutter contre ce problème ?

Un patrimoine protégé

Les forêts françaises sont beaucoup moins étendues qu'autrefois : il y a 2 000 ans, elles couvraient la majorité du territoire français. Au fil des siècles, notamment au Moyen Âge, elles ont été défrichées pour augmenter les espaces cultivables et répondre aux besoins d'une population en pleine croissance. De nos jours, la déforestation est arrêtée dans notre pays et l'on assiste même à une extension des zones boisées : la population rurale n'augmente plus et les progrès techniques permettent aux agriculteurs de concentrer leurs efforts sur les terres les plus fertiles (doc. 2).

Mais les forêts restent fragiles. Des tempêtes, des sécheresses, de dramatiques incendies mettent certains espaces en danger (doc. 3).

LEXIQUE

- **un bois** : un terrain couvert d'arbres.
- **défricher** : couper les arbres pour cultiver.
- **une forêt** : un vaste terrain couvert d'arbres.
- **le patrimoine** : les richesses.
- **reboiser** : replanter des arbres.

42 Les villages

1 Un petit bourg Asprières, Aveyron

- Sur la carte 14, situe Asprières au sud de la France.
- Décris ce paysage : le relief, la saison, la végétation, la forme du village, les bâtiments, les routes…
- À quoi vois-tu qu'il ne s'agit pas d'une ville ?

De nombreux villages

Un village est un groupe d'habitations de moins de 2 000 habitants. En France, on compte plus de 32 000 villages (pour moins de 4 000 villes) : ils abritent 25 % de la population totale.

Les villages français se présentent généralement comme un groupe de maisons individuelles, serrées les unes contre les autres, le long d'une route ou à la croisée de deux routes, autour d'une mairie et d'une église. Aux alentours, la campagne est parsemée de fermes isolées ou formant de petits hameaux qui dépendent du village (doc. 1).

Des paysages variés

Les villages français diffèrent :

– par leur taille : certains sont de gros bourgs, d'autres des villages de taille moyenne, d'autres encore de minuscules hameaux de quelques maisons ;

– par leur forme : certains forment un groupe de maisons, d'autres s'étalent le long d'une route (les villages-rues) ;

– par l'ancienneté de leurs quartiers : la plupart sont vieux de plusieurs siècles et l'on y trouve de vieilles maisons, une église ancienne, parfois un

2 Un grand village

Bourgueil, Indre-et-Loire

- Sur la carte 14, situe Bourgueil.
- Décris ce paysage : les maisons, les commerces, les autres bâtiments…
- Quels services ne trouve-t-on pas dans un village ?

3 Des services différents selon les villages

Texte de géographe. Les communes qui ont entre 100 et 500 habitants possèdent généralement une école, un café et l'office religieux une fois par semaine. Les villages de 500 à 1 000 habitants regroupent les commerces de base (épicerie, boulangerie, boucherie) et quelques artisans. Les commerces non alimentaires (librairie, vêtements, électroménagers, fuel), les professions médicales, le bureau de poste, la pharmacie, la banque apparaissent plutôt dans les bourgs de 1 000 à 2 500 habitants.

D'après B. Mérenne-Schoumacher, *La Localisation des services*, Nathan, 1996

lavoir, un château… Certains comportent aussi des quartiers plus récents, voire un lotissement.
Les services présents dans les villages dépendent de leur taille : on trouve quelques boutiques (une boulangerie, une épicerie, un café) groupées autour d'une place, une école et une poste dans les plus grands villages, tandis que les plus petits n'ont pas même un point de vente pour le pain. Les villages n'offrent pas les services que l'on trouve en ville : pas de collège ni de lycée ni d'université ; ni supermarché ni magasins de vêtements ni hôpital ni bibliothèque… Pour tout cela, les villageois se rendent dans la ville la plus proche (doc. 2 et 3).

LEXIQUE

- **un bourg** : un gros village ou une toute petite ville (moins de 3 000 habitants).
- **un hameau** : un petit groupe de maisons dans la campagne.
- **une restauration** : la réparation d'un bâtiment ou d'un objet ancien pour le protéger de l'usure ou de la destruction.
- **le tourisme vert** : les voyages et les séjours à la campagne.
- **un village de vacances** : un ensemble de logements construits pour accueillir les touristes.

Les villages de France et leur image

Jusqu'au XIXe siècle, la majorité des Français vivaient en zone rurale. Ils en ont gardé un fort attachement aux villages, mais aussi une image traditionnelle de ces villages.

1 Un village Maurs-la-Jolie, Cantal

- Sur la carte 14, situe Maurs-la-Jolie.
- Décris ce paysage : la forme du village, les bâtiments, la disposition des routes, la végétation, l'endroit d'où le photographe a pris cette vue...
- À ton avis, quelles ont été les étapes de la construction de ce village ? Justifie ta réponse.

2 Un village vu par un artiste

Vincent Van Gogh, *Nuit étoilée* (huile sur toile), 1889, musée d'Art moderne, New York

- Décris le paysage représenté sur ce tableau : le relief, la végétation, le ciel, le village, les bâtiments...
- Quel élément l'artiste a-t-il mis en valeur dans son tableau ? Comment l'a-t-il représenté ?
- Quel élément te permet de savoir que ce paysage est représenté durant la nuit ?
- Quel bâtiment caractéristique a été représenté pour figurer ce village ?
- Si cet élément était absent, pourrait-on savoir que ce groupe de maisons est un village et non un hameau ?

3 Un village à valeur mémorielle

Inauguration du Centre de la mémoire, Oradour-sur-Glane, Haute-Vienne, 1999

À la fin de la Seconde Guerre mondiale, l'armée allemande a détruit ce village et massacré sa population. Depuis, ce village a été conservé en l'état et un Centre de la mémoire a été créé.

- Sur la carte 14, situe Oradour-sur-Glane.
- Décris ce paysage : la maison, la rue, la voiture, la végétation, les personnes présentes...
- Reconnais-tu l'une de ces personnes ? Qui est-ce ?
- Pourquoi a-t-on conservé ce village en ruines sans le reconstruire ?

4 Un village imaginaire Village aux quatre saisons

- Décris ce village : les maisons, l'église, la végétation, la rivière, le temps qu'il fait...
- Ce paysage apparaîtrait-il comme celui d'un village s'il n'y avait pas d'église ? pas de maisons ?
- À quoi vois-tu qu'il s'agit d'un paysage imaginaire ?
- Cherche des produits dont le logo représente un village (notamment des produits laitiers) : quels éléments y trouve-t-on ?

43 Les paysages du tourisme rural

1 Des atouts pour le tourisme Luché-Pringé, Sarthe

- Sur la carte 14, situe Luché-Pringé.
- Décris ce paysage : la verdure, les bâtiments, les équipements de camping...
- Quelles activités peut-on pratiquer en vacances à la campagne ?
- As-tu déjà passé des vacances à la campagne ? Où était-ce ?

Des atouts pour le tourisme

De plus en plus de régions rurales accueillent les citadins pour des séjours touristiques. En effet, ces régions possèdent de nombreux atouts :
- un environnement calme, favorable à la détente et au repos, par contraste avec le bruit et l'agitation des villes (doc. 1) ;
- la nature, que l'on peut redécouvrir au cours de promenades et de randonnées, à pied, à cheval, à bicyclette...
- un patrimoine historique et culturel (vieilles fermes, châteaux, moulins, artisanat et coutumes régionales...) à visiter (dossier pp. 144-145).

Certains ruraux se consacrent au tourisme en plus de leurs activités traditionnelles (en général, l'agriculture) (doc. 2). D'autres, qui ne sont pas agriculteurs, se consacrent entièrement au tourisme, ils veulent rester à la campagne tout en ayant un mode de vie proche de celui des urbains.

Des espaces aménagés

Le tourisme rural ou « tourisme vert » transforme profondément les paysages ruraux. En effet, pour accueillir les touristes, les ruraux aménagent des chambres et des appartements chez eux, réhabilitent d'anciens bâtiments (fermes, châteaux...),

2 Des lieux d'accueil

Site Internet

- Décris cette page Internet : la disposition générale, le texte, les éléments visuels…
- Que propose « Vacances Accueil paysan » ?
- Quels arguments sont mis en avant pour vanter ce type de vacances ?
- As-tu déjà vu aménagements réalisés pour accueillir les touristes en zone rurale ? Où était-ce ?

3 Des activités

- Quelles activités sont proposées aux touristes à Abreschviller (Moselle) ?
- Quel bilan le village tire-t-il de ces activités sur le plan touristique ?

Bulletin municipal. La fête de la Myrtille le 21 juillet, a connu cette année encore, une formidable affluence de touristes et d'amateurs, venus de partout passer un agréable moment dans la foule, goûter les spécialités ou faire provision de baies pour agrémenter les tables des réunions familiales de l'hiver. Brocante et vide-grenier le dimanche 28 juillet. Bien achalandés, les stands de la brocante ont donné un petit air de fête au cœur du bourg ce 28 juillet et ont contribué à l'ambiance festive de l'été.

Extraits du Bulletin municipal d'Abreschviller n° 36, août 2002

construisent des hôtels, des villages de vacances, installent des terrains de camping… Pour agrémenter le séjour des touristes, ils valorisent les monuments et les vieux villages, créent des musées et installent des équipements de loisirs : terrains de sport, piscines, aires de jeu…
Dans les régions de tourisme rural, les habitants organisent des repas à la ferme, des ventes de produits régionaux, des fêtes, des spectacles, des festivals… Ils proposent aux visiteurs d'assister ou de participer aux travaux de la ferme (doc. 3).
L'accès des touristes a été facilité par l'aménagement de routes, d'autoroutes et de voies de chemin de fer.

Le tourisme vert constitue une importante source de revenus pour les ruraux et apporte de l'animation à ces régions.

LEXIQUE

- **l'environnement** : l'ensemble des éléments naturels et humains d'une région.
- **une restauration** : la réparation d'un bâtiment ou d'un objet ancien pour le protéger de l'usure ou de la destruction.

DOSSIER

La protection du patrimoine rural

Le patrimoine naturel

1 La faune et la flore

Document officiel. Le retour du loup en France en 1992 constitue un enrichissement de notre patrimoine naturel en matière de diversité de la faune. Le loup est une espèce protégée au niveau européen : les accords européens imposent que soit interdite toute forme de détention, de capture, de mise à mort intentionnelle, de perturbation intentionnelle, de commerce des spécimens prélevés dans la nature d'espèces de faune sauvage, parmi lesquelles le loup.

D'après le ministère de l'Environnement et le ministère de l'Agriculture, *Plan d'action sur le loup 2004-2008*, novembre 2004

- Qu'est-ce qui a été mis en place pour protéger les loups ?
- Certaines personnes s'opposent à la protection des loups et à leur retour en France : sais-tu qui elles sont et pourquoi elles s'y opposent ainsi ?
- Que demande cette affiche ?
- Pourquoi protège-t-on certaines espèces de faune et de flore ?
- Connais-tu d'autres espèces protégées ?

2 Les paysages

Parc national de la Vanoise

En 1963, cet espace a été déclaré parc national : la faune (bouquetins, marmottes, chamois, aigles...), la flore (edelweiss...) mais aussi le paysage sont désormais protégés. Depuis, six autres parcs nationaux ont été créés en France métropolitaine et dans les Dom-Tom.

- Sur la carte 14, situe le parc de la Vanoise. Nomme les six autres parcs nationaux.
- Décris ce paysage : le relief le climat, la végétation, les différents plans, les traces de présence humaine.
- Cherche ce qui peut menacer ce paysage et pourquoi il est si important de le préserver.

Le patrimoine culturel

3 Les bâtiments Pérouges, Ain

Ce village du Moyen Âge a été restauré pour conserver le patrimoine, permettre aux touristes de retrouver le charme d'autrefois en toute tranquillité (les ruelles sont interdites aux voitures). Les vacanciers y trouvent des hôtels, des restaurants, des cafés, des magasins...

- Sur la carte 14, situe Pérouges.
- À quoi vois-tu que ces bâtiments et cette rue sont anciens ? À quoi vois-tu qu'ils ont été restaurés ?
- Pourquoi a-t-on interdit la circulation des voitures dans Pérouges ?
- Connais-tu un autre village restauré pour le tourisme ?

4 Les savoir-faire

Dépliant touristique. Apparu localement au XIXe siècle, le métier de la broderie à fil d'or était pratiqué par toutes les dames. De nos jours, cinq ouvrières sont toujours en activité, répétant les mêmes gestes avec les mêmes outils. Les brodeuses au fil d'or ont reçu le nom local de « grenadières » parce qu'elles ont longtemps fabriqué l'emblème de la gendarmerie, des pompiers ou de la douane : une « grenade ». Depuis, la fabrication s'est diversifiée avec une ouverture à la haute couture, la fabrication des insignes des armées françaises (bandeau de casquette, patte d'épaule...), celles des représentants de l'État (ambassadeurs, préfets, gendarmes) et des dirigeants étrangers, et les habits d'académiciens (Académie française). Les grenadières font la richesse de notre territoire rural. Ce savoir-faire appartient au patrimoine régional. Il est un héritage ancestral. La Maison des grenadières conserve les gestes, les reconnaît comme un savoir accumulé par des années de pratique.

D'après les documents de la Maison des grenadières, Cervières, Loire

- Sur la carte 14, situe Cervières.
- En quoi le savoir-faire des grenadières fait-il partie du patrimoine ?
- En quoi les fêtes traditionnelles font-elles partie du patrimoine ?

5 Les fêtes traditionnelles

Internet. Avec sa grande fête du mois d'août, Concarneau se met aux couleurs du bleu intense des filets de pêche de la sardine. Une couleur symbole, dont l'origine remonte à plus d'un siècle. En 1905, Billette de Villeroche lance l'idée d'une fête pour soutenir les familles des pêcheurs et rendre hommage au travail de ces courageux marins. Fête sans prétention à l'origine, la fête des filets bleus est de retour chaque année à l'exception des années de guerre. Voyant, dès les premières années, les touristes affluer, les femmes eurent l'idée de vendre des petits filets bleus. Depuis, ils sont devenus l'emblème de cette fête. Aujourd'hui, pleinement inscrite dans la vie culturelle et traditionnelle de Concarneau, la fête des Filets bleus remporte toujours un vif succès.

www.filetsbleus.free.fr

44 La montagne en hiver

1 Un monde rude Val d'Azin

- Sur la carte 15, situe le val d'Azin. Dans quelle chaîne de montagnes se trouve-t-il ?
- Décris ce paysage : les montagnes, le temps qu'il fait, le village, la végétation...
- Pourquoi, en hiver, neige-t-il plus souvent en montagne qu'au bord de la mer ?
- À l'aide de l'atlas, nomme les autres montagnes françaises.

Un monde rude

La vie dans les montagnes est rude. Le relief rend les déplacements et les communications difficiles (routes sinueuses, cols étroits, sommets élevés). Le climat est froid en altitude (plus l'altitude est élevée, plus les températures sont basses) : en hiver, les montagnes sont couvertes de neige et de glace, ce qui rend la vie quotidienne difficile et représente un danger (routes verglacées, avalanches...).
Ces difficultés incitent les montagnards à se regrouper : la plupart vivent dans de gros villages et des villes situées dans les vallées (doc. 1).

Le tourisme et ses paysages

Les activités dans les régions de montagnes sont les mêmes qu'ailleurs : agriculture, industrie, services. Mais la principale activité en hiver est le tourisme : chaque année, plus de 4 millions de touristes pratiquent les sports d'hiver en France (doc. 2).
D'abord pratiqués sous la forme du ski de piste dans les Alpes, les sports d'hiver se sont étendus à d'autres régions, avec notamment le développement d'autres activités : le ski de fond, la luge, le surf des neiges, les randonnées en raquettes...
Le développement du tourisme d'hiver et la mise

2 Le tourisme et ses paysages Dépliant touristique, Jura

Le plus vaste domaine nordique d'Europe

est là. Vous pouvez choisir de le traverser en parcourant la GTJ (370 km !),

de pénétrer ses immenses forêts, en raquettes, façon trappeur,

de fendre l'air des hauts plateaux derrière votre attelage de huskies, de patiner sur un lac gelé,

de vous essayer au "ski-joering" tracté par un cheval comtois,

ou de dessiner des courbes sur ses pistes balisées...

- Sur la carte 15, situe le Jura.
- Décris ce dépliant touristique : les éléments représentés, le texte, les illustrations, les activités proposées...
- Fais des recherches et trouve la différence entre le ski de piste et le ski de fond : lequel des deux le skieur du haut pratique-t-il ?

3 Les paysages des sports d'hiver

Presse. Depuis trente ans, la France s'est équipée pour le ski : 3 000 pistes de descentes, 2 250 remontées mécaniques pour les seules Alpes. Ah ! On en a fait des prouesses ! Télésièges, « œufs », téléphériques se sont accrochés sur les plus hauts glaciers. Aucun pays au monde n'aurait osé enlaidir ses montagnes comme la France l'a fait.

D'après J.-P. Adine et F. Lewino, *Le Point*, 15 avril 1991

- En quoi les sports d'hiver ont-ils enlaidi certains paysages de montagne ?
- Qu'ont-ils apporté en contrepartie ?

en place de stations de sports d'hiver ont profondément transformé les paysages. Pour accueillir les touristes, on a construit des bâtiments (chalets, appartements, hôtels...), aménagé des pistes (téléphériques, remontées mécaniques...), créé des équipements de loisirs (cinémas, restaurants, patinoires...) et des commerces (vêtements, matériel de ski...) (dossier pp. 56-57). On a aussi raccordé les stations aux axes de transport (routes, autoroutes, chemins de fer)...
Certaines stations ont été bien intégrées dans les paysages existants, d'autres ont enlaidi de beaux sites et défiguré les montagnes (doc. 3).

Le tourisme fournit de nombreux emplois : guides et moniteurs sportifs, salariés des restaurants et des hôtels, commerçants... Certains montagnards travaillent dans le tourisme toute l'année ; pour d'autres, il est le complément d'une autre activité (agriculture, élevage, artisanat...).

LEXIQUE

- **une avalanche** : une importante masse de neige qui dévale une montagne.

45 La montagne en été

1 Des paysages variés

Massif du mont Blanc, Alpes

- Sur la carte 15, situe le mont Blanc. À quelle altitude se trouve-t-il ?
- Décris le paysage.
- À ton avis, comment sont les températures en altitude ? dans la vallée ?

Des paysages variés

Durant l'été, la montagne présente des paysages différents selon les versants (plus ou moins ensoleillés) et selon l'altitude. Dans les vallées et sur les pentes douces, à faible altitude, là où le temps est le plus doux, on trouve des villages et des champs. Plus haut, les températures sont plus fraîches : il y a moins d'espaces cultivés et davantage d'espaces boisés (forêts de feuillus, forêts de conifères). Plus haut encore, on trouve des prairies naturelles, les alpages, qui accueillent les troupeaux : vaches, moutons et chèvres y vivent tant que les températures ne sont pas trop froides (juillet, août). Sur les sommets, on trouve des rochers nus ou couverts par la glace et la neige toute l'année (doc. 1).

Le tourisme d'été

Les paysages de la montagne en été sont marqués par les activités traditionnelles (cultures dans les vallées, élevage avec la transhumance des animaux vers les alpages, exploitation des forêts et industrie du bois…) et par les activités nouvelles (tourisme).

2 Le tourisme d'été

Dépliant touristique, Alpes

- Sur la carte 15, situe Sixt-Fer-à-Cheval.
- Quels sont les slogans de cette publicité ? Explique-les.
- Quelles activités sont proposées ? Lesquelles sont nommées ? Lesquelles sont représentées ?
- Quels arguments servent à inciter les groupes d'amis à passer leurs vacances à la montagne ?
- Quels arguments s'adressent aux familles ?
- Quels équipements nécessaires au tourisme d'été sont représentés sur cette publicité ? Lesquels ne sont pas représentés ?

En effet, en été comme en hiver, la montagne est une destination touristique. On peut y pratiquer des activités variées : activités familiales comme la découverte de la nature, les balades à pied, à cheval ou à dos d'âne, la visite de parcs animaliers ; activités plus sportives comme la randonnée à pied ou en VTT, l'escalade, le parapente, les sports d'eau vive (canyoning, kayak)... **(doc. 2)**

Les équipements du tourisme d'hiver (logements, équipements sportifs et de loisirs, moyens de transport, commerces...) servent aussi en été. D'autres sont créés spécialement pour la belle saison : campings, piscines extérieures, plages au bord des lacs ou le long des rivières...

LEXIQUE

- **les alpages** : les zones de prairies qui se trouvent à une altitude élevée dans les montagnes.
- **la transhumance** : déplacement des troupeaux, vers les alpages en été et vers les vallées en hiver.
- **un versant** : l'un des côtés d'une montagne.

DOSSIER

Le paysage et ses représentations : la montagne Sainte-Victoire

Le photographe, le géographe, le peintre et le cartographe proposent des représentations différentes mais complémentaires d'un même paysage.

1 La représentation du photographe

2 La représentation du géographe

Le géographe décrit les paysages et la manière dont les sociétés humaines les transforment. Quand il ne peut pas se rendre sur place, il utilise des photographies des paysages qu'il étudie.

▷ Sur la carte 15, situe la montagne Sainte-Victoire.
Où se trouve-t-elle en France ? près de quelle mer ? à quelle altitude ?

▷ Décris ce paysage : le relief et la forme de la montagne, le climat, la végétation, le sol, les traces de présence humaine...

3 La représentation de l'artiste

Paul Cézanne (1839-1906), *Sainte-Victoire vue de la route du Tholonet* (1895-1900), musée de l'Ermitage, Saint-Pétersbourg

Paul Cézanne a peint une soixantaine de tableaux représentant la montagne Sainte-Victoire, sous des angles, à des époques de l'année et à des heures différentes.

- Décris le tableau : la montagne, les éléments figurés, les couleurs, la manière dont les détails sont représentés…
- Cherche des indices montrant que le tableau et la photographie ont représenté la montagne sous le même angle.
- Cherche des ressemblances et des différentes entre le tableau et la photographie : la forme de la montagne, les éléments du paysage, les couleurs…

4 La représentation du cartographe Carte IGN au 1/100 000 (1 cm = 1 km)

- Comment la montagne est-elle représentée ici ?
- Comment sa forme (le relief) est-elle figurée ?
- Lis le titre du tableau de Cézanne puis situe sur la carte l'endroit d'où Cézanne l'a peint.
- Quelle partie de la montagne n'a-t-il pas représentée ? Pourquoi ?

46 Les littoraux français

1 Des paysages naturels variés Pointe du Raz, Bretagne, et falaises d'Étretat, Normandie

▷ Sur la carte 16, situe la pointe du Raz et Étretat. Quel océan et quelle mer sont visibles sur ces photographies ?

▶ Décris ces deux paysages et compare-les.

Des paysages naturels variés

La France s'ouvre sur un océan et trois mers (carte 16). Elle possède 3 000 km de côtes (5 500 km si l'on prend en compte tous les découpages du littoral et les îles) pour la métropole, 1 500 km pour les départements d'outre-mer.

Les paysages littoraux sont variés : plages (doc. 1 p. 156), côtes rocheuses comme en Bretagne occidentale (doc. 1 gauche), dont certaines à falaises comme en Normandie (doc. 1 droite), côtes marécageuses…

Les littoraux ont presque tous été aménagés : ils sont marqués par les activités des hommes, souvent liées à la mer (pêche, commerce et tourisme).

Les littoraux de la pêche

La France possède un grand nombre de ports de pêche (carte 16) : de grands ports qui accueillent des navires-usines (Boulogne sur la mer du Nord, Lorient, Concarneau, Douarnenez et La Rochelle sur l'océan Atlantique), mais aussi une multitude de ports plus petits, qui abritent des chalutiers à bord desquels travaillent quelques pêcheurs.

Les ports de pêche présentent des paysages caractéristiques : ils sont installés dans des zones abritées de la houle (dans les baies, les bras de mer ou les espaces protégés par une digue) ; on les reconnaît à la présence de petits chalutiers et de certains équipements comme des halles (doc. 2).

2 Un littoral de la pêche

Port-Vendres, Pyrénées orientales

- Sur la carte 16, situe Port-Vendres. Quelle mer est visible sur cette photographie ?
- Décris ce littoral et le port de pêche.
- Quels équipements sont nécessaires dans un port de pêche ?
- Quels équipements sont différents de ceux d'un port de tourisme ? d'un port de commerce ?

Les paysages de l'aquaculture sont différents : on les reconnaît à leurs bassins d'élevage ou à leurs installations en pleine mer (parcs à huîtres, parc d'élevage des moules…).

Les littoraux du commerce

La France possède également des ports de commerce sur la mer du Nord (Dunkerque), la Manche (Le Havre), l'océan Atlantique (Saint-Nazaire) et la mer Méditerranée (Marseille) (carte 16).
Ces ports sont bien différents de ceux de la pêche (dossier pp. 78-79) : leurs bassins larges et profonds peuvent accueillir de gigantesques navires ; les quais sont équipés de hangars et de silos, pour le stockage des marchandises, et de grues, pour le chargement et le déchargement des marchandises.

LEXIQUE

- **l'aquaculture** : la culture des algues, l'élevage des poissons, des coquillages et des crustacés.
- **une baie** : une partie de mer qui rentre dans les terres.
- **exporter** : vendre à l'étranger.
- **une halle** : un vaste hangar dans lequel on vend le poisson en grande quantité.
- **importer** : acheter à l'étranger.
- **un littoral** : une partie de terre qui se trouve le long de la mer.

Le paysage et sa carte

La carte géographique, autant que la photographie, permet de décrire le paysage.

1 La photographie

L'aber Benoît, Bretagne

Un aber est une vallée envahie par la mer. Le nord de la Bretagne en compte de nombreux.

- Sur la carte 16, situe l'aber Benoît.
- Décris ce paysage : la mer, la forme des côtes, les îles ; le relief, la végétation ; les maisons, les routes, les équipements…

2 La carte

Cette carte représente également l'aber Benoît.

- Où se trouve le nord ? Quelle est l'échelle de cette carte ? Quels sigles sont expliqués par la légende ?
- À quelle lettre sur la photographie correspond le camping de Corn ar Gazel ? D'après la carte, quel équipement se trouve à côté de ce camping ?
- Comment s'appelle le quartier B ?
- Quelle lettre désigne la plage Morgan ?
- La lettre D désigne-t-elle l'île Garo ou l'île Tariec ?
- Comment s'appelle le hameau à côté du port en E ?
- Dans quel hameau la chapelle en F se trouve-t-elle ?
- Où va la route qui passe en G ?

L'aber Benoît en Bretagne
Champs
Plage
Maisons
Route
Port
Chapelle
Camping
Terrain de tennis
Nord
ILE TARIEC
PRESQU'ILE
SAINTE-
MARGUERITE
Ar Vourc'h
Kermengui
Kerennoc
La Manche
ILE GARO
Prat
al Lann
Kerisquin
Brouennou
Croaz
Anez
Lannilis
Penn
ar Créac'h
Corn ar Gazel
Kervigorn
Morgan
Aber Benoît
Traon Bouzar
Guélédigou
Penn ar Park
Kervasdoué
1 km
Le Bous

47 Les littoraux touristiques

1 Les paysages des loisirs Cannes, Côte d'Azur

- Sur la carte 16, situe Cannes. Quelle mer est visible sur la photographie ?
- Décris ce paysage : la plage, la mer, les bâtiments, les équipements…
- À quoi vois-tu que ce paysage a été transformé pour accueillir les touristes ?
- Connais-tu une autre plage touristique ? Sur quelle mer ou quel océan se trouve-t-elle ?

Les atouts du tourisme

La France est la première destination touristique dans le monde. Ses littoraux, notamment, sont très attractifs : chaque année, 30 millions de touristes séjournent sur les côtes françaises.
En effet, le littoral français possède de nombreux atouts touristiques : des paysages naturels variés, de grandes plages de sable ; un climat agréable en été (doux le long de la Manche et de la mer du Nord, chaud le long de l'océan Atlantique et de la mer Méditerranée), un riche patrimoine… **(carte 16)**

Les paysages des loisirs

Pour accueillir les touristes, on a construit des bâtiments (immeubles, hôtels, lotissements…) et des équipements (centres de loisirs, complexes sportifs, routes, voies de chemin de fer, aéroports) et aménagé les plages (aires de jeux, zones de baignade surveillée…) **(doc. 1 et 2 et dossier pp. 64-65)**.
Ces constructions et ces équipements ont transformé les littoraux français. Ceux qui sont trop nombreux ou trop proches du littoral ont dégradé le paysage.

2 Une plage entretenue

Document publicitaire. Argelès est équipée d'une station d'épuration et, depuis 15 ans, a toujours obtenu le pavillon bleu (signe de la qualité de ses eaux). De grosses machines nettoient les plages de 1 heure à 8 heures du matin. Elles enlèvent les déchets, tamisent le sable sur 20 cm d'épaisseur, et pulvérisent sur le sable un désinfectant naturel. 230 corbeilles, 10 blocs-douches et 14 blocs sanitaires ont été installés sur la plage.

D'après l'Office de tourisme d'Argelès-sur-Mer, *Argelès pratique*, 2004.

- Sur la carte 16, situe Argelès-sur-Mer. Sur quelle mer cette station balnéaire se trouve-t-elle ?
- Décris l'entretien et les aménagements réalisés sur cette plage.
- À quoi servent-ils ?
- En quoi transforment-ils le paysage ?

3 Les paysages patrimoniaux

Le Mont-Saint-Michel, Manche

- Sur la carte 16, situe Le Mont-Saint-Michel. Quelle mer est visible sur la photographie ?
- Décris ce paysage : la mer, l'île, le monastère…
- À ton avis, pourquoi ce monastère a-t-il été construit sur une île, à l'écart du monde ?
- À ton avis, pourquoi est-il entouré d'un mur de fortification ?
- Connais-tu d'autres paysages littoraux à valeur patrimoniale ?

Les paysages patrimoniaux

Les zones littorales attirent aussi pour leur patrimoine : d'anciens ports, des villes fortifiées, des églises et des monastères comme Le Mont-Saint-Michel (doc. 3), mais aussi des espaces protégés, comme le parc national de Port-Cros, en Méditerranée, où la flore et la faune, notamment maritime, sont préservées.

De nos jours, l'ensemble du littoral est considéré comme le patrimoine de la France. Une « loi Littoral » a été votée pour interdire les travaux à moins de 100 mètres de la côte (doc. 3 p. 63). Un Conservatoire du littoral est chargé d'acquérir, pour en surveiller l'aménagement, les rivages menacés de dégradation. À ce jour, il est propriétaire de près de 900 km de côtes.

LEXIQUE

- **la côte** : la limite entre la terre et la mer.

48 Le découpage en communes

1 Les communes et leur territoire

- Qu'indiquent ces panneaux ?
- Où se trouvent-ils ?
- Quel est le nom de ta commune ?
- Comment s'appellent les communes voisines ?
- Existe-t-il, entre ta commune et les communes voisines, un espace libre qui n'appartient à aucune commune ?

2 36 000 communes

Communes	Nombre
Villes de plus de 100 000 habitants	36
Villes de 30 000 à 100 000 habitants	190
Villes de 30 000 à 10 000 habitants	574
Villes de 10 000 à 2 000 habitants	3 219
Villages (moins de 2 000 habitants)	32 546

- Combien de communes ont moins de 10 000 habitants ? plus de 100 000 habitants ?
- Combien y a-t-il de communes en tout, en France ?
- Sur la carte 13, trouve et nomme une commune de plus d'un million d'habitants.

3 L'hôtel de ville ou la mairie

Pontonx-sur-l'Adour, 2 200 habitants, Landes

- Sur la carte 17, situe les Landes.
- Décris ce bâtiment : la façade, la décoration, l'environnement…
- Quelles inscriptions peux-tu lire sur la façade ? Qu'est-ce qu'un hôtel de ville ?
- Quels sont les symboles de la République française présents ici ?
- Que représente le drapeau situé à gauche ? Sais-tu combien il a d'étoiles ?
- À quoi sert une mairie ? À quelles occasions se rend-on à la mairie ?
- Sais-tu comment s'appelle le maire de ta commune ? Quand a-t-il été élu ?

36 000 communes

La commune est la plus petite unité territoriale : selon le nombre d'habitants, elle correspond à une ville ou à un village. La France compte plus de 36 000 communes, dont 183 dans les départements d'outre-mer.

La totalité du territoire français est répartie entre les communes, c'est-à-dire que toutes les maisons, toutes les parcelles de terre, toutes les rues font partie d'une commune (doc. 1).

Les communes sont très différentes les unes des autres. Certaines se trouvent en zone rurale, d'autres en zone urbaine. Certaines sont très étendues, d'autres toutes petites. En majorité, ce sont des villages (moins de 2 000 habitants) : une cinquantaine de communes comptent 10 habitants, voire moins. Mais 36 communes comptent plus de 100 000 habitants (doc. 2).

Un territoire à échelle humaine

Les Français sont attachés à leur commune. C'est leur cadre de vie : ils y habitent, y envoient leurs

4 L'état civil

Ouvrage de synthèse. L'état civil a été institué en 1792, indépendamment de toute autorité religieuse. La tenue des registres ne relève plus des curés mais de l'administration. Pour des raisons d'utilité évidente, ils continuent d'être tenus à l'échelon le plus bas : celui de la commune. Les registres ne portent plus que sur des faits juridiques : naissance, mariage civil et décès.

D'après C. Dugas de la Boissonny, *L'État civil*, PUF, Que sais-je ? 1987

L'état civil est ensemble des services chargés d'enregistrer les informations relatives à la situation des personnes (nom, prénoms, nationalité, naissances, adoptions, décès, mariages, divorces...).

▷ Depuis quand l'état civil existe-t-il en France ?

▷ Qui, autrefois, tenait les registres des mariages, des naissances et des décès ?

▶ Sais-tu pourquoi ?

enfants à l'école, y font leur marché, y pratiquent des activités sportives ou culturelles ; parfois aussi ils y travaillent.

Chaque commune est dirigée par un maire et un conseil municipal, élu pour six ans par les citoyens. Ce conseil municipal agit sur bien des aspects de leur vie quotidienne : les transports, les écoles, les loisirs... (doc. 3)

Les mairies tiennent les registres de l'état civil, dans lesquels sont consignés l'identité de chaque personne ainsi que les naissances, les adoptions, les mariages et les décès (doc. 4).

LEXIQUE

- **une commune** : le territoire d'une ville ou d'un village, dirigé par un conseil municipal.
- **un conseil municipal** : l'ensemble des personnes élues par les habitants d'une commune pour s'occuper de cette commune.
- **un maire** : une personne élue pour diriger une commune et y représenter l'État.
- **une municipalité** : un maire et les conseillers municipaux.

49 Le découpage en départements

1 100 départements

▷ Quel numéro de département est indiqué sur cette plaque d'immatriculation ?

▶ Cherche le nom du département correspondant.

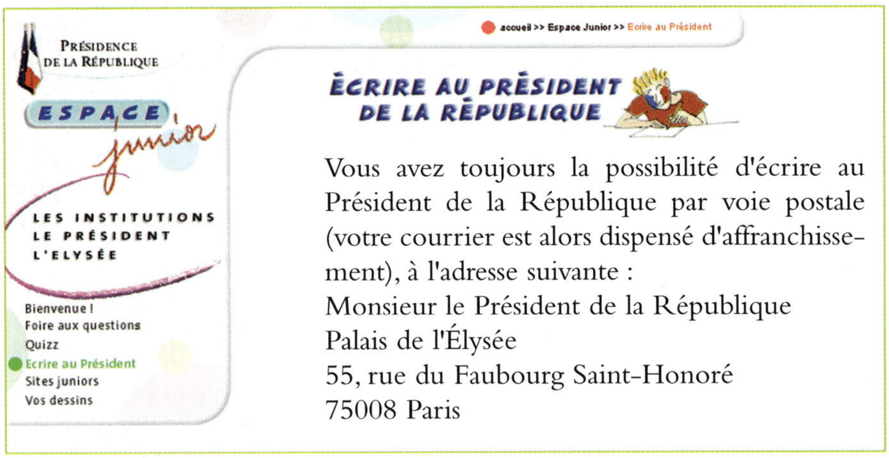

▶ Dans une adresse, quel élément indique le numéro du département ?

▶ Quel est le numéro du département dans lequel se trouve l'Élysée ?

2 L'histoire des départements

Synthèse. En 1790, les députés simplifièrent le découpage administratif de la France : ils supprimèrent les anciennes provinces et divisèrent le territoire en départements. Ceux-ci étaient de tailles presque identiques et étaient suffisamment petits pour que chaque habitant puisse se rendre de chez lui au chef-lieu du département en moins d'une journée de cheval. Le tracé respectait la géographie. Les noms ne faisaient pas référence aux provinces d'autrefois : la plupart des départements portent des noms de montagnes ou de rivières. Depuis 1790, le découpage a été légèrement modifié. Par exemple, la Seine (75) a été divisée en 6 départements, dont Paris, en 1964.

Synthèse établie par les auteurs du manuel

▷ Pourquoi a-t-on organisé le territoire français en départements ?

▷ D'où viennent les noms des départements français ?

▷ Pourquoi le découpage de 1790 a-t-il été modifié par la suite ?

▶ Comment s'appelle ton département ? Quel est son numéro ?

100 départements

Le territoire français est divisé en 100 départements : 96 départements se trouvent en métropole (carte 17) et 4 sont des départements d'outre-mer (la Guadeloupe, la Martinique, la Guyane et la Réunion) (carte 20).

Chaque département est identifié par un nom (le Cher, le Var…) et par un numéro, que l'on retrouve notamment sur les plaques minéralogiques des véhicules et dans le code postal (doc. 1).

Ressemblances et différences

Les départements français ont été, pour la plupart, créés pendant la Révolution française, même si une vingtaine ont été constitués plus tard, dans des régions acquises par la France ou lors de redécoupages (doc. 2).

Les départements ont des tailles comparables (entre 5 000 et 8 000 km², même si certains sont nettement plus grands ou plus petits) mais sont très inégalement peuplés (doc. 3).

3 Ressemblances et différences

Ce tableau présente les départements « extrêmes » : le plus grand, le plus peuplé...

Département	Superficie	Population
Lozère	5 179 km²	73 510 habitants
Nord	5 739 km²	2 553 920 habitants
Guyane	90 000 km²	157 280 habitants
Gironde	10 000 km²	1 286 720 habitants
Paris	105 km²	2 125 246 habitants

▷ Quel est le plus grand département de France ? Situe-le sur la carte 20.

▷ Quel est le plus grand département de la métropole ? le plus petit ? Situe-les sur la carte 17.

▷ Quel est le département le plus peuplé de France ? le moins peuplé ? Situe-les sur la carte 17.

▶ La différence entre les deux est-elle importante ?

4 Le conseil général

Affiche du conseil général de la Haute-Garonne

Bulletin départemental. Il y a 18 ans les lois confiaient aux conseils généraux la responsabilité de construire, d'entretenir, de rénover les collèges et de financer leur fonctionnement ainsi que l'organisation des transports scolaires de la maternelle à la terminale.
La population de notre département est en augmentation constante et les demandes de scolarisation en second degré dans les collèges publics également.
- 41 760 élèves recensés en 1995,
- 45 294 lors de la rentrée 2000,
- 47 527 élèves lors de la dernière rentrée 2003.

Près de 47 717 collégiens sont attendus pour la rentrée 2004, soit une augmentation de 12 % en 9 ans. Ainsi, après la rentrée 2002 marquée par l'ouverture de quatre collèges neufs, la rentrée 2004 consacrera également l'ouverture de quatre collèges supplémentaires. En septembre 2006, un nouveau collège ouvrira ses portes et à la rentrée scolaire de septembre 2007, encore un autre.

D'après le site Internet de la Haute-Garonne, www.cg31.f

▶ Fais des recherches dans les journaux ou sur Internet pour savoir quelles actions le conseil général de ton département mène pour les jeunes.

Le conseil général et le préfet

Dans chaque département, un conseil général, élu au suffrage universel (élections cantonales) pour 5 ans, s'occupe notamment des transports, des routes, des collèges, des services sociaux (doc. 4).
Chaque département a également un préfet, nommé par le gouvernement. Il représente l'État, fait exécuter les lois et veille au maintien de l'ordre.
Le conseil général et le préfet sont installés dans le chef-lieu du département.

LEXIQUE

- **un chef-lieu de département** : la principale ville d'un département, celle dans laquelle se trouve l'administration du département.
- **les services sociaux** : les services qui viennent en aide à certaines catégories de personnes (les familles à faibles ressources, les malades, les handicapés, les personnes âgées...).
- **le suffrage universel** : le droit de vote pour tous.

DOSSIER

Les départements et les territoires d'outre-mer

1 Un vaste espace

Ile de Moorea, Polynésie française

Une partie du territoire français se trouve en dehors de l'Europe : des îles dans l'océan Atlantique (Antilles, Saint-Pierre-et-Miquelon), l'océan Pacifique (Polynésie française et Nouvelle-Calédonie), l'océan Indien (la Réunion, îles Kerguelen), des terres sur les continents américain (Guyane) et antarctique (TAAF). L'ensemble de ces terres représente 554 000 km² (550 000 km² pour la métropole).

- Sur la carte 20, situe la Polynésie française. Dans quel océan se trouve-t-elle ?
- Situe les autres terres que la France possède outre-mer.
- Lequel de ces territoires te semble le plus grand ?
- Quel élément de cette photographie te permet de dire que la Polynésie se situe dans la zone chaude. Vérifie sur la carte 4, et trouve dans quelles zones de température la France possède des terres.

2 Différents statuts

- Nomme les quatre départements d'outre-mer.
- Sur la carte 20, situe-les.
- D'après ce texte, sont-ils différents des autres départements français ?
- À ton avis, y a-t-il des élections cantonales dans les DOM ?
- Nomme les territoires d'outre-mer.
- Sur la carte 20, situe-les.
- En quoi leur situation est-elle différente de celle des DOM ?
- Quel est le statut de Saint-Pierre-et-Miquelon et de Mayotte ?
- Pourquoi Clipperton n'est-il pas un département ni un territoire d'outre-mer ?

Synthèse. En 1946, quatre territoires (dont trois îles) sont devenus des départements d'outre-mer : la Guadeloupe, la Martinique, la Guyane et la Réunion. Ils sont des départements comme les autres, avec un conseil général. Mais ils ont aussi un statut particulier, puisqu'ils peuvent adapter les lois et leur organisation administrative en fonction de leur histoire et de leur culture.

Quatre autres territoires (dont trois archipels) sont des territoires d'outre-mer : la Polynésie française, la Nouvelle-Calédonie, l'archipel Wallis-et-Futuna et les Terres australes et antarctiques françaises (les TAAF). Les Tom sont beaucoup plus autonomes : ils possèdent une assemblée élue au suffrage universel qui donne son avis sur toutes les lois les concernant.

Il existe aussi deux collectivités territoriales : l'archipel de Saint-Pierre-et-Miquelon et l'île de Mayotte, plus autonomes encore.

Quand à l'îlot de Clipperton, au large du Mexique, il n'est habité… que par des oiseaux. Il n'a donc pas d'organisation administrative et est géré directement par la métropole.

Synthèse réalisée par les auteurs du manuel

3 Des liens anciens

Jean Antoine Theodore Gudin (1802-1880), *La Fondation de la colonie de la Martinique*, vers 1625-1635, gravure, Bibliothèque nationale de France

Les terres françaises d'outre-mer ont été acquises à l'époque coloniale.

▷ Sur la carte 20, situe la Martinique.
▷ Décris cette scène.

Au XXe siècle, quand les colonies françaises (Maroc, Algérie, Sénégal, Congo, Vietnam...) ont acquis leur indépendance, certaines sont restées françaises.

Information officielle. En décembre 1974, un référendum est organisé sur l'indépendance des îles des Comores. Le décompte des suffrages île par île fait apparaître que Mayotte souhaite rester dans le giron de la République française à 63,8 % des voix. Une nouvelle consultation de Mayotte est organisée en février 1976 : la population plébiscite le maintien de Mayotte au sein de la République française à 99,4 %.

Extrait du site Internet du ministère de l'Outre-Mer, www.outre-mer.gouv.fr, décembre 2004

▷ Sur la carte 20, situe Mayotte. De quel archipel fait-elle partie ?
▷ Que s'est-il passé en 1974 à Mayotte ? Pourquoi Mayotte n'a-t-elle pas pris son indépendance ?

4 Quel avenir ?

Presse. La scène se déroule le 5 avril 1985 dans la commune d'Anse-Bertrand, en Guadeloupe. Au pied du moulin de Bonne-Veine, symbole de la période esclavagiste, huit drapeaux sont hissés sous les applaudissements de plusieurs milliers de personnes. Huit drapeaux d'organisations indépendantistes réunies pour « enterrer le colonialisme français ». Huit fanions de la Guadeloupe, la Martinique, la Guyane, la Nouvelle-Calédonie, la Réunion et Mayotte, venus narguer le drapeau tricolore.

Dix ans après, cette chronique brûlante se feuillette comme un chapitre de la préhistoire. Les bombes se sont tues, et les fusils ont été rangés au placard. Les ultras de l'indépendance sont devenus de très sages notables.

Car la décentralisation a transféré aux élus locaux des pouvoirs importants et enlevé à la revendication indépendantiste une partie de sa légitimité. Faut-il, pour autant, prédire la disparition des indépendantistes ? Rien n'est moins sûr.

D'après *Le Monde*, 30 octobre 1994

▷ Raconte avec tes mots la scène décrite dans le premier paragraphe.
▷ Que demandaient les personnes présentes ?
▷ Pourquoi le mouvement indépendantiste est-il moins puissant ?
▷ Est-il définitivement arrêté ?

LEXIQUE

- **la décentralisation** : une transformation de l'organisation d'un pays, de manière à donner moins de pouvoir au gouvernement et plus de pouvoirs aux communes, aux conseils généraux...
- **les indépendantistes** : les personnes qui réclament l'indépendance de leur pays ou de leur territoire.
- **la période esclavagiste** : la période pendant laquelle la France a pratiqué l'esclavage et la traite des esclaves.

50 Le découpage en régions

1 22 régions très diverses

Régions de métropole	Nombre de départements	Superficie	Population
Alsace	2	8 280 km²	1 734 145
Aquitaine	5	41 308 km²	2 908 359
Auvergne	4	26 013 km²	1 308 878
Bourgogne	4	31 582 km²	1 610 067
Bretagne	4	27 208 km²	2 906 197
Centre	6	39 151 km²	2 440 329
Champagne-Ardenne	4	25 606 km²	1 342 363
Corse	2	8 680 km²	260 196
Franche-Comté	4	16 202 km²	1 117 059
Ile-de-France	8	12 012 km²	10 952 011
Languedoc-Roussillon	5	27 376 km²	2 295 648
Limousin	3	16 942 km²	710 939
Lorraine	4	23 547 km²	2 310 376
Midi-Pyrénées	8	45 348 km²	2 551 687
Nord-Pas-de-Calais	2	12 414 km²	3 996 588
Basse-Normandie	3	17 589 km²	1 422 193
Haute-Normandie	2	12 317 km²	1 780 192
Pays de la Loire	5	32 082 km²	3 222 061
Picardie	3	19 399 km²	1 857 834
Poitou-Charentes	4	25 810 km²	1 640 068
Provence-Alpes-Côte d'Azur	6	31 400 km²	4 506 151
Rhône-Alpes	8	43 698 km²	5 645 407

▷ Combien y a-t-il de régions en métropole ?

▷ Classe-les par ordre décroissant de superficie. Laquelle est la plus étendue ? la moins étendue ?

▷ Classe-les par ordre décroissant de population.

▷ Quelles régions regroupent plus de sept départements ? Quelles régions en comptent seulement deux ?

2 Un découpage contesté

Synthèse. La Bretagne est une région ancienne : son nom lui vient des Bretons, venus de Grande-Bretagne à la fin de la préhistoire. Au Moyen Âge, la Bretagne faisait partie du royaume de France et appartenait au duc de Bretagne, dont le château se trouvait à Nantes. Dans les années 1940 et suivantes, l'État français a entrepris d'organiser la France en régions. La Bretagne, trop grande par rapport à ses voisines, a alors perdu sa capitale historique, Nantes, qui s'est vue rattachée aux « Pays de la Loire ». Mais la plupart des Nantais se considèrent comme des Bretons et ils réclament régulièrement leur rattachement à la Bretagne.

Synthèse réalisée par les auteurs du manuel

▷ Situe Nantes et la Bretagne sur la carte 17.

▷ Explique par qui et pourquoi le découpage de la Bretagne est parfois contesté.

▶ Cherche dans un atlas historique ou dans une encyclopédie depuis quelle époque la Bretagne existe en tant que région.

22 régions très diverses

Le territoire métropolitain est divisé en 22 régions (carte 17), qui regroupent chacune plusieurs départements.

Les régions sont très variées (doc. 1). Certaines sont petites car limitées par la géographie (Corse), d'autres sont très étendues (Midi-Pyrénées). Certaines sont très peuplées (Ile-de-France), d'autres beaucoup moins (Limousin). Certaines correspondent à d'anciennes provinces du royaume de France (Alsace), d'autres leur ressemblent mais leur tracé a été modifié (Bretagne) (doc. 2) ; d'autres encore sont des regroupements sans référence historique : on a rassemblé des départements voisins pour constituer des régions là où il n'en existait pas (Centre, Pays de la Loire…), parfois à partir de la zone d'influence d'une grande ville (Rhône-Alpes, autour de Lyon).

Les Français sont moins attachés à leur région qu'à leur département ou à leur commune. En effet, les régions sont plus récentes et leur action sont, aux yeux des habitants, plus éloignée de leur quotidien.

3 Le conseil régional Alsace

Chaque commune a son conseil municipal et chaque département son conseil général. De même, chaque région est organisée et dirigée par un conseil régional.

- Sur la carte 17, situe l'Alsace.
- Décris cette scène.
- Combien de personnes font partie du conseil régional d'Alsace : plus de 10 ? plus de 100 ?
- À ton avis, de quoi s'occupent-elles ?
- Et toi, dans quelle région vis-tu ? Combien de départements compte-t-elle ? Nomme-les en t'aidant de la carte 17. Quelle est la superficie de ta région ? sa population ? Calcule la densité de population moyenne.

4 Le budget de la région Centre

Interview. À quoi servent les impôts de la région ?
« Les ressources budgétaires de la Région proviennent pour moitié environ de l'État et pour moitié des impôts payés par les particuliers et les entreprises. Ces impôts permettent à la Région Centre d'exercer "les compétences" que lui reconnaît la loi : éducation et formation des hommes (construction et rénovation des lycées, entretien, équipement et fonctionnement, formation professionnelle et apprentissage), et aménagement du territoire (compétence générale par laquelle la Région intervient avec l'État ou d'autres collectivités, transport, économie, culture…). »

Interview du président de la région Centre, www.regioncentre.fr

Le conseil régional

Chaque région est dirigée par un conseil régional, dont les membres sont élus pour 6 ans au suffrage universel, par les habitants de la région (élections régionales) (doc. 3). Les conseils régionaux ont de plus en plus de responsabilités : ils s'occupent de l'enseignement (les lycées, la formation professionnelle…), des activités économiques (les ports, les entreprises dont ils peuvent favoriser le développement par des aides…), des transports (routes, autoroutes, trains régionaux).

Pour cela, ils disposent d'une partie des impôts locaux, des taxes sur les permis de conduire et les cartes grises, mais aussi de subventions de l'État (doc. 4).

LEXIQUE

- **les impôts locaux** : les impôts que les personnes et les entreprises versent à la commune, au département et à la région dans lesquels elles sont installées.
- **une taxe** : un impôt.

La France à différentes échelles

L'échelle d'une carte indique la proportion entre la carte et la réalité.

1 La commune d'Asprières

Asprières est un petit village de 712 habitants. Cette carte présente le village et les terres alentour. C'est une carte à grande échelle (1 cm sur la carte représente 200 m dans la réalité).

- Décris cette carte.
- Quelle est la distance entre l'église et l'école sur la carte ? dans la réalité ?
- Quelle partie de cette carte est visible sur la photographie page 138 ?
- Cette carte te permet-elle de te déplacer dans Asprières et ses alentours ?
- Te permet-elle de situer Asprières en France ?

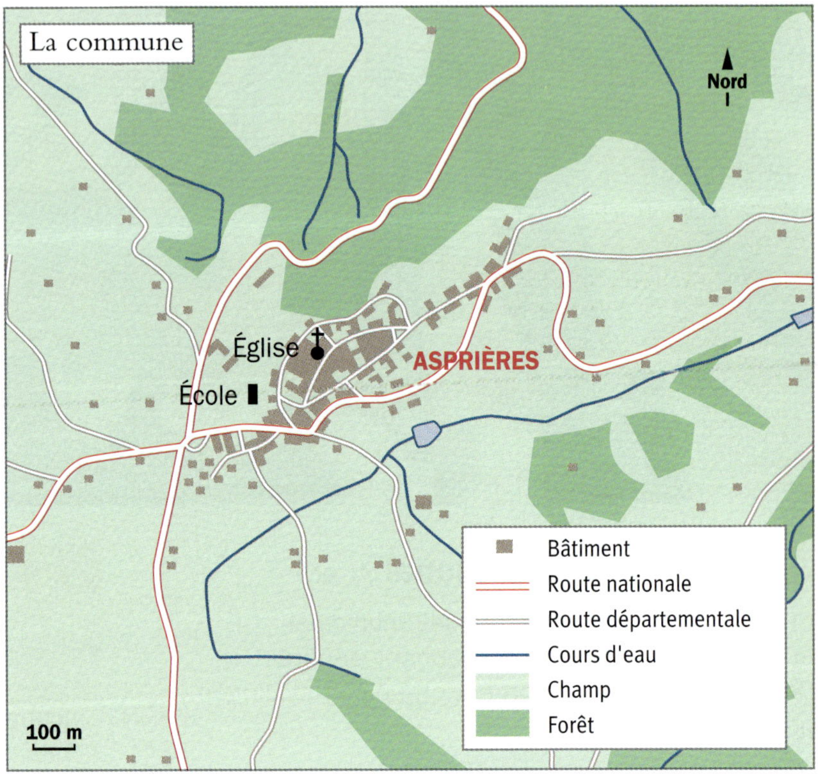

2 Le département de l'Aveyron

Asprières se trouve dans l'Aveyron. Cette carte présente l'ensemble du département. Elle est à plus petite échelle que la carte précédente : 1 cm sur la carte représente 10 km dans la réalité.

- Où se trouve Asprières dans l'Aveyron ?
- Où se trouve Asprières par rapport à Villefranche ?
- Quelle est la distance réelle :
  – entre Asprières et Decazeville ?
  – entre Asprières et Rodez ?
  – entre Asprières et Millau ?
- Quels éléments peut-on voir sur cette carte que l'on ne voit pas sur le plan à grande échelle ?
- Quels détails peut-on voir sur le plan à grande échelle que l'on ne peut pas voir sur cette carte ?

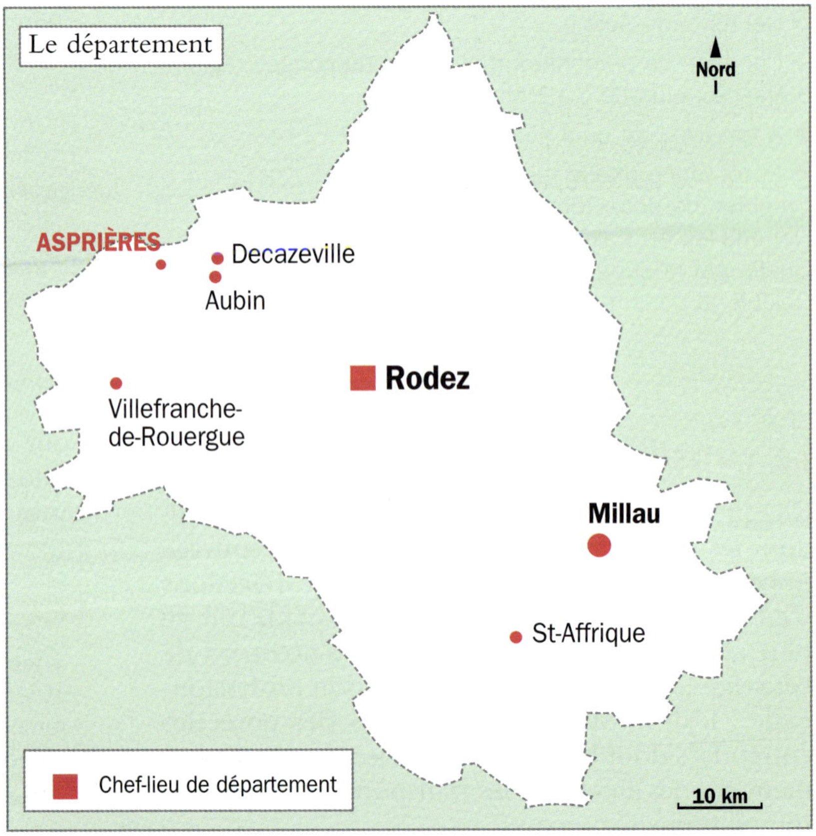

3 La région Midi-Pyrénées

Asprières se trouve dans la région Midi-Pyrénées. Cette carte de la région est à plus petite échelle encore : 1 cm sur la carte représente 30 km dans la réalité.

- Combien y a-t-il de départements en Midi-Pyrénées ?
- Comment s'appelle le chef-lieu de chacun d'eux ?
- Où se trouve Asprières en Midi-Pyrénées ?
- Quelle est la distance entre Asprières et Toulouse ?
- Quels éléments peut-on voir sur cette carte que l'on ne voit pas sur les deux précédentes ?
- Quels détails peut-on voir sur les deux précédentes que l'on ne peut pas voir sur cette carte ?

4 La France

Asprières est l'une des 36 000 communes de France. Cette carte présente le découpage du pays en régions, avec leurs capitales régionales. C'est donc une carte à plus petite échelle encore : 1 cm sur la carte représente 100 km dans la réalité.

- Où se trouve Asprières en France ?
- Quelle est la distance entre Paris et Asprières ?
- En quoi les cartes de cette leçon sont-elles complémentaires ?
- Si l'on représentait la carte de France à la même échelle que la première carte (1 cm = 200 m), quelle distance y aurait-il, sur la carte, entre Paris et Asprières ?
- Que penserais-tu d'une carte de France à l'échelle d'1 cm pour 200 m ?

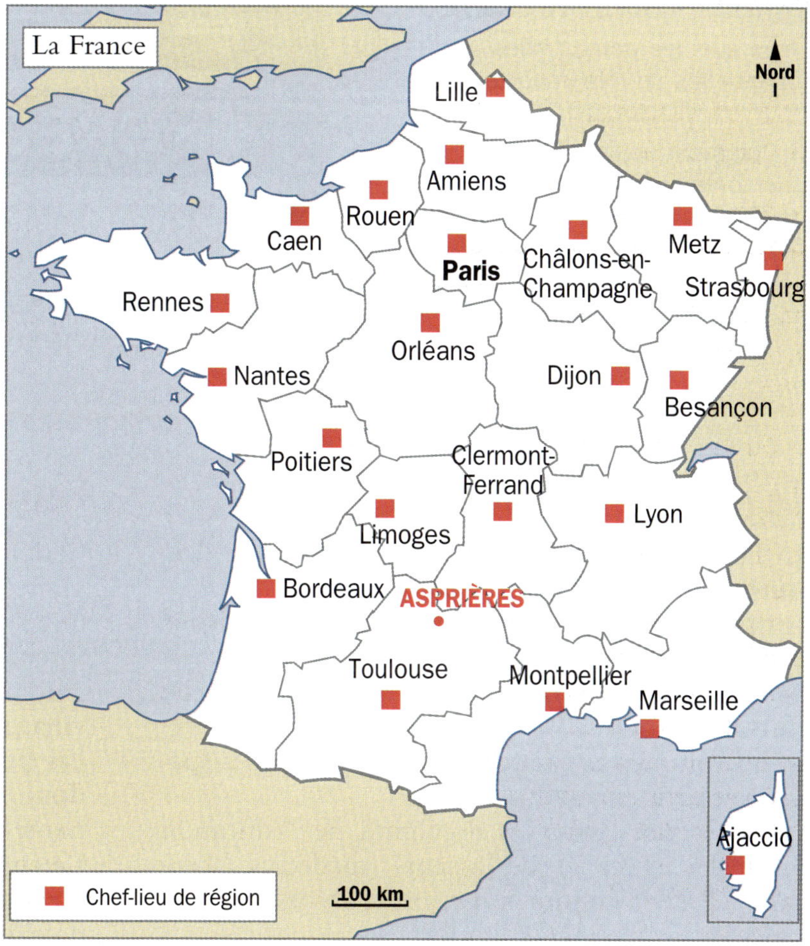

51 Les petites villes et leur pays

1 Les petites villes

Presse spécialisée. Les « petites villes » sont des communes de 3 000 à 20 000 habitants. Elles sont au nombre de 2 458 en France métropolitaine. Elles possèdent notamment les équipements (lycée, hôpital) que les habitants des communes périphériques ne trouvent pas chez eux. Les petites villes jouent donc un rôle essentiel dans la vie locale : elles concentrent les services et les commerces les plus courants.

D'après P. Bessy et Y. Sicamois, « Portrait des petites villes », *INSEE Première* n° 572, mars 1998

- D'après cet article, quelle est la taille d'une petite ville ?
- Combien y en a-t-il en France ?
- En quoi les petites villes jouent-elles un rôle important pour les villages alentour ?
- Comment appelle-t-on une commune de moins de 2 000 habitants ?
- Retrouve dans ton manuel combien il y a de villages en France.

2 Les équipements d'une petite ville

- Parmi ces équipements, lesquels trouve-t-on dans certains villages ?
- Lesquels ne peuvent exister que dans les villes ? Pourquoi ?

Les petites villes

La France possède près de 4 000 villes, parmi lesquelles des petites villes. On y trouve :
- des habitations (immeubles collectifs, maisons individuelles, lotissements) ;
- des emplois (artisanat, usines, emplois de bureau…) ;
- des commerces (marchés, petites boutiques spécialisées, supermarchés…) ;
- des services dans les domaines de l'éducation (collèges, lycées…), de la santé (médecins, hôpitaux…), de la culture et des loisirs (bibliothèques, cinémas, équipements sportifs…) (doc. 1).

Leur « pays »

Certains villages ne disposent d'aucun commerce et service, d'autres ont simplement une boulangerie, une épicerie ou une école… Mais pour acheter des vêtements ou des livres, consulter un médecin, entreprendre des démarches administratives… les villageois doivent se rendre dans une ville proche.
Les petites villes, nombreuses en France, exercent donc une attraction sur les campagnes environnantes : c'est ce que l'on appelle leur « pays ». L'étendue de ce « pays » varie suivant la nature des équipements qu'elles possèdent et des services qu'elles offrent (doc. 2).

1

3 Des actions communes

Depuis 1970, la petite ville de Faulquemont (5 551 habitants), en Moselle, s'est associée aux communes voisines pour réaliser certains équipements coûteux.

- Sur la carte 13, situe Faulquemont.
- En comparant cette carte à la carte 17, trouve dans quelle région cette ville est située.
- La construction de la piscine de Faulquemont a coûté 3 millions d'euros. Les frais ont été répartis sur les 19 000 habitants de ces communes : calcule quelle a été la contribution moyenne de chacun.
- Calcule quelle aurait été la contribution de chaque habitant de Faulquemont si la ville avait, seule, construit cette piscine.

Des relations en constante évolution

Les relations entre les petites villes et leur « pays » sont anciennes. Autrefois, les villageois s'y rendaient pour y vendre leurs produits et y faire leurs achats les jours de marché. De nos jours, les déplacements vers ces petites villes sont devenus plus courants. En effet, le développement des transports (routes au lieu des chemins, essor des véhicules à moteur : voitures, deux roues...) facilite les trajets.

Les petites villes se développent et s'équipent pour répondre non seulement aux besoins de leurs habitants mais aussi à ceux des campagnes environnantes : transports en commun (bus, cars...), supermarchés ou centres commerciaux, équipements sportifs et culturels...

Les communes d'un même « pays » s'associent parfois pour réaliser certains projets : elles prennent les décisions ensemble et partagent les frais, notamment quand ils sont importants (doc. 3).

LEXIQUE

- **un bourg** : une petite ville de moins de 3 000 habitants.

DOSSIER

Argentat et son pays

Argentat est une petite ville de Corrèze : elle compte 3 125 habitants.

1 Une petite ville et des villages

Le titre, l'orientation, l'échelle

- Sur la carte 13 de l'atlas, situe Argentat.
- Que représente cette carte ?
- Où se trouve le nord ?
- Quelle est la distance entre Argentat et La-Chapelle-Saint-Géraud ?

La carte

- Sur la carte ci-contre, trouve et nomme les villes et villages situés autour d'Argentat.
- Combien chacun compte-t-il d'habitants ?
- Ces communes sont-elles des villes ou des villages ?

2 Des magasins et des services

Chaque équipement, chaque commerce présent dans l'une des villes ou l'un des villages est représenté par un petit dessin. Par exemple, il y a 7 médecins à Argentat.

- Quels magasins d'alimentation trouve-t-on à Argentat ? à Montceaux-sur-Dordogne ? à Saint-Martial-Entraygues ?
- Où trouve-t-on un médecin ? une pharmacie ?
- Que doit faire un habitant de Saint-Martial-Entraygues pour acheter du pain ? pour acheter des vêtements ?
- Où un élève de Montceaux-sur-Dordogne va-t-il à l'école ? au collège ? et un élève de Saint-Martial-Entraygues ?
- Fais la liste des services et commerces que l'on trouve seulement à Argentat.
- En quoi la ville d'Argentat est-elle importante pour les villages alentour ?
- Énumère tout ce qu'une famille de Saint-Martial-Entraygues peut faire quand elle se rend à Argentat.

3 Un réseau de routes en étoile

- Combien de kilomètres séparent Montceaux-sur-Dordogne d'Argentat ?
- Est-il facile de se rendre de Saint-Chamand à Argentat ? de Montceaux-sur-Dordogne à Argentat ?

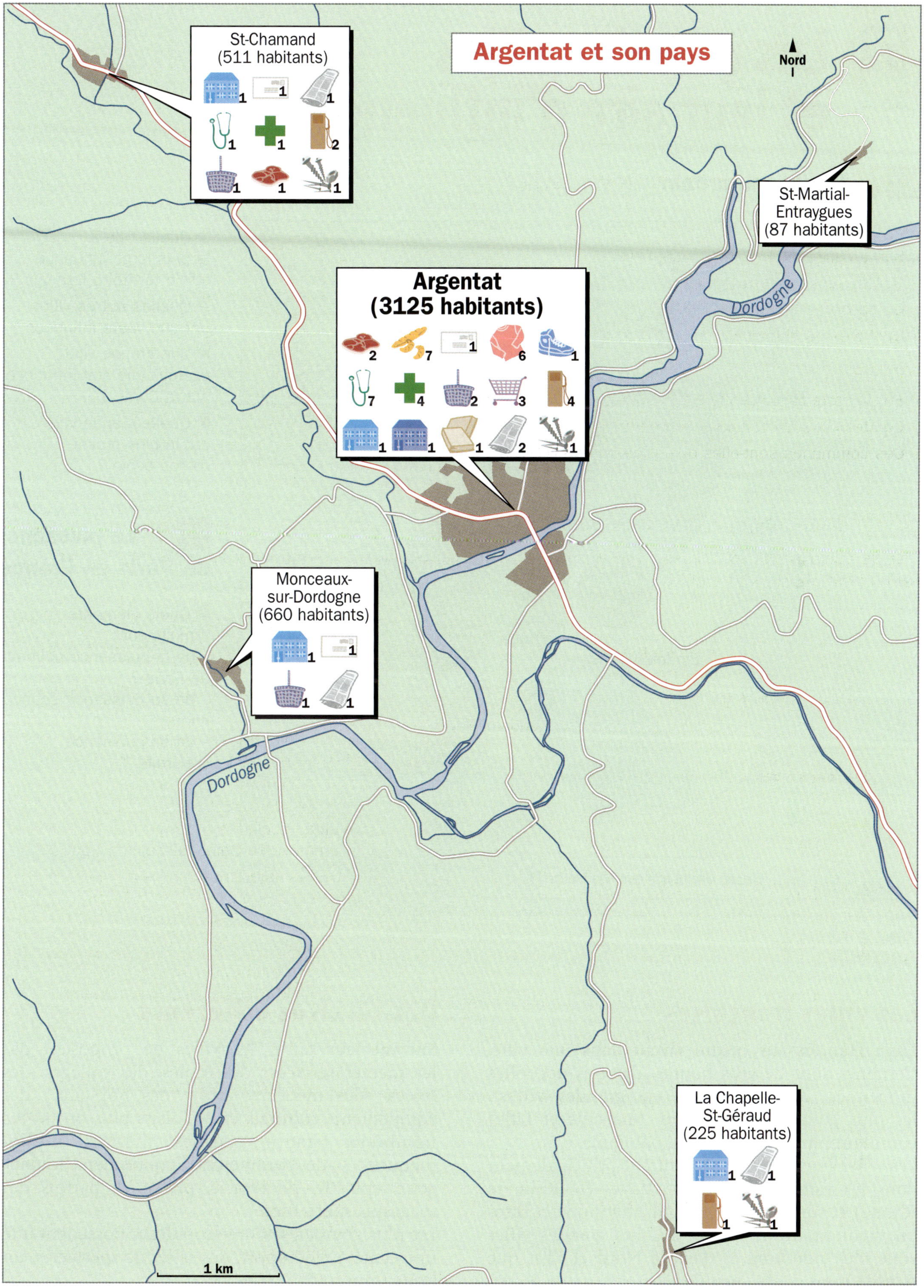

Argentat et son pays
Nord
St-Chamand
(511 habitants)
St-Martial-
Entraygues
(87 habitants)
Argentat
(3125 habitants)
Dordogne
Monceaux-
sur-Dordogne
(660 habitants)
Dordogne
La Chapelle-
St-Géraud
(225 habitants)
1 km

52 Les grandes villes et leur aire d'influence

1 Le réseau urbain

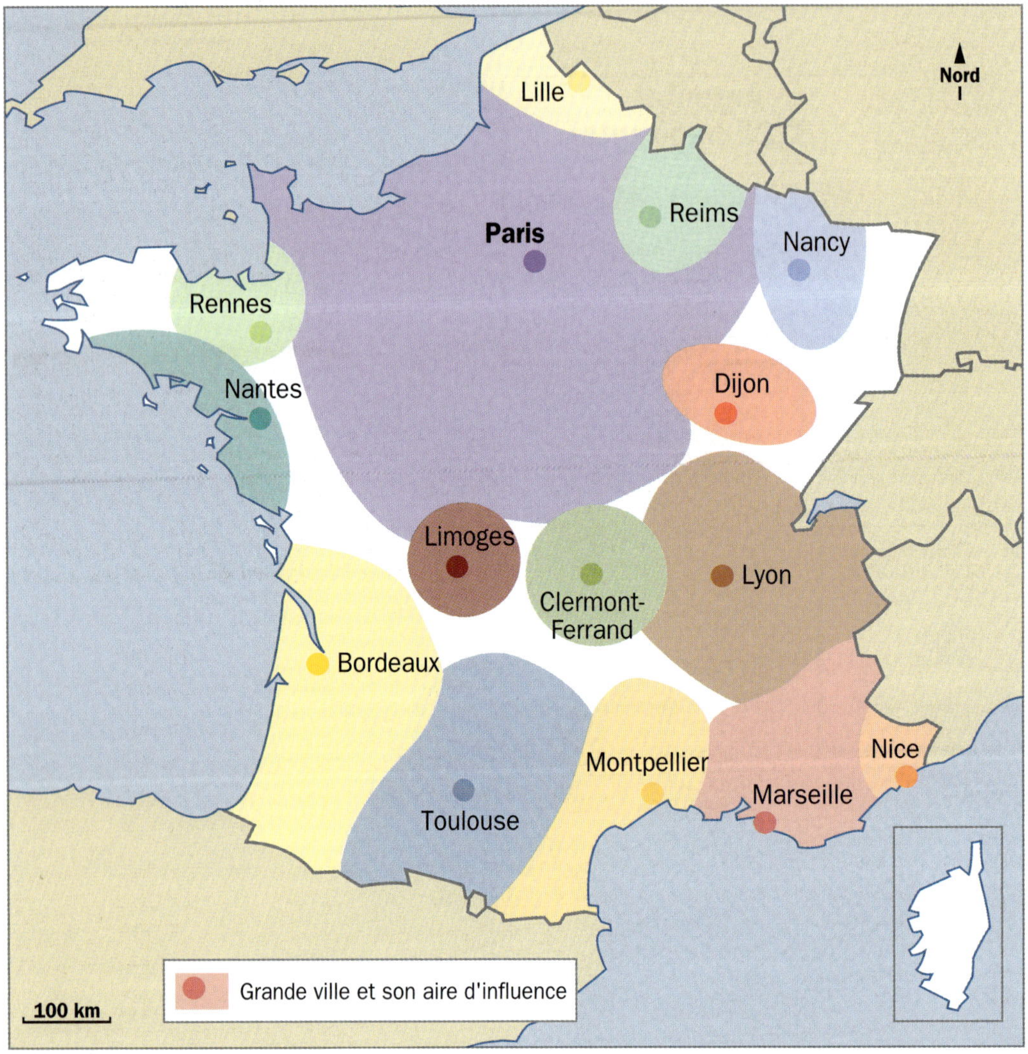

- Quelle ville a la plus large influence sur le territoire français ?
- Quelles autres villes ont une vaste influence ?
- Une grande ville exerce-t-elle son influence sur la Corse ?
- Quelle grande ville est la plus proche de ton école ?

2 La puissance de Paris en France

- Quels éléments témoignent :
  – de la puissance politique de Paris ?
  – de sa puissance économique ?
  – de sa puissance culturelle ?

Les villes françaises

Trois Français sur quatre vivent dans une ville. Certaines sont de gros bourgs, d'autres des villes moyennes, d'autres encore de grandes villes : les plus grandes (Paris, Lyon, Marseille et Lille) comptent plus d'un million d'habitants.

Les villes françaises se concentrent principalement dans les vallées des grands fleuves (le Rhin, le Rhône) et sur les côtes (littoral Atlantique et littoral méditerranéen) (carte 13). Les grandes villes sont plus nombreuses dans le Nord et l'Est que dans l'Ouest, moins peuplé.

Des services différents

Suivant leur taille, les villes ne proposent pas les mêmes services : des écoles, des collèges, des lycées ; des médecins, voire des hôpitaux ; des équipements culturels et de loisirs plus ou moins nombreux (stades, piscines, théâtres, bibliothèques…) ; des commerces du quotidien (boulangerie, épicerie, pharmacie, presse…), parfois des magasins spécialisés.

Les plus grandes, les « métropoles », possèdent une université, un aéroport, des salles de spectacles, un stade important… (doc. 3)

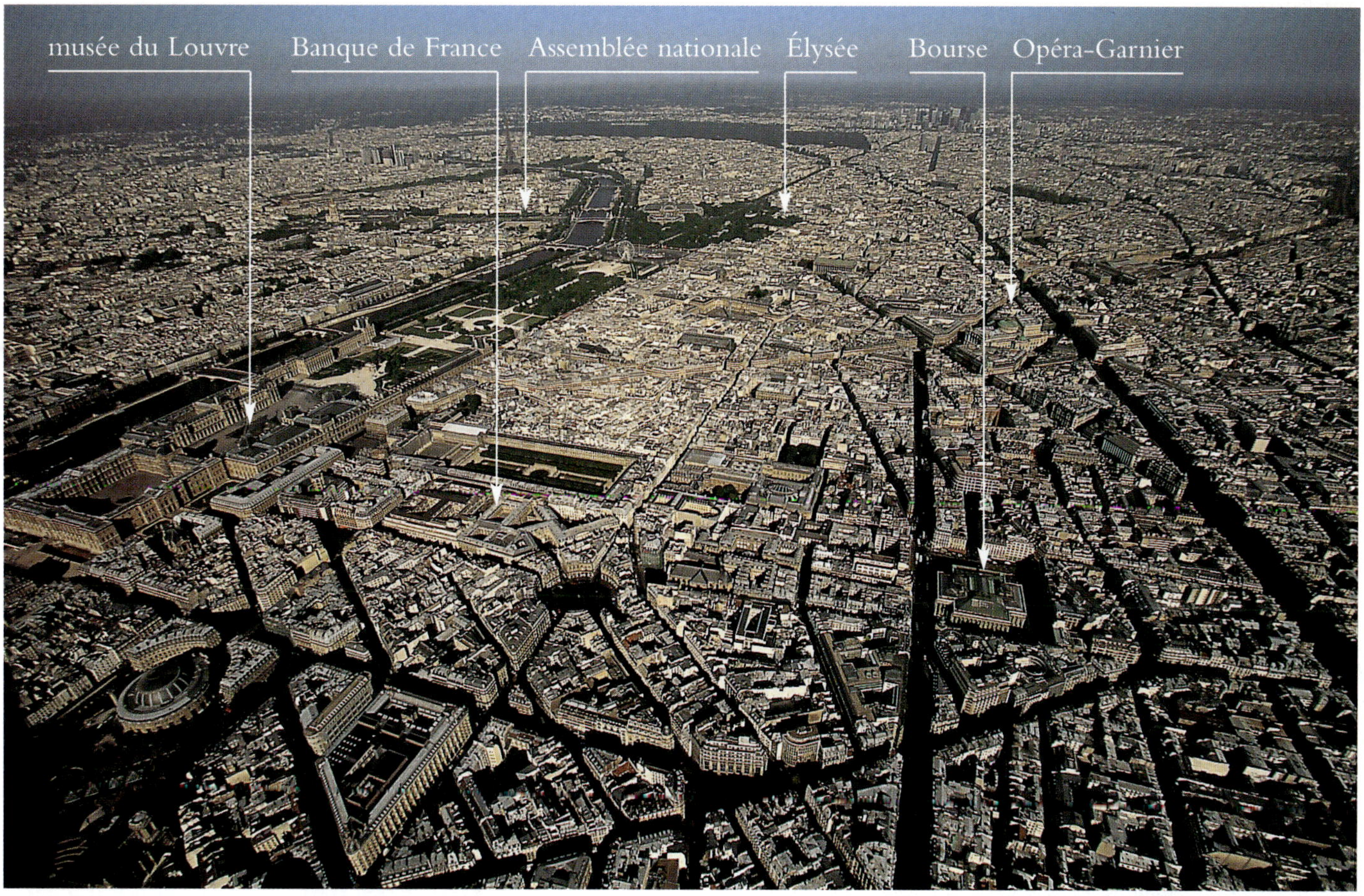

3 Des services différents

- Combien de communes y a-t-il en France ?
- Combien y a-t-il d'écoles ? de boulangeries ?
- Toutes les communes ont-elles une boulangerie ? Justifie ta réponse.
- Classe les services du plus courant au moins courant.
- Que font les élèves qui n'ont pas d'école dans leur commune ?

Mairies	36 000
Écoles élémentaires	43 000
Collèges	6 500
Lycées	3 500
Boulangeries	42 000
Épiceries	18 000
Pharmacies	23 000
Bureaux de poste	17 000
Grandes surfaces	5 000
Gares	4 500
Aéroports	300

Le réseau urbain

Les villes françaises fonctionnent en réseau : les habitants des villages cherchent d'abord près de chez eux ce dont ils ont besoin, puis ils se tournent vers la petite ville la plus proche, puis vers une grande ville plus éloignée, au fur et à mesure de besoins plus spécifiques.

Les grandes métropoles concentrent de nombreuses activités économiques, commerciales, administratives et culturelles : elles exercent donc leur attrait sur une vaste région (doc. 1).

Avec plus de 10 millions d'habitants, mais aussi les principales institutions politiques et de nombreuses activités économiques et culturelles, Paris et sa région dominent largement la France (dossier pp. 174-175).

LEXIQUE

- **une métropole** : une ville qui est la capitale d'une région, à ne pas confondre avec « la métropole », terme qui désigne le territoire français qui se trouve en Europe, par opposition aux Dom-Tom.

DOSSIER

Paris, l'Ile-de-France et la province

1 Un petit espace

2 Une population importante

3 Toutes les institutions nationales

4 De nombreuses entreprises

5 L'essentiel de l'information

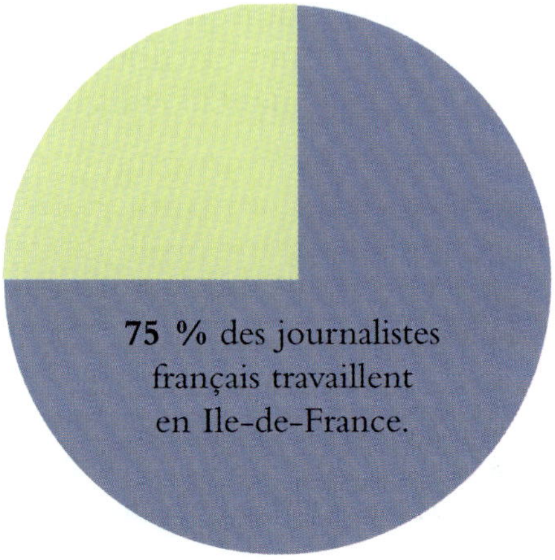

- Dresse un tableau général de la situation : la place de Paris et de sa région dans l'ensemble de la France.
- En t'aidant des pages 158 à 165, trouve et nomme différentes institutions qui ne se trouvent pas à Paris.
- À ton avis, pourquoi les grandes entreprises sont-elles nombreuses à avoir leur siège social à Paris et dans la région ?
- À ton avis, pourquoi la grande majorité des journalistes français sont-ils installés à Paris et en Ile-de-France ?
- Quelles conséquences cela peut-il avoir sur l'information et sur la vision de la France qu'ils donnent ? Argumente ta réponse.

6 Les plus grands aéroports

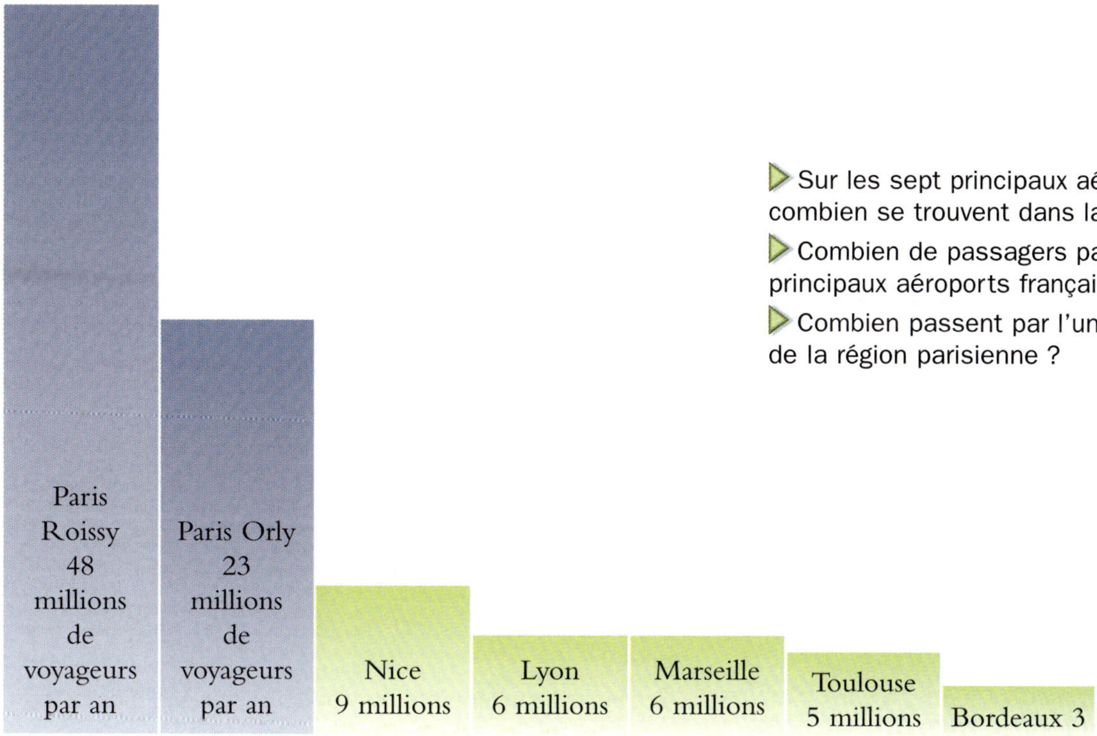

▷ Sur les sept principaux aéroports français, combien se trouvent dans la région parisienne ?

▷ Combien de passagers passent par les sept principaux aéroports français chaque année ?

▷ Combien passent par l'un des aéroports de la région parisienne ?

7 De grands atouts culturels

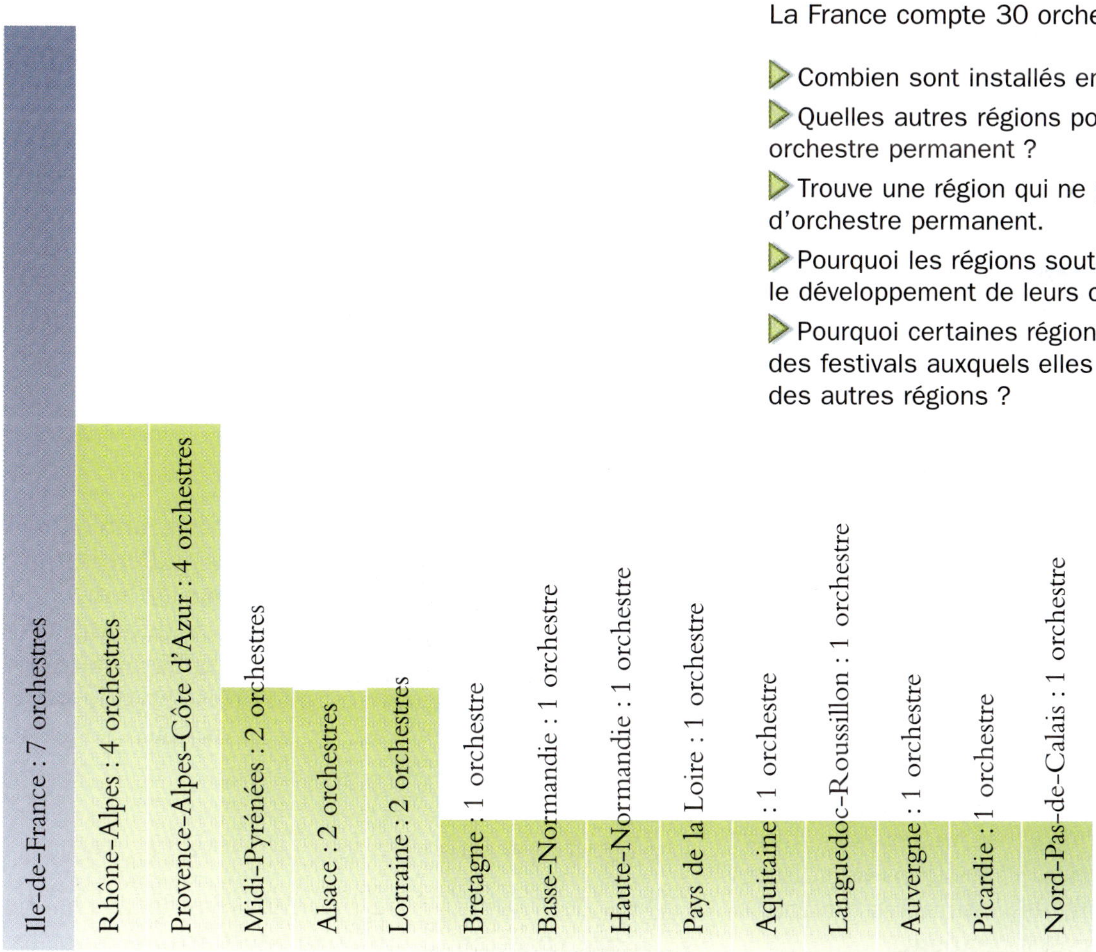

La France compte 30 orchestres « permanents ».

▷ Combien sont installés en région parisienne ?

▷ Quelles autres régions possèdent plus d'un orchestre permanent ?

▷ Trouve une région qui ne possède pas d'orchestre permanent.

▷ Pourquoi les régions soutiennent-elles le développement de leurs orchestres ?

▷ Pourquoi certaines régions organisent-elles des festivals auxquels elles invitent les orchestres des autres régions ?

53 Les grands axes de communication

1 Le transport des personnes

Voitures	84 %
Train	9 %
Autobus, autocars	5 %
Avion	2 %

- Quel moyen de transport les Français préfèrent-ils pour leurs déplacements ?
- Quels sont les avantages de ce mode de transport par rapport au train ?
- Quels sont les avantages de ce mode de transport par rapport à l'avion ?

2 Le transport des marchandises

Camion	78 %
Train	13 %
Oléoducs	6 %
Péniche	3 %

- Quel moyen de transport est le plus utilisé pour les marchandises en France ?
- Quels sont les avantages de ce mode de transport par rapport au train ? par rapport à la navigation ?
- Pourquoi utilise-t-on si peu l'avion pour le transport des marchandises ?

3 La croissance du trafic routier

Presse. Loin de se réduire, le trafic routier ne cesse de croître. C'est particulièrement vrai du transport par camion. À cela, il y a de très bonnes raisons : le transport routier est peu coûteux ; il est d'une souplesse parfaite et d'une grande sécurité pour les biens transportés alors que le chemin de fer, qui nécessite transbordements et concentration dans les gares de triage, est plus lent, plus contraignant et moins sûr pour le chargeur.

D'après *Le Nouvel Observateur*, septembre 2000

- Pourquoi le transport routier des marchandises croît-il ?
- Quels inconvénients du transport par chemin de fer l'auteur souligne-t-il ?
- Quels sont les inconvénients du transport par la route ?

4 Les grands axes de transports

Le Rhône

- Sur la carte 18, situe le Rhône.
- Cette photographie a-t-elle été prise au sol ou s'agit-il d'une vue aérienne ? Justifie ta réponse.
- Quels moyens de transport visibles sur cette photographie permettent de transporter des marchandises ? des personnes ? les deux ?

La domination de la route

La route n'est pas le mode de déplacement le plus rapide ni le moins coûteux, il est en outre l'un des plus polluants, mais il permet d'accéder directement à destination. C'est ce qui explique qu'il est le mode de transport privilégié des Français, aussi bien pour le transport des personnes (voitures) que pour celui des marchandises (camions) (doc. 1, 2 et 3).

La France possède un vaste réseau routier, qui se compose de routes départementales, de routes nationales et d'autoroutes. 30 millions de voitures et 6 millions de véhicules utilitaires (autobus, camions, camionnettes…) y circulent.

Les transports ferroviaires

La France est bien équipée en voies ferrées. Elle possède un long réseau en pleine modernisation, parcouru par 14 000 trains par jour, en moyenne. Le TGV (train à grande vitesse) se développe et représente déjà 40 % des transports ferroviaires de passagers. Mais le train est peu utilisé pour le transport des marchandises, et le ferroutage se développe lentement (doc. 1, 2 et 3).

Les transports aériens intérieurs

Près de 3 millions de personnes voyagent chaque année en avion, à l'intérieur du territoire français.

Seules les villes importantes possèdent un aéroport : la France compte seulement 323 aéroports, et les voyageurs doivent souvent effectuer de longs trajets avant d'atteindre un aéroport.

Des réseaux en étoile

Les grands réseaux de transport en France relient bien Paris au reste du territoire national. Ils forment de grands axes, comme celui qui relie Le Havre, Paris, Lyon et Marseille (doc. 4), mais surtout se disposent en étoile autour de la capitale (carte 18).
Les liaisons directes entre les régions sont moins développées (il faut souvent transiter par Paris) mais on crée progressivement des liaisons directes entre les régions et la situation s'améliore peu à peu.

LEXIQUE

- **un axe de communication** : un ensemble de moyens de transport groupés (route, rail, voie d'eau...) et allant dans la même direction.
- **le ferroutage** : le déplacement de camions par le train.
- **un réseau** : un ensemble de voies de communication (routes ou voies ferrées) reliées entre elles.

La carte routière

Une carte routière indique les différents types de routes qui traversent une région et permet de s'orienter quand on se déplace en voiture.

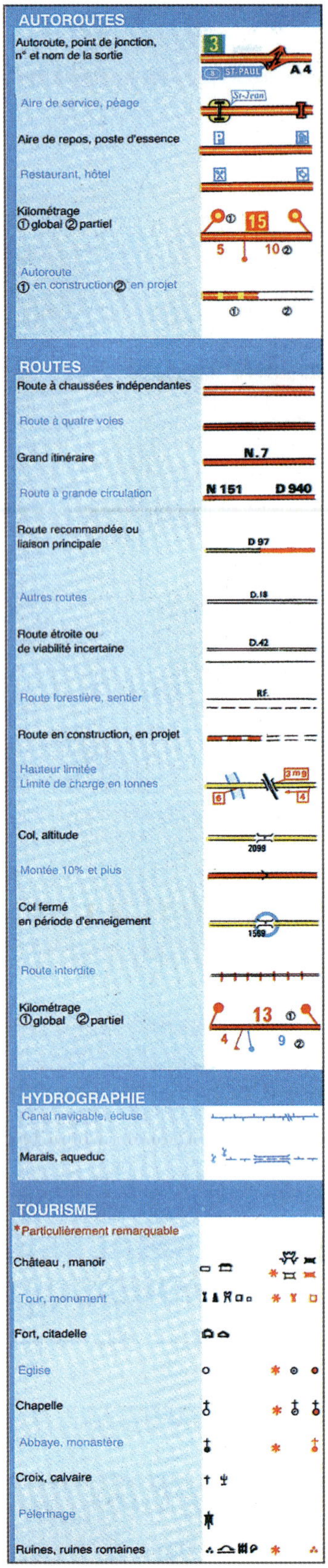

1 Lire la carte

Le titre, l'orientation, l'échelle, la légende

▷ Que représente cette carte ?

▷ Sur la carte ci-contre, le nord est vers le haut.
Nomme une ville ou un village situé à l'ouest de la carte.

▷ Cette carte est à une échelle 1/250 000 ?
Calcule la distance entre La Flèche et Luché-Pringé ?
Quelle grande ville se trouve à 30 km au nord de Luché-Pringé ?

▷ Découvre la légende. Comment les églises sont-elles représentées ?

La carte

Sur une carte routière figurent les villes et les villages, les routes, mais aussi des indications sur l'environnement.

▷ Quelle rivière passe par La Flèche ?

2 Se déplacer avec la carte

Les autoroutes possèdent deux noms : un nom français qui commence par A comme Autoroute, et un nom européen qui commence par E comme Europe.

▷ Sur cette carte, comment les autoroutes sont-elles représentées ?
Quelles autoroutes traversent cette région ? Quelles villes relient-elles ?

Les routes nationales, plus petites, ont un nom qui commence par N.
Les routes départementales, plus petites encore, ont un nom qui commence par D.
Le sigle GR indique les chemins de grandes randonnées, sur lesquels on ne peut pas circuler en voiture.

▷ Quelle route nationale passe par La Flèche ?
Comment est-elle représentée ?

▷ Quelles routes départementales passent par La Flèche ?
Comment sont-elles représentées ?

▷ Quelle route prendrais-tu pour aller de La Flèche au Mans ?
de Le Lude à Écommoy ?

Les nombres en rouge le long des routes indiquent les distances en kilomètres entre deux villes.

▷ Avec l'échelle, calcule la distance « à vol d'oiseau » entre Le Lude et l'autoroute.

▷ Avec les distances en rouge, calcule la distance à parcourir pour aller de Le Lude à l'autoroute en voiture.

▷ Pourquoi la distance à parcourir par la route est-elle plus longue que la distance « à vol d'oiseau » ?

La carte routière du sud de la Sarthe

54 Les fleuves français, axes de communication

1 Cinq grands fleuves

Fleuves	Source	Longueur	Embouchure
Seine	Plateau de Langres (Côte-d'Or)	775 km	Estuaire sur la Manche
Loire	Mont Gerbier-de-Jonc (Ardèche)	1 020 km	Estuaire sur l'Atlantique
Garonne	Pic d'Aneto (Espagne)	575 km	Estuaire sur l'Atlantique
Rhône	Saint-Gothard (Suisse)	800 km	Delta sur la mer Méditerranée
Rhin	Les Alpes de Grisons (Suisse)	1 325 km	Estuaire sur la mer du Nord

▷ Sur la carte 18, situe chacun de ces fleuves, son cours et son embouchure.

▷ Lequel de ces fleuves est le plus proche de chez toi.

2 Des axes de communication

Presse. La péniche (et surtout le convoi poussé de 4 000 à 5 000 tonnes) est de deux à sept fois moins cher que la route et six fois moins que le rail. Le poids lourd de 36 tonnes émet 160 grammes de gaz carbonique par tonne par kilomètre en cas de trafic encombré, le bateau fluvial une trentaine. Enfin, un convoi de barges de 4 400 tonnes équivaut à 4 trains complets ou à 220 camions. Au premier semestre 2004, l'activité a enregistré une hausse de 4,4 % par rapport à la même période de 2003.

D'après F. Grosrichard, *Le Monde*, 16 novembre 2004

▷ D'après ce texte, quels sont les avantages du transport fluvial ?

▶ À ton avis, quels en sont les inconvénients ?

3 Exploitation et aménagements

La Loire à Nantes, pont de Chevire

▷ Sur la carte 18, situe la Loire et la ville de Nantes.

▷ Décris ce paysage : le fleuve, ses rives, le pont, la ville…

▷ Quels moyens de transport sont visibles sur cette photographie ?

▷ Quelle partie de ce paysage est :
– un paysage urbain d'habitation ?
– un paysage industriel ?
– un paysage des transports ?

Cinq grands fleuves

La France compte cinq grands fleuves : la Seine, la Loire, la Garonne, le Rhône et le Rhin (doc. 1 et carte 18). Ils diffèrent :
– par leur situation géographique (la Seine et la Loire se trouvent entièrement en France ; les autres traversent les pays voisins) ;
– par leur cours (le Rhône a un fort débit et un cours agité, la Loire est un fleuve tranquille en été mais connaît des crues brutales et dramatiques…) ;
– par leur source (qui se trouve sur un plateau pour la Seine, dans les montagnes pour les autres) et leur embouchure (qui prend la forme d'un delta marécageux pour le Rhône, d'un estuaire pour les autres).

Exploitation et aménagements

De tout temps, les populations se sont installées en grand nombre le long des fleuves, qu'elles ont exploités : eau pour approvisionner les villages et les villes et pour irriguer les champs, pêche, voie de communication et axe de commerce, force du courant pour produire de l'électricité…
Les populations ont aménagé les fleuves et leurs abords : des berges et des quais pour accéder aux bateaux, des digues et des barrages pour limiter les crues ou réguler le cours des fleuves, des ponts pour les traverser, des écluses et des systèmes de balisage pour faciliter la navigation et, plus récemment, des aires de loisirs et des zones de protection de l'écologie (doc. 3).

Depuis des siècles, on construit des ponts pour franchir les fleuves.

Des usines utilisent l'eau pour refroidir et nettoyer leurs installations.

Les villes sont nombreuses le long des fleuves. Elles s'y approvisionnent parfois en eau.

Les berges ont été aménagées, sécurisées et bétonnées.

Des aménagements (quais, grues…) permettent de charger et décharger les marchandises sur les bateaux.

Des axes de communication

Les fleuves français sont navigables là où ils sont suffisamment profonds, réguliers et pas trop puissants, ce qui a, par endroits, nécessité d'importants aménagements.
Ces fragments de fleuves mais aussi quelques rivières et des canaux artificiels constituent le réseau fluvial français. Celui-ci n'est pas très important et est inégal : il se concentre essentiellement dans le nord-est du pays (carte 18).
Près de 2 000 péniches et quelques gros navires marchands, qui peuvent remonter les estuaires jusqu'à Nantes et Rouen, y circulent. Ils transportent des marchandises en vrac (blé, sable, gravier…) (doc. 2).

LEXIQUE

- **le débit d'un fleuve** : le volume d'eau qui s'en écoule (en mètres cubes par seconde).
- **un canal** : un cours d'eau creusé par les hommes pour permettre la circulation des bateaux.
- **un delta** : l'embouchure d'un fleuve qui se termine en marais ou en de multiples bras.
- **une écluse** : un système qui permet de retenir l'eau d'une rivière ou de laisser passer les bateaux.
- **un estuaire** : l'embouchure d'un fleuve dans laquelle la marée monte et descend.
- **un fleuve** : une rivière qui se jette dans la mer.
- **navigable** : sur lequel les bateaux peuvent naviguer.

55 Les axes d'ouverture sur le monde

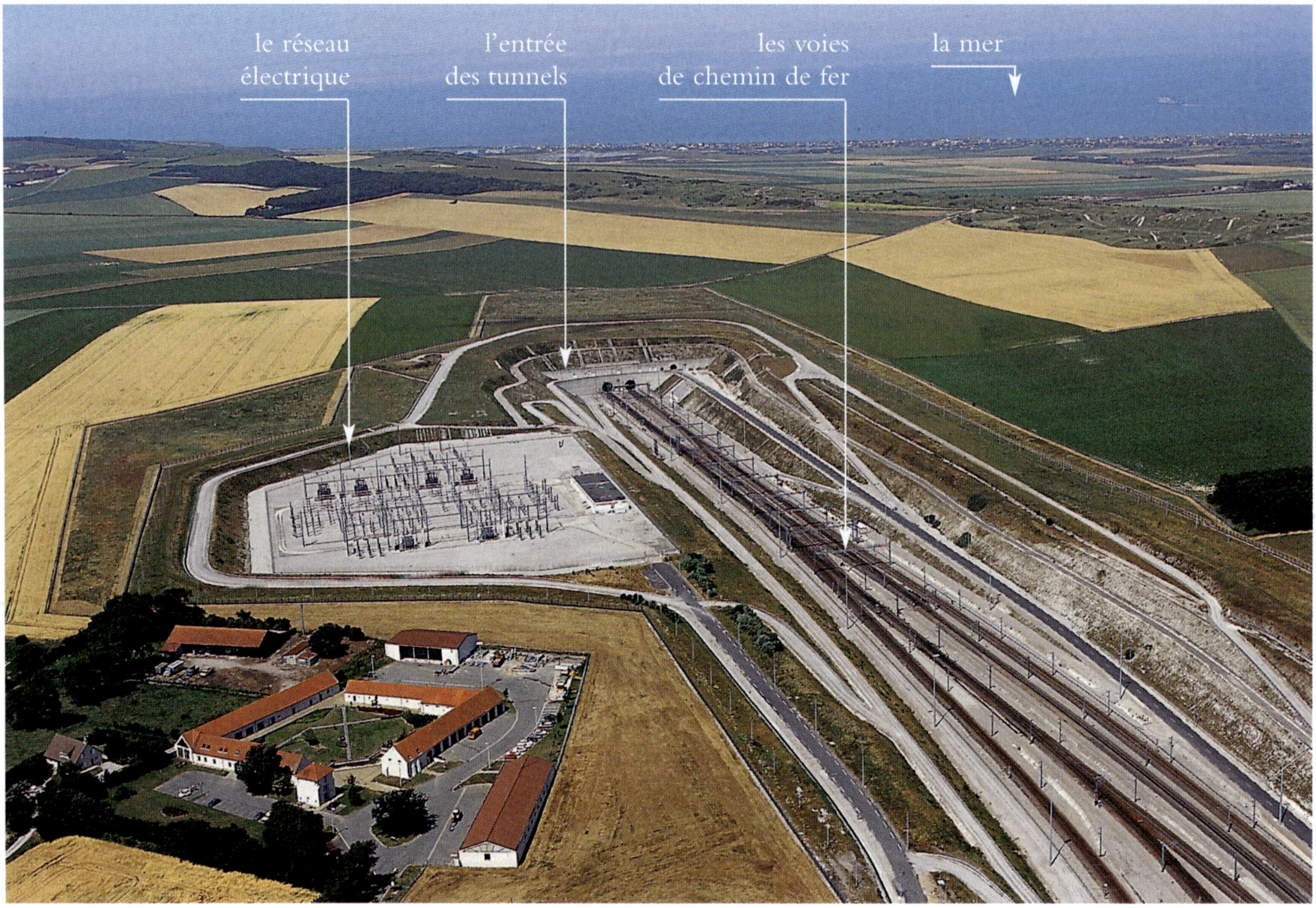

1 Les voies terrestres et sous-marines Tunnel sous la Manche

- Sur les cartes 11 et 18, situe le tunnel sous la Manche. Sais-tu à quel pays il relie la France ?
- Décris ce paysage : les champs, la mer, les bâtiments, l'entrée du tunnel, les équipements…
- Quelles autres moyens de transport permettent de traverser la Manche ?

Les voies terrestres vers l'Europe

Le réseau des transports terrestres français est raccordé à ceux des pays voisins, ce qui permet de se rendre facilement à l'étranger :
– les autoroutes françaises sont connectées à celles des pays frontaliers (par exemple, une autoroute relie directement Paris à Bruxelles, en Belgique) ;
– les voies de chemins de fer françaises et européennes sont raccordées (par exemple, des liaisons TGV relient les grandes villes françaises à certaines capitales européennes comme Londres, Bruxelles et Amsterdam) (cartes 11 et 18).

La connexion entre le réseau de transports français et étrangers a nécessité des travaux importants : il a fallu creuser des tunnels dans les montagnes (tunnel sous le mont Blanc) ou sous la mer (tunnel sous la Manche) et harmoniser la largeur des voies ferrées entre la France et l'Espagne pour la mise en place d'un TGV reliant Paris et Madrid (doc. 1).

Des aéroports internationaux

Pour les longs trajets, l'avion demeure le moyen de transport le plus employé car le plus rapide. La France possède 7 grands aéroports internationaux,

← 2 Des aéroports internationaux

Chargement du courrier, aéroport de Roissy

▷ Sur la carte 18, situe l'aéroport de Roissy. Trouve et nomme les autres aéroports internationaux.

▶ Pourquoi, sur de grandes distances, transporte-t-on le courrier par avion et non par bateau ?

▶ À ton avis, pourquoi transporte-t-on également par avion : les mangues ? les téléphones portables ?

↓ 3 Des ports internationaux

Texte de géographe. Au bord des quais, les grues puisent les ballots dans les cales, extraient, à des vitesses impressionnantes, des tonnes de produits en vrac (charbon, farines, blé et soja). Des bandes transporteuses évacuent les produits vers les aires de stockage situées en arrière. De grands portiques transportent les conteneurs. En arrière des quais s'ordonnent les entrepôts où l'on stocke la marchandise, les espaces pour les automobiles exportées ou importées et ceux consacrés à l'entreposage des conteneurs.

D'après A. Miossec, *Les Littoraux entre nature et aménagement*, SEDES, 1998

▷ Décris avec tes propres mots ce port.

d'où l'on peut se rendre à l'étranger. Pour faciliter l'accès à ces aéroports, on les a reliés aux autoroutes, aux voies de chemins de fer régionaux et de TGV : ce sont de véritables carrefours de communications (doc. 2, carte 18 et dossier pp. 192-193).

Des ports internationaux

Les transports maritimes sont le principal moyen d'échanges de marchandises sur de longues distances : ils sont moins coûteux que l'avion et plus pratiques que le train ou la route, qui traversent de nombreuses frontières. La France possède de grands ports de commerce (Marseille, Le Havre, Dunkerque, Nantes-Saint-Nazaire), bien raccordés aux voies terrestres, ce qui permet de récupérer dans le pays les marchandises à exporter et de distribuer les marchandises importées. L'usage des conteneurs facilite le transfert des produits des navires aux camions et aux trains (doc. 3 et carte 18).

LEXIQUE

- **exporter** : vendre à l'étranger.
- **frontalier** : voisin, qui a une frontière commune.

56 Les réseaux de communication

1 Les outils de la communication moderne

▷ Lequel de ces outils utiliserais-tu pour :
- envoyer un dessin ?
- réserver une place de cinéma ?
- envoyer un message à une personne ?
- discuter sur un livre que tu viens de lire ?
- consulter les livres disponibles dans une bibliothèque ?

De nouveaux outils

Pour communiquer et échanger des informations, les hommes ont inventé des moyens de plus en plus performants qui leur évitent de se déplacer. Depuis plus d'un siècle, ils peuvent converser à distance en utilisant le téléphone. Depuis vingt ans, ils disposent de nouveaux outils (doc. 1 et 2) :
- le téléphone portable, qui permet de joindre quelqu'un à tout instant, où que l'on se trouve ;
- le fax (ou télécopie), qui permet d'envoyer ou de recevoir instantanément la copie d'une feuille par le biais du téléphone ;
- le réseau Internet, qui permet d'envoyer des textes et des images d'un ordinateur à un autre, de consulter des banques de données, de lire des livres, d'écouter de la musique, de voir des films, de passer des commandes ;
- le Minitel, qui sert d'annuaire électronique et permet de chercher des informations, de réserver des places de théâtre, des billets de train ou d'avion, de passer une commande…

2 Les outils de la communication moderne

Témoignage. Les personnes qui ont réalisé ce manuel habitent aux quatre coins de la France et aussi, pour l'un d'entre eux, à l'étranger. Autrefois, pour faire un manuel scolaire, les auteurs devaient se rencontrer des dizaines de fois : c'était difficile et très coûteux (billets de train, billets d'avion…).
Pour écrire le manuel que tu as entre les mains, les auteurs ne se sont rencontrés qu'une seule fois. Ensuite, ils ont utilisé les nouveaux moyens de communication : ils se sont téléphoné pour se mettre d'accord sur le contenu des leçons et sur la répartition du travail ; ils ont utilisé leurs téléphones portables quand ils avaient besoin de se joindre en urgence, par exemple pour se mettre d'accord sur une page ; ils ont cherché des renseignements dans des livres mais aussi consulté des sites et des banques de données sur Internet ; ils ont échangé leurs propositions de leçons par mail et leurs projets de cartes et de croquis par fax (télécopie).
Le « manuscrit » a ensuite été transmis par Internet à l'éditeur (qui réalise le livre), au maquettiste (qui le met en pages), au cartographe (qui dessine les cartes), à l'iconographe (qui choisit les photographies), à la dessinatrice (qui fait les illustrations). Chaque auteur a reçu, par Internet, les pages achevées de l'ouvrage, pour les vérifier.
Le livre a alors été envoyé chez l'imprimeur.

Texte écrit par les auteurs du manuel

- Retrouve ces différents outils sur la photographie.
- Lesquels permettent de communiquer ?
- Lesquels permettent de consulter des informations ?
- Lequel te semble le plus pratique ?
- Lesquels utilises-tu ? À quelle(s) occasion(s) ?
- Donne un exemple d'informations que l'on peut trouver sur Internet.

3 L'équipement français

Intelsat 6

Les 23 satellites d'Intelsat relaient la moitié des communications internationales (plusieurs centaines de milliers de conversations à la fois) et relaient toutes les chaînes de télévision d'un continent à l'autre.

- Décris ce satellite.
- Comment le lance-t-on dans l'espace ?
- Pourquoi les communications internationales passent-elles par satellite ?

L'équipement français

Les nouveaux moyens de communication nécessitent de puissants réseaux (antennes, satellites de télécommunication…) (doc. 3). La France fait partie des pays les mieux équipés du monde. Inventeur du Minitel, elle a ainsi été la première à disposer d'un réseau électronique de services.
De nos jours, deux Français sur trois disposent d'un téléphone portable et 23 millions de personnes (plus d'un tiers de la population totale) ont accès à Internet, à leur travail, à leur domicile mais aussi sur leur téléphone portable.

LEXIQUE

- **une banque de données** : un ensemble d'informations triées que l'on peut consulter.
- **un satellite de télécommunication** : un satellite qui sert à transmettre les appels téléphoniques.

MAIRIE

4 La France à l'heure de la mondialisation

sommaire

La France dans la mondialisation, illustration de Sylvie Serprix

57 La circulation des hommes

1 Les déplacements provisoires

Les principaux pays touristiques dans le monde

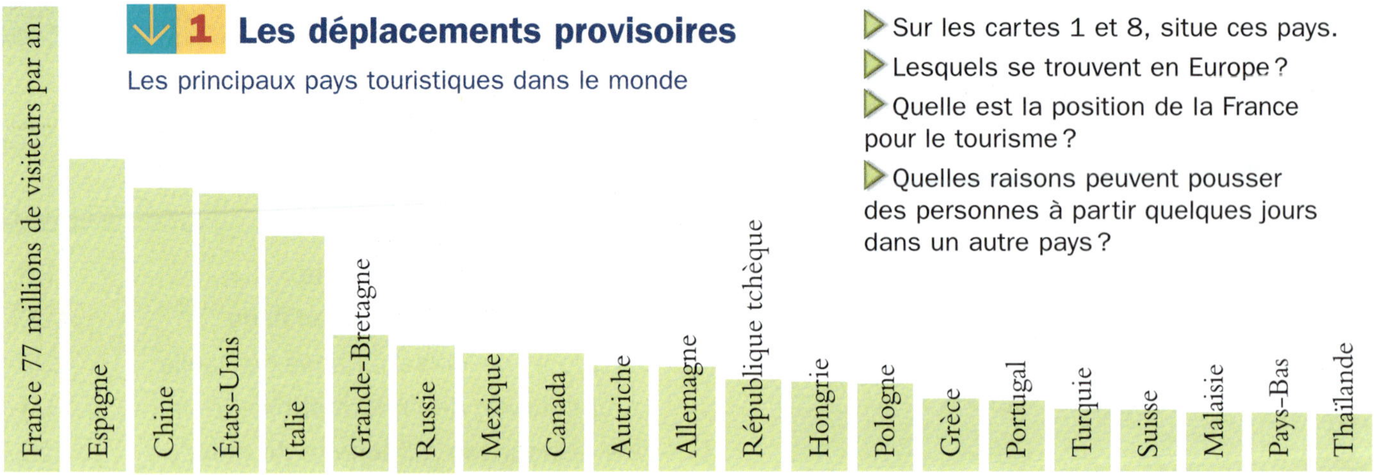

- Sur les cartes 1 et 8, situe ces pays.
- Lesquels se trouvent en Europe ?
- Quelle est la position de la France pour le tourisme ?
- Quelles raisons peuvent pousser des personnes à partir quelques jours dans un autre pays ?

2 Les voyages

Publicité dans le métro à Paris

- Décris ce que tu vois sur chacun de ces panneaux publicitaires.
- À travers le « trou dans le mur », on voit le métro de Londres : quelle impression les auteurs de cette publicité ont-ils voulu donner ?
- Que signifie le slogan sur le panneau à droite ?
- À ton avis, pour qui cette publicité a-t-elle été faite ?

Les déplacements provisoires

De nombreuses personnes, dans le monde, se déplacent hors de leur pays, pour un temps limité. Certaines le font pour leur travail : des cadres d'entreprises, des chercheurs, des médecins, des professeurs… des quatre coins du monde se rencontrent pour échanger et travailler ensemble. C'est ce que l'on appelle les « voyages d'affaires ».

D'autres voyagent pour leurs loisirs : chaque année, 700 millions de personnes font du tourisme dans un autre pays que le leur (doc. 1). Mais seuls les plus riches peuvent consacrer du temps et de l'argent à leurs loisirs et effectuer de tels voyages.

Les migrations internationales

175 millions de personnes dans le monde, soit 3 % de la population mondiale, sont des migrants. Ce sont des hommes et les femmes qui ont quitté leur pays pour aller s'installer dans un autre, dans l'espoir d'y trouver un emploi et de meilleures conditions de vie.

De nos jours, les migrations sont devenues très importantes, parce que les guerres, les violences de toute sorte et la misère contraignent des populations entières à fuir loin de chez elles (doc. 3).

Les migrations entraînent des métissages des populations et des brassages de cultures. Elles sont l'oc-

3 Les migrations internationales

Publication d'une organisation internationale.

Il n'existe aucun pays au monde qui ne soit pas concerné par les migrations internationales. Tous sont pays d'origine, ou pays de transit, ou pays de destination des migrations, si ce n'est les trois à la fois. Un habitant de la planète sur 35 est un migrant international. Le nombre total de migrants internationaux est de 175 millions de personnes (3 % de la population mondiale). Au cours des 35 dernières années, le nombre de migrants internationaux a plus que doublé.

Organisation internationale des migrations, *World Migration Report 2003*

- Combien y a-t-il de migrants dans le monde ?
- Quelle est leur part par rapport à la population mondiale ?

4 Le mélange des cultures Quartier « chinois » à New York, États-Unis d'Amérique

- Sur la carte 19, situe New York.
- Décris cette rue.
- Quels éléments font penser que l'on se trouve en Asie ?
- À ton avis, pourquoi y a-t-il un quartier « chinois » dans cette ville ?

casion de rencontres et permettent de découvrir d'autres manières de vivre ou de penser. Mais ces échanges demeurent partiels : chacun préfère en général sa manière de vivre et cherche à la préserver (doc. 4).

Les voyages

Ces déplacements de population de plus en plus nombreux, pour quelques jours ou pour toujours, sont rendus possibles par les progrès des transports : alors qu'autrefois les voyages étaient longs et pénibles, on peut désormais, grâce au train, à la voiture, au bateau et surtout à l'avion, parcourir des milliers de kilomètres et atteindre en quelques heures l'autre bout de la planète (doc. 2).

LEXIQUE

- **le brassage des cultures** : le mélange des cultures.
- **un cadre** : une personne qui a des responsabilités de commandement dans une entreprise.
- **une migration** : un déplacement de personnes.
- **le tourisme** : l'ensemble des déplacements, des visites que l'on fait pour les loisirs et le plaisir.

58 La circulation des marchandises

1 Des produits du monde entier

Presse spécialisée. Avant d'être une avalanche de chiffres, la mondialisation de l'économie, c'est d'abord le café du matin, importé par bateau de Colombie ou d'Argentine, lyophilisé et mis en boîte en Allemagne, transporté en train jusqu'à Rueil-Malmaison, puis redistribué ensuite par la chaîne de supermarchés avant de venir dans votre tasse. Ce sont les oranges venues d'Israël ou d'Espagne, que je mangerai ce soir, l'essence de ma voiture, venue d'Arabie Saoudite ou de la mer du Nord, par oléoducs ou pétroliers. Ce sont aussi mes chaussures fabriquées en Italie, l'ordinateur sur lequel ce texte est frappé dont les composants viennent de l'autre bout de la planète. Avant d'être sur ma table, dans mon assiette ou sur mon corps, la plupart des produits que je consomme ont parcouru des milliers de kilomètres, sont passés entre les mains d'ouvriers asiatiques ou de dockers africains. Ces hommes, je ne les connaîtrai jamais et eux m'ignorent. Pourtant, une maigre fraction de ce que j'ai payé servira à nourrir leur famille, peut-être à acheter une paire de lunettes qui se fabrique à quelques pas de chez moi.

Achille Weinberg, « La mondialisation de l'économie: tendances et mutations », *Sciences humaines* n° 14, février 1992

▷ Pourquoi cultive-t-on le café en Colombie et en Argentine, mais pas en France ? Pourquoi cultive-t-on des oranges en Israël et en Espagne ?

▷ Pourquoi la France fait-elle venir son essence d'Arabie Saoudite ou de la mer du Nord ?

▶ Sais-tu d'où viennent la plupart des ordinateurs ?

▶ Cherche d'où viennent les produits que tu utilises chaque jour (vêtements, matériel scolaire, aliments...) et retrouve sur la carte 19 de l'atlas le trajet qu'ils ont fait jusqu'à toi.

2 La spécialisation des régions

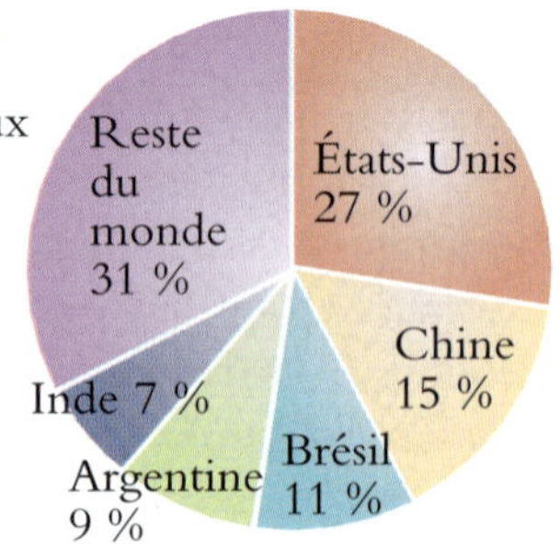

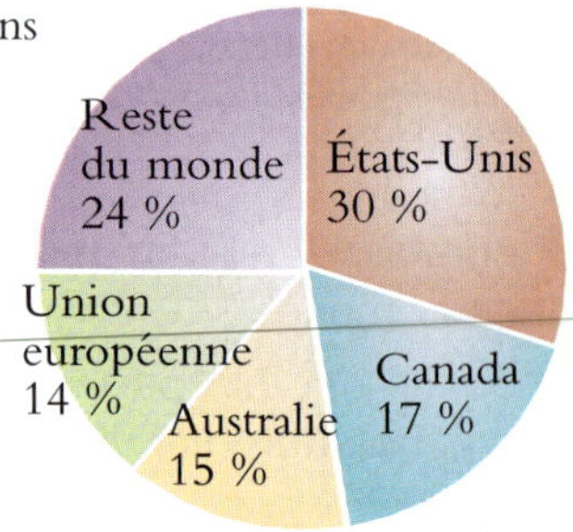

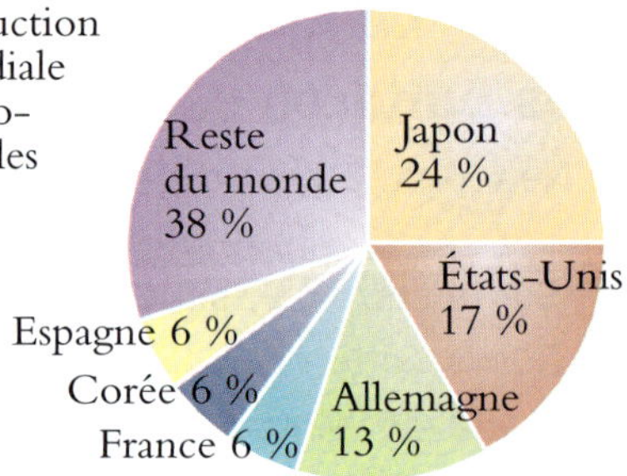

Des produits du monde entier

De nos jours, partout dans le monde, on peut acheter du pétrole du Moyen-Orient, des produits tropicaux (sucre, cacao, café, ananas, bananes...), des vêtements fabriqués en Europe centrale ou en Asie, des voitures assemblées en Europe, du matériel électronique (radios, téléviseurs, ordinateurs...) venus d'Extrême-Orient... (doc. 1)
De même, partout dans le monde, on peut placer son argent dans une banque en Asie, souscrire une assurance aux États-Unis ou commander un voyage auprès d'une compagnie d'aviation australienne.
Néanmoins, ces produits et services, s'ils sont disponibles partout, sont coûteux et, le plus souvent, réservés aux plus riches.

Les transports internationaux

La circulation des produits est possible grâce aux progrès des moyens de transport: ils ont permis aux échanges internationaux d'être multipliés par douze depuis le milieu du XXe siècle.
Des camions et des trains apportent vers les ports les produits qui sont ensuite chargés sur des bateaux pour être exportés. Ils en rapportent et distribuent les marchandises importées.
D'immenses navires de marchandises sillonnent les mers et les océans. Ils transportent des matières premières agricoles (blé, riz, café...), des minerais et du pétrole, des produits manufacturés (meubles, automobiles, conserves...) (doc. 3).
Seules les marchandises périssables (fruits et

3 Les transports internationaux Port de commerce de Singapour, Asie du Sud-Est

Les produits sont placés dans des conteneurs aux dimensions standards, dès leur fabrication à l'usine. Ensuite, le conteneur est indifféremment transporté par des camions, des trains, des bateaux, voire des avions.

- Sur la carte 19, situe le port de Singapour. Trouve et nomme d'autres grands ports de commerce dans le monde.
- Décris ce paysage : le port, ses équipements, les bateaux, les conteneurs, la ville à l'arrière-plan…
- À ton avis, quel est l'avantage du transport par conteneurs ?

légumes) ou précieuses (téléphones portables…) circulent en avion, car ce mode de transport est rapide et sûr, mais très coûteux.

La spécialisation des régions

De plus en plus, les pays se spécialisent dans quelques productions rentables pour eux, en fonction des matières premières disponibles sur place, des savoir-faire locaux, du prix de la main-d'œuvre… (doc. 2) Ils achètent le reste à l'étranger. Par exemple, la plupart des pays du Moyen-Orient vivent de leurs exportations de pétrole. Autre exemple, la Thaïlande profite de son savoir-faire ancestral pour exporter dans le monde entier une variété de riz de qualité : le riz « parfumé ».

LEXIQUE

- **un conteneur** : une grande caisse en métal qui sert à transporter des produits en camion, train, bateau et avion.
- **la mondialisation** : l'organisation actuelle du monde, dans laquelle chaque pays échange avec les autres, partout dans le monde, dans tous les domaines (marchandises, information).
- **la main-d'œuvre** : l'ensemble des personnes qui travaillent dans une entreprise.
- **les matières premières** : les produits naturels (charbon, fer, pétrole) non encore transformés.
- **les produits manufacturés** : les produits fabriqués dans les usines.

DOSSIER

L'aéroport de Roissy-Charles-de-Gaulle

Cet aéroport, qui comporte plusieurs aérogares pour les passagers (dont celui ci-dessous) et une aérogare de fret (courrier, marchandises), couvre plusieurs centaines d'hectares. Il accueille chaque année 500 000 avions et assure le transport de plus de 48 millions de passagers et 100 000 tonnes de courrier.

▷ Sur la carte 19, situe l'aéroport de Roissy-Charles-de-Gaulle. Près de quelle grande ville se trouve-t-il ?

▷ Quels équipements ont été mis en place pour permettre l'accès des passagers à l'aérogare ? pour accueillir les passagers et leur permettre d'accéder aux avions ? pour permettre l'entretien des avions ?

▷ Les moyens d'accès à l'aéroport de Roissy sont : voitures, TGV, cars depuis l'aéroport d'Orly, RER (train régional) depuis Paris, navette depuis l'autre aérogare et hélicoptère.
Trouve, pour chacun, une situation rendant ce moyen de transport particulièrement utile.

▶ Pourquoi l'aérogare pour le transport des marchandises et du courrier n'est-elle pas la même que celle pour le transport des passagers ?

59 La circulation de l'information

1 L'information en direct Olivier de Kersauzon, liaison satellite depuis l'Océan, tour du monde, 2004

Presse. Sur la longue liste des séismes qui ont éventré la Terre depuis le début du XXe siècle, le *tsunami* qui vient de dévaster l'Asie n'est pas le plus meurtrier. Jamais, cependant, le deuil ne prit la dimension planétaire qu'il connaît aujourd'hui. L'émotion que soulève ce raz de marée est comparable à celle qui saisit la planète après les attentats du 11 septembre 2001. Ces deux tragédies nous offrent la face douloureuse de la mondialisation. Nous vivons la mort au bout du monde comme une affaire personnelle, en direct et en instantané. Ce désastre devient donc le nôtre.

D'après *L'Express*, 3 janvier 2005

- Fais des recherches et trouve ce qui s'est passé aux États-Unis en septembre 2001 et en Asie du Sud en décembre 2005.
- Explique les deux dernières phrases du texte.
- Quel moyen Olivier de Kersauzon utilise-t-il pour communiquer ?
- Comment faisait-on quand les téléphones portables et les téléphones satellites n'existaient pas ?
- Quels sont les avantages et les inconvénients de ces modes de communication ?
- Lis le récit de son voyage p. 11 et imagine avec qui il peut être en train de parler.

L'information en direct

Grâce aux moyens de communication modernes (téléphone, fax, Internet…), les journaux, les chaînes de radio et de télévision communiquent en permanence avec des correspondants dans le monde entier. Ils informent le public en direct de ce qui se passe sur toute la planète : une guerre, une catastrophe naturelle, des émeutes, des élections sur un autre contient, un exploit sportif même dans un endroit reculé et presque inaccessible (au milieu de l'Océan, au sommet d'une montagne, en plein désert…) (doc. 1).

Leur mode de diffusion par satellite ou par le réseau Internet les rend accessibles partout dans le monde. Désormais, on peut être informé de ce qui se passe au loin, lire les journaux, écouter la radio, regarder une chaîne de télévision étrangère pour savoir comment ils présentent l'« information ». Cette circulation de l'information donne parfois l'impression que la Terre est un village, dans lequel tout se sait presque instantanément (doc. 2).

2 L'information en direct

Antennes de télévision dans un vieux quartier de Fès, Maroc

- Sur la carte 19, situe le Maroc. Sur quel continent ce pays se trouve-t-il ?
- Décris ce que tu vois sur cette photographie.
- Connais-tu les différences entre ces sortes d'antennes ?
- À ton avis, quelles régions du monde sont les mieux équipées en antennes de télévision ?

3 Un accès inégal à l'information

	Nombre d'internautes en 2003	Part des internautes dans la population totale
Amérique du Nord	180 millions	56 %
Amérique latine	43 millions	8 %
Afrique	9 millions	1 %
Asie et Pacifique	205 millions	5 %
Europe	196 millions	27 %
Monde	**634 millions**	**10 %**

- Quelle région compte le plus grand nombre d'internautes ? la plus forte proportion d'internautes ?

Un accès inégal à l'information

La circulation de l'information n'est pas totale. En effet, seuls ceux qui ont les moyens d'acheter des appareils coûteux (téléviseurs, antennes paraboliques, ordinateurs) et qui vivent dans des pays bien équipés (lignes téléphoniques, réseau Internet, satellites de télécommunication et de télévision...) ont accès à l'information.

Les autres, notamment la plupart des ruraux en Afrique, en Asie et en Amérique du Sud, n'ont pas accès à cette circulation de l'information (doc. 3). En outre, l'information mondiale est dominée par quelques groupes de presse et quelques grandes chaînes de télévision (CNN International, Al-Jazira...) : ils sélectionnent leurs sujets et transmettent leur propre vision du monde.

LEXIQUE

- **un internaute** : une personne qui se connecte régulièrement sur le réseau Internet.

60 Des entreprises à l'échelle du monde

1 La circulation des techniques Usine automobile à Durban, Afrique du Sud

- Sur la carte 19, situe Durban.
- Décris ce que tu vois sur cette photographie : les machines, les voitures, les personnes, la manière de travailler.
- Cherche si tu peux trouver un élément prouvant que cette photographie n'a pas été prise en France.
- Que peux-tu en conclure sur la diffusion des techniques de production dans le monde ?

La circulation des techniques

Grâce aux progrès de l'information, les inventions et les progrès techniques (moteurs, robots, ordinateurs plus performants) réalisées dans un pays, et les méthodes modernes de production sont diffusées partout dans le monde. De ce fait, les usines d'un même secteur (automobile, produits alimentaires, vêtements), même très éloignées géographiquement, se ressemblent fortement (doc. 1).
Néanmoins, ces innovations sont coûteuses : seules les entreprises les plus riches y ont accès.

La circulation de l'argent

Pour se développer, acheter de nouvelles machines, ouvrir de nouvelles usines, les entreprises ont besoin d'argent. De nos jours, elles peuvent en emprunter dans n'importe quel pays : on dit que l'argent circule à l'échelle de la planète. Du fait du décalage horaire, ces entreprises peuvent à toute heure entrer en contact avec une Bourse pour y trouver des capitaux (doc. 2).
Ici aussi, seules les entreprises riches et innovantes trouvent des investisseurs pour leurs projets.

2 La circulation de l'argent

Bourse de Hongkong, Chine

Plusieurs centaines d'employés reçoivent et transmettent en direct les demandes d'argent des entreprises et les offres des personnes qui veulent investir.

▷ Sur la carte 19, situe Hongkong.

▷ Quels moyens modernes ces personnes utilisent-elles pour communiquer ?

▶ À ton avis, où se trouvent les entreprises et les investisseurs avec lesquels elles communiquent ?

3 La circulation des usines

Presse. Pour l'élevage intensif de volailles, l'avenir est sur l'autre rive de l'Atlantique, au Brésil. Les salaires, les équipements, l'aliment du bétail y sont si peu chers que la viande coûte deux fois moins cher à produire qu'en Europe. C'est pour cela que le premier producteur de volaille en Europe s'est installé au Brésil en 1998. Il emploie 7 300 salariés brésiliens et 7 000 Français. En 2002, la production brésilienne du groupe équivaut à sa production française.

D'après le quotidien *Le Monde*, 21 novembre 2002

▷ Sur la carte 19, situe le Brésil. Sur quel continent ce pays se trouve-t-il ?

▶ Quel est l'avantage de cette installation pour l'entreprise ? pour les travailleurs brésiliens ?

▶ Pour qui cette installation a-t-elle représenté un inconvénient ?

La « circulation » des usines

Les entreprises, qui peuvent désormais acheter des matières premières et vendre leurs produits dans toutes les parties de la planète, se trouvent en concurrence avec d'autres, parfois très éloignées. Certaines choisissent de se délocaliser : elles ferment leurs usines dans les régions où les salaires sont élevés (Europe et Amérique du Nord) pour en ouvrir d'autres là où les salaires sont peu élevés (Amérique du Sud, Afrique, Asie) ou bien là où les matières premières sont abondantes (doc. 3).

LEXIQUE

- **une Bourse** : un endroit où les entreprises et les personnes qui veulent investir des sommes d'argent peuvent s'entendre.
- **les capitaux** : les sommes d'argent nécessaires pour créer ou agrandir une entreprise.
- **une innovation** : un nouveau produit, une nouvelle manière de produire…
- **un investisseur** : une personne qui place son argent dans une banque ou dans un projet.

DOSSIER

Le village planétaire

La circulation des personnes, des marchandises et des services, de l'argent, de l'information et des techniques donnent l'impression que la planète rétrécit, que les espaces éloignés sont à portée de main : c'est ce que l'on appelle le « village planétaire » ou « village global ».

1 Une grande planète ou un petit village ?

Tribune libre. En 1969, les Américains aperçurent la Terre depuis la Lune, telle une grosse boule aux nuances marbrées… À y regarder de plus près, la grosse boule c'est plutôt un « gros village » parce que ses différents quartiers sont, désormais, bien reliés par des échanges mondiaux, en tous genres, de plus en plus accélérés.

Denis Bonhoure, *Le Monde des clubs Unesco*, octobre 2001

- Quel événement historique ce texte évoque-t-il ?
- Comment la Terre est-elle apparue aux yeux des astronautes et des téléspectateurs ?
- Observe l'image satellite page 6 : à ton avis, pourquoi les êtres humains n'avaient-ils pas cette vision globale de la Terre auparavant ?
- En quoi la Terre apparaît-elle donc comme un village ?

2 Tout le monde se parle

Presse. Aujourd'hui, dans le monde, il y a 4,5 milliards de postes de radio, 3,5 milliards de récepteurs de télévision, un milliard d'ordinateurs et un milliard de téléphones portables. On peut envoyer un son, une image, une donnée, une information, instantanément dans n'importe quelle partie du globe. On voit tout, on sait tout. Il n'y a plus d'ailleurs. L'autre, autrefois éloigné, est devenu un voisin.

D'après *L'Express*, 24 avril 2003

Radio. Le village global n'est pas créé par l'automobile ni même par l'avion, mais par la transmission d'informations électronique instantanée. Le village global a, à la fois, l'ampleur de la planète et celle d'un petit village où tous se mêlent des affaires des autres. Un peu comme une chronique à potin planétaire. Désormais l'autre bout du monde est à côté de chez nous. En une fraction de seconde, on peut être en contact avec n'importe quel endroit de la Terre.

Radio Canada, 23 février 1991

- Quels outils de communication permettent aux hommes de communiquer ?
- En quoi cela fait-il des êtres humains des voisins, comme dans un village ?
- Pour Radio Canada, quel outil de communication fonde réellement le village planétaire ?
- Explique la phrase : « Le village global a, à la fois, l'ampleur de la planète et celle d'un petit village où tous se mêlent des affaires des autres. »
- Explique la signification du dessin ci-dessus.

3 Le monde entier sur le marché

Autrefois, les villes se ravitaillaient dans les villages alentour et le commerce se pratiquait, pour l'essentiel, sur de petites distances. De nos jours, on trouve sur les marchés les produits du monde entier.

▷ À l'aide de la carte 1, trouve quels produits de cet étal viennent d'Afrique ; d'Amérique ; d'Asie ; d'Océanie.

Yeonido Park, Séoul, Corée du Sud

▷ Sur la carte 19, situe la Corée du Sud en Asie.

▷ Décris cette scène : le lieu et ses aménagements, les personnes et leur habillement, les objets que l'on voit.

▷ Dans leur façon de s'habiller et leurs loisirs, ces jeunes sont-ils différents de ceux vivant en France ?

▶ Cherche si tu peux trouver un élément prouvant que cette photographie n'a pas été prise en France.

▶ Que peux-tu en conclure sur la diffusion des goûts et de la mode dans le monde ?

Presse spécialisée. Des femmes maraîchères du Burkina Faso se croyaient peu concernées par la mondialisation. Elles se sont rendu compte du contraire. En 2001, Air France a suspendu ses vols pour les fruits et légumes depuis le Burkina vers la France. Alors les femmes se sont retrouvées désœuvrées, donc sans revenus. Parce qu'elles ne peuvent pas vendre leur production dans leur commune, trop petite, ni dans les environs, faute de moyens de transport. Il est apparu qu'il est plus facile pour elles de vendre en France que dans les villages voisins.

D'après l'Institut universitaire d'études du développement, Genève, 2003

▷ Sur la carte 19, situe le Burkina Faso en Afrique?

▷ Quelle décision a été prise en 2001 qui a fait que ces femmes se sont retrouvées sans travail ? Par qui et où cette décision a-t-elle été prise ?

▶ En quoi ces femmes sont-elles concernées par la mondialisation ?

▶ Imagine qui a fabriqué les objets que tu utilises.

61 Le centre du village planétaire

1 Les grandes puissances Réunion du G8 à Évian (France) en 2003

Chaque année, les chefs d'État et de gouvernement des pays les plus puissants se réunissent (parfois avec d'autres, comme ici avec le président de la Commission européenne et celui du Conseil européen) pour discuter de l'état de la planète et prendre des décisions communes qui influenceront le monde entier.

▷ Quels sont les pays membres du G8 ? Sur la carte 1 et la carte 8, situe-les tous.

Les « grandes puissances »

Dans le village planétaire, quelques États disposent d'une puissance économique (richesse, avance technique…) et politique (influence sur les autres États et dans les organisations internationales, mais aussi puissance militaire) telle qu'ils sont des centres de décision pour le monde entier. Ils sont donc en mesure d'établir leurs valeurs (la démocratie, les droits de l'homme, mais aussi le libre-échange) et d'imposer leurs décisions au reste du monde (attaquer un pays, interdire un produit, obliger un pays à laisser entrer certains produits et services…) (doc. 1).

Les multinationales

Les États les plus puissants ne sont pas les seuls « centres du village mondial » : certaines entreprises ont une telle dimension et un tel poids économique qu'elles sont en mesure d'influencer le reste du monde : le plus grand constructeur automobile américain produit autant de richesse que le Danemark. Les entreprises les plus puissantes sont les grandes multinationales : l'ouverture ou la fermeture d'une usine, le développement ou l'arrêt d'un produit, le niveau des salaires ont des conséquences importantes sur la richesse de certains pays et le fonctionnement du commerce mondial.

2 Les grandes métropoles Manhattan, New York, États-Unis

▷ Sur la carte 19, situe New York.

▶ D'après le fléchage, en quoi New York est-elle l'un des centres politiques du monde ? l'un des centres économiques ? l'un des centres financiers ? l'un des centres culturels ?

Les grandes métropoles

Quelques métropoles (New York, Londres, Paris, Tokyo…) (carte 19) sont à la fois :
– des capitales politiques (capitales des grandes puissances et des organisations internationales) ;
– des capitales économiques (elles abritent la majorité des sièges sociaux des grandes multinationales, les principales banques et les Bourses) ;
– des capitales culturelles et intellectuelles (avec les plus grandes bibliothèques, les plus célèbres musées, les meilleurs théâtres, les universités les plus prestigieuses).
Elles sont les centres du village planétaire (doc. 2).

LEXIQUE

- **les grandes organisations internationales** : des organismes au sein desquels les différents pays du monde sont représentés et qui prennent des décisions valables pour tous (l'ONU, Organisation des Nations unies ; l'Unesco, l'Unicef…).
- **une métropole** : une ville très importante.
- **une multinationale** : une entreprise qui exerce son activité dans de nombreux pays, occupant une position de leader dans leurs branches.
- **un siège social** : le bureau principal d'une entreprise, où se trouvent ses dirigeants.

62 Les inégalités dans le monde

1 De profondes inégalités

Internet. Si on pouvait réduire la population du monde à un village de 100 personnes, tout en maintenant les proportions de tous les peuples existant sur la Terre, ce village serait ainsi composé : 5 Américains, 9 Européens, 7 Arabes, 9 Latino-Américains, 13 Africains, 57 Asiatiques dont 18 Indiens et 20 Chinois.

Ce village serait séparé en deux quartiers : le quartier riche, où vivraient 21 personnes, et le quartier pauvre, où vivraient 79 personnes. Dans le quartier riche, sur les 21 personnes, 20 auraient la télévision, 14 un micro-ordinateur, et une personne serait analphabète. Dans le quartier pauvre, sur les 79 personnes, 11 auraient la télévision et une posséderait un micro-ordinateur, 24 seraient analphabètes, 16 n'auraient pas accès à un hôpital, 23 n'auraient pas accès à l'eau potable, 13 ne mangeraient pas à leur faim.

Les revenus cumulés des personnes vivant dans le quartier riche seraient 74 fois supérieurs aux revenus cumulés des 20 personnes les plus pauvres du quartier pauvre.

Texte anonyme diffusé sur Internet

- Explique ce texte avec tes propres mots.
- Relève le passage qui montre qu'il s'agit du « village planétaire ».
- Quelle part de la population mondiale vit dans les pays riches ? Quelle part souffre de la faim ? Quelle part possède un poste de télévision ? Quelle part sait lire et écrire ?

2 Le Nord et le Sud

- Décris ce dessin.
- Comment les habitants des pays riches sont-ils représentés ? et les habitants des pays pauvres ? Pourquoi sont-ils en bas de la mappemonde ?
- Quel message le dessinateur cherche-t-il à faire passer ?

De profondes inégalités

Il existe de grandes différences de richesse dans le monde : 25 % de la population mondiale disposent de 75 % des richesses du globe, tandis que 75 % de la population mondiale ne disposent que de 25 % des richesses du globe (doc. 1).

Les écarts de richesse ne cessent de s'accroître. D'un côté, le nombre de milliardaires (en euros) dans le monde est passé de moins de 100 en 1987 à plus de 500 de nos jours. De l'autre, la misère ne cesse de s'étendre et une part croissance de la population mondiale vit en dessous du seuil de pauvreté, avec moins d'un euro par jour.

Le Nord et le Sud

Les richesses se concentrent dans certains pays, en Amérique du Nord, en Europe, au Japon, en Australie, où la majorité de la population a un niveau de vie élevé... Comme la plupart de ces régions se trouvent dans l'hémisphère Nord, on les désigne sous l'expression « le Nord » (carte 19 et doc. 2).

Les autres pays, en Amérique latine, en Afrique et en Asie, sont, pour la plupart, pauvres. Ils se situent en majorité dans l'hémisphère Sud : c'est pourquoi on les désigne par l'expression « le Sud » (on dit aussi le tiers-monde) (doc. 2).

3 Les inégalités dans les pays Bombay, Inde

Presse. « La pauvreté et l'exclusion ont pris durablement racine dans notre pays », dénonce le Secours catholique, qui rappelle par ailleurs que la France compte quelque 3,5 millions de personnes vivant sous le seuil de pauvreté, avec moins de 602 euros par mois. « La plus grande cause nationale pour notre pays est bien d'éradiquer la pauvreté et de construire une société juste et fraternelle. La France, l'une des premières puissances mondiales, en a les moyens », souligne l'association.

D'après *Le Nouvel Observateur*, 16 novembre 2004

- Sur la carte 19, situe Bombay.
- Décris ce paysage : le bidonville, la ville, les personnes, leur mode de vie...
- En quoi cette photographie montre-t-elle une inégalité dans ce pays ?
- Explique le texte ci-contre avec tes propres mots. Reformule la dernière phrase.

Les inégalités dans les pays

Les inégalités existent entre les pays, mais aussi à l'intérieur de chaque pays. Dans « le Nord », une partie de la population reste en marge de la richesse et vit dans la pauvreté. Dans « le Sud », à côté de la grande majorité qui tente de survivre, une petite partie de la population vit dans le luxe : somptueuses villas, magnifiques jardins avec piscines, voitures chics, nombreux domestiques...

Ces inégalités sont particulièrement visibles dans les villes du tiers-monde : leurs paysages juxtaposent des quartiers confortables et d'immenses bidonvilles (doc. 3).

LEXIQUE

- **avoir un niveau de vie élevé** : être riche, vivre confortablement.
- **un bidonville** : un quartier constitué d'abris de fortune, fabriqués avec des matériaux de récupération (bidons, tôles, planches...).
- **la misère** : l'extrême pauvreté, dans laquelle les personnes sont privées des choses indispensables (nourriture, logement, les soins médicaux...).
- **le seuil de pauvreté** : le niveau de vie en dessous duquel on ne peut pas subvenir à ses besoins essentiels, comme manger, se loger, se soigner...

63 La pauvreté dans le monde

1 La vie des plus pauvres Scène de pillage, Port-au-Prince, Haïti, 2004

Presse. Être pauvre, ce n'est pas seulement avoir faim, c'est aussi avoir des difficultés pour se loger, pour se soigner ou éduquer ses enfants.
La pauvreté, c'est aussi l'endettement et son engrenage. Les paysans endettés sont obligés de vendre leur récolte pour rembourser leurs dettes, quand les prix sont bas. Plus tard, ils doivent s'endetter pour racheter du grain pour avoir de quoi manger, alors que les prix ont monté.

D'après *Le Monde*, 30 mars 2000

▷ Sur la carte 19, situe Haïti.

▷ Décris cette scène : l'enfant au premier plan, ce que l'on voit à l'arrière-plan...

▷ Que porte cet enfant ? Quel âge a-t-il ? Que reflète son visage (la joie, la peur, la tranquillité, la panique...) ?

▶ À ton avis, que fait-il ? Imagine ce qui s'est passé.

▷ Analyse bien cette photographie : le photographe était-il loin ou proche de cet enfant ? A-t-il pris la photographie sur le vif ? Quelle impression générale se dégage de cette photographie ?

▷ Qu'est-ce qui caractérise la vie des plus pauvres ?

▶ En quoi la pauvreté est-elle un engrenage ?

La vie des plus pauvres

La situation des populations pauvres est très variée dans le monde, mais elle présente des points communs.
Beaucoup de personnes pauvres ont un travail difficile et pénible. En contrepartie, elles perçoivent un revenu qui ne leur permet pas de vivre correctement et de poursuivre leur activité dans de bonnes conditions : des paysans travaillent avec des outils traditionnels peu efficaces, des pêcheurs n'ont plus de matériel (barque, filets), des éleveurs sont cantonnés à des zones touchées par la sécheresse...
D'autres personnes sont sans travail, soit parce qu'elles sont au chômage, soit parce qu'une maladie ou un handicap les empêchent de travailler.
La population rurale vit souvent de manière très rudimentaire et une partie de la population urbaine habite dans des bidonvilles précaires, insalubres (pas d'évacuation des eaux sales), dangereux (sur des terrains instables).
Les plus pauvres ne mangent pas à leur faim et ont une alimentation déséquilibrée : ni viande, ni poisson, ni légumes, ni fruits, ni produits laitiers (beaucoup se contentent de riz, par exemple)... Ils n'ont pas accès à l'eau potable et boivent une eau sale. De ce fait, beaucoup tombent malades.
Ils n'ont pas les moyens de se soigner (pas de médecins, médicaments trop chers) ni de faire vacciner leurs enfants, qui peuvent alors mourir de maladies courantes comme la tuberculose, la rougeole ou le tétanos (doc. 1).

2 Le cercle vicieux de la pauvreté Camp de réfugiés kurdes en Turquie

Presse. M. Gangappa, en Inde, dispose de 3 hectares de terre. Il a longtemps cultivé le coton. Mais produire un kilo lui coûtait 25 roupies (semences, pesticides, eau…) et ne se vendait plus qu'à 17 roupies. Il s'est rabattu sur la culture du riz et du piment. En 2001, produire 100 kg de riz lui coûtait 400 roupies : on le lui achetait 350, car du riz est importé à bas prix. Il a vendu son piment pour 80 000 roupies, alors qu'il lui a coûté 90 000.

D'après *Le Monde diplomatique*, septembre 2002

- Sur la carte 19, situe la Turquie et l'Inde.
- Décris ce camp de réfugiés : le lieu, les habitations, les personnes, le mode de vie…
- Quelles causes peuvent expliquer que des personnes se réfugient dans un autre pays que le leur ?
- En quoi cette situation est-elle un engrenage dans la pauvreté ?

- Combien M. Gangappa perd-il d'argent en cultivant le coton ? le riz ? le piment ?

Le cercle vicieux de la pauvreté

La pauvreté dans certaines régions du monde est due à plusieurs facteurs : des conditions naturelles défavorables (sols peu fertiles, eau peu abondante…), un manque de connaissances (techniques anciennes inefficaces, analphabétisme…), des catastrophes ponctuelles (guerres, tremblements de terre, cyclones, inondations, sécheresse, incendies, famine…) (doc. 2).

Elle est aussi un engrenage. Par exemple, les plus pauvres ne peuvent envoyer leurs enfants à l'école et, parfois, sont obligés de les faire travailler dès leur plus jeune âge. Ceux-ci n'acquièrent pas les connaissances nécessaires pour trouver un bon emploi à l'âge adulte.

La pauvreté est également liée à la croissance démographique : quand la population augmente plus rapidement que les richesses, il faut partager les richesses entre un nombre croissant de personnes. En outre, pour accueillir les enfants, il faut construire des logements, des écoles, des hôpitaux toujours plus nombreux, ce qui coûte très cher.

LEXIQUE

- **l'analphabétisme** : le fait de ne savoir ni lire ni écrire.
- **la croissance démographique** : l'augmentation de la population, généralement due au grand nombre de naissances.

64 Les résistances à la mondialisation

1 Des résistances

Que vous inspire la mondialisation ?

de l'enthousiasme	2 %
de la confiance	10 %
Sous-total	12 %
de l'indifférence	17 %
de l'inquiétude	63 %
de l'hostilité	6 %
Sous-total	86 %
Aucun de ces sentiments	1 %
Ne se prononcent pas	1 %
TOTAL	100 %

D'après un sondage réalisé en France, CSA, septembre 2000

Sondage. La mondialisation a-t-elle un effet plutôt positif ou plutôt négatif pour :

- le progrès scientifique et technique : positif 83 %
- les échanges culturels entre les pays : positif 80 %
- la croissance économique de notre pays : positif 57 %
- l'environnement : négatif 48 %
- les disparités entre le Nord et le Sud : négatif 48 %
- l'emploi dans notre pays : négatif 52 %.

Union européenne, *Eurobaromètre*, novembre 2003

▷ Quel est le sentiment dominant des Français vis-à-vis de la mondialisation ?

▷ Dans quels domaines la mondialisation ne soulève-t-elle pas l'inquiétude des Européens ? Dans quels domaines leur semble-t-elle plus négative ?

2 Un monde injuste

Presse officielle. Depuis quelques années, les écarts n'ont cessé de se creuser entre les pays riches et les pays pauvres ainsi qu'à l'intérieur des pays. La mondialisation en serait le responsable. L'accroissement des inégalités dans le monde est stupéfiant :
– En 1960, les 5 % les plus riches de la population mondiale gagnaient 30 fois plus d'argent que les 5 % les plus pauvres ; en 1997, ils gagnaient 74 fois plus d'argent.
– la fortune des 200 personnes les plus riches du monde dépasse de loin les revenus de 2,3 milliards d'êtres humains (41 % de la population mondiale).
– Et pour enfoncer encore le clou de la consternation, 48 pays avec leurs 600 millions d'habitants possèdent moins d'avoir que les trois hommes les plus riches de la planète.
La mondialisation génère des richesses sans précédent seulement pour ceux qui peuvent en profiter et marginalise la plus grande partie de la population mondiale. La situation des habitants de 85 pays est plus désastreuse qu'il y a dix ans.

D'après l'Union européenne, *Le Courrier ACP-UE* n° 177, 1999

▷ Comment les inégalités dans le monde ont-elles évolué ces dernières années ?

▷ Explique un à un les chiffres donnés dans ce texte.

▷ Lequel te semble le plus marquant ? Justifie ta réponse.

Des résistances

De nombreuses personnes dans le monde dénoncent la mondialisation, dont elles disent qu'elle bénéficie aux grandes puissances et aux multinationales, mais pas à l'ensemble de la planète. Certaines veulent mettre fin à toute forme de mondialisation et revenir à la société d'autrefois : ce sont les « antimondialistes ». D'autres, plus nombreux, pensent qu'il est possible d'organiser différemment et mieux la planète et les relations entre les hommes : ce sont les « altermondialistes » (doc. 1).

Un monde injuste

Certaines personnes font un lien entre la mondialisation et les inégalités dans le monde. Par exemple, des agriculteurs des pays pauvres gagnent à peine de quoi vivre en produisant, au prix d'un travail rude, pour les pays riches, des biens de confort (cacao, café, vanille, essences de parfum…). C'est aussi la mondialisation et la concurrence qu'elle entraîne qui poussent certaines entreprises à réduire les salaires et à fermer les entreprises les moins rentables (doc. 2).

3 Un monde en danger

Dessin paru dans le journal *Casseur de pub*, 2002

- Les altermondialistes affirment que la mondialisation, qui permet d'accéder à toutes les richesses, provoque le pillage de la planète : donne un exemple.
- Les altermondialistes affirment que la mondialisation, qui incite à consommer toujours plus, provoque la pollution de la planète : donne un exemple.
- Décris et explique le dessin ci-dessus.

4 Un monde uniformisé

Bill Day paru dans *Detroit Free Press*, 1997

- Les altermondialistes affirment que la mondialisation crée un mode de vie uniforme sur toute la Terre : donne un exemple.
- Les altermondialistes affirment que, du fait de la mondialisation, la culture nord-américaine se répand dans le monde entier, aux dépens des autres cultures : donne un exemple.
- Qu'a voulu dénoncer l'auteur de cette image en faisant porter le monde par un personnage de BD ? Quel pays représente-t-il ?

Un monde en danger

En mettant tous les produits du monde à portée de main, la mondialisation semble aller de pair avec le pillage des richesses de la planète (exploitation à grande échelle du pétrole…). Les conséquences en sont parfois dramatiques : disparition d'une partie des forêts tropicales, raréfaction des poissons dans les océans, disparition de nombreuses espèces, mais aussi absence de respect pour l'environnement, pollution de l'air, des sols, de l'eau des rivières et des océans… (doc. 3)

Un monde uniformisé

La mondialisation entraîne la diffusion d'un même mode de vie sur toute la planète : nourriture (*fast food*, pizza, cuisine « chinoise »), manières de s'habiller (jeans, baskets…), divertissement (films, dessins animés, émissions de télévision, jeux vidéo, musique…) tendent à s'uniformiser dans le monde (doc. 4).

Pourtant, la diversité des idées, des valeurs, des modes de vie et de création sont une importante source de richesse.

DOSSIER

Pour une autre mondialisation ?

Les altermondialistes ne contestent pas la mondialisation en elle-même, mais la manière dont elle est pratiquée, et proposent une autre mondialisation.

Une mondialisation respectueuse de chacun

1 La solidarité

Annonce pour une action humanitaire parue dans la presse en 2004

De plus en plus de personnes s'engagent ou participent à des actions de solidarité pour lutter contre la pauvreté.

2 Le respect de l'autre

Affiche parue pour lutter contre le travail des enfants dans le monde, 1999

De plus en plus de voix s'élèvent contre les conditions de travail et de vie de certaines personnes dans le monde, notamment des enfants.

▷ Décris cette annonce : la photographie, les couleurs utilisées, le slogan au-dessus, le commentaire en dessous, le coupon-réponse, le nom de l'association et son logo...

▶ Quel est le but de cette association ?

▶ As-tu déjà vu d'autres annonces de ce type ? Par qui étaient-elles faites ? dans quel but ?

▷ Décris cette annonce : la photographie, ce qu'elle représente, le slogan au-dessus, le logo de l'association...

▶ Pourquoi le travail des enfants est-il interdit dans notre pays ? Pourquoi devrait-il l'être partout dans le monde ?

▶ Fais des recherches et trouve ce qu'est le « commerce équitable » ? En quoi est-il une forme de respect de l'autre ?

Une mondialisation respectueuse de la planète

3 Des actions de grande ampleur Page parue dans un journal en 2002

- Sur la carte 19, situe l'Amazonie. Quelle était la végétation naturelle de cette région ?
- Décris ce paysage.
- Explique la légende. Comment était ce paysage il y a cinq ans ? Quel est le message ?
- En quoi la disparition de la forêt tropicale représente-t-elle un danger pour la planète ?
- Qui peut agir pour lutter contre la disparition de la forêt ?

4 Des gestes individuels Annonce parue dans le journal *Casseurs de pub*, novembre 2001

- Décris cette annonce : la photographie, les deux slogans.
- Quel est le message ? Pourquoi est-il mieux de rouler à bicyclette qu'en voiture ?
- En quoi l'action individuelle est-elle indispensable pour lutter contre la pollution et le pillage des richesses de la planète ?
- Dans quels autres domaines peux-tu agir pour permettre une meilleure mondialisation ?

65 La France, un territoire à l'échelle du monde

1 La France du bout du monde Mairie d'un village en Guyane française

- Sur la carte 20, situe la Guyane française. Sur quel continent se trouve-t-elle ? Par quel océan est-elle bordée ?
- Décris ce que tu vois sur cette photographie : le bâtiment, les personnes, les inscriptions, ce que tu vois de l'environnement…
- Quels symboles de la République française montrent que cette mairie se trouve en territoire français ?

La France métropolitaine

Le territoire de la France représente un million de kilomètres carrés, dont la moitié environ en Europe. Cette partie située en Europe se compose d'un espace continental, dont les frontières ont été établies, modifiées et précisées au cours de l'histoire du pays, et de 1 260 îles. La plus grande de ces îles est la Corse, française depuis 1768. Cet ensemble constitue ce que l'on appelle la « métropole » (carte 20).

La France d'outre-mer

L'autre moitié du territoire français s'étend, hors d'Europe, sur différents continents et océans et se compose de :
- des départements d'outre-mer (les DOM), Guadeloupe, Martinique, Guyane, la Réunion ;
- des territoires d'outre-mer (Nouvelle-Calédonie, Wallis-et-Futuna et Polynésie française), et les Terres australes et antarctiques françaises (TAAF), composées d'îles (Kerguelen, Crozet, Amsterdam, Saint-

2 La France d'outre-mer

	Superficie	Population	Densité de population	Surface maritime	Distance depuis Paris
Départements d'outre-mer					
Guadeloupe	1 800 km²	428 000 hab.	240 hab/km²	100 000 km²	7 000 km
Martinique	1 100 km²	385 000 hab.	341 hab/km²	71 000 km²	7 000 km
Guyane	84 000 km²	161 000 hab.	2 hab/km²	130 140 km²	7 000 km
La Réunion	2 500 km²	716 000 hab.	285 hab/km²	313 360 km²	9 000 km
Territoires d'outre-mer					
Nouvelle-Calédonie	19 000 km²	213 000 hab.	11 hab/km²	2 105 090 km²	18 000 km
Polynésie française	4 000 km²	235 000 hab.	59 hab/km²	4 867 370 km²	17 000 km
Wallis-et-Futuna	255 km²	14 000 hab.	55 hab/km²	271 050 km²	22 000 km
TAAF (Terres australes	7 800 km²	quelques		1 750 690 km²	12 000 km
et antarctiques)	et 432 000 km²	techniciens		112 000 km²	17 000 km
Collectivités territoriales					
St-Pierre-et-Miquelon	242 km²	6 000 hab.	26 hab/km²	54 900 km²	
Mayotte	374 km²	8 000 hab.	380 hab/km²	431 320 km²	

▶ Sur la carte 20, situe les terres qui composent la France d'outre-mer : sur quels continents et dans quels océans se trouvent-elles ?

▶ Lesquelles sont des îles ?

▶ Laquelle de ces terres est la plus éloignée de la métropole ? la plus proche de la métropole ?

▶ Laquelle a la plus grande superficie ? la plus petite ?

▶ Laquelle donne à la France son plus grand espace maritime ?

▶ Compte combien il y a, au total, de Français d'outre-mer.

▶ Quelle terre a la population la plus nombreuse ? la moins nombreuse ?

▶ Laquelle a la densité de population la plus forte ? la plus faible ?

3 La France maritime

Presse. La France, 46e pays du globe pour la superficie, est la troisième puissance maritime. La métropole possède 5 500 km de littoral et une ZEE (zone économique exclusive s'étendant jusqu'à 370 km des côtes) de 700 000 km².
Le drapeau tricolore flotte sur tous les océans du globe, parfois sur des terres minuscules et inhabitées, comme les îles Éparses, dans l'océan Indien, ou Clipperton, dans le Pacifique. Grâce à ces terres, les eaux territoriales françaises atteignent 9,3 millions de km², quatorze fois plus que les eaux de la seule métropole.
Ces zones maritimes sont exploitées par les pêcheurs. L'aquaculture marine connaît aussi un développement important dans les DOM-TOM. Les ZEE permettent l'extraction de matériaux, tels les sables et graviers. L'espoir d'y trouver du pétrole existe aussi, puisque des recherches se poursuivent au large de Saint-Pierre-et-Miquelon, de la Nouvelle-Calédonie et de la Guyane.

D'après Laurent Barbotin, *L'Express*, 23 juin 2004

Paul) et de la Terre-Adélie, en Antarctique ;
– des collectivités territoriales, Saint-Pierre-et-Miquelon et Mayotte ;
– des terres inhabitées comme l'île de Clipperton (carte 20 et doc. 1 et 2).

La France maritime

La France possède aussi un immense territoire maritime. En effet, les espaces maritimes qui bordent les côtes d'un pays lui appartiennent (c'est la ZEE ou zone économique exclusive). Or la plupart des DOM-TOM (départements et territoires d'outre-mer) et des collectivités territoriales sont des îles. Par exemple, la France possède Clipperton, dans le Pacifique, qui représente 6 km² de territoire mais 425 000 km² d'océan (carte 20).
Grâce à son immense espace maritime (le troisième du monde après ceux des États-Unis et du Royaume-Uni), la France est présente partout dans le monde et contrôle 2 % de la superficie de la planète (doc. 3).

La France, terre d'accueil

1 La France, première destination touristique du monde

La France est le premier pays touristique du monde : chaque année, elle accueille 75 millions de visiteurs.

Pyramide du Louvre à Paris, premier musée au monde par le nombre de visiteurs

- Décris cette pyramide et le bâtiment qui se trouve derrière.
- Sais-tu ce qu'ils abritent ?
- En quoi ce musée est-il un atout touristique pour la France ?
- Connais-tu d'autres lieux très visités par les touristes pour des raisons culturelles : pense aux musées mais aussi aux monuments, châteaux, églises et cathédrales, villes anciennes…

Plage à Bora Bora, Polynésie française

- Sur la carte 20, situe la Polynésie française.
- Décris ce paysage.
- Quels atouts touristiques sont mis en avant sur cette photographie ?
- Connais-tu d'autres lieux très visités par les touristes pour les loisirs et la détente : pense aux Dom-Tom mais aussi à la métropole, à la campagne, aux montagnes, aux littoraux…

2 La France, terre de migration

La population française compte 61 millions d'habitants (recensement de 1999), dont 58,5 millions en métropole : 55 millions de Français de naissance, 2,4 millions de Français par acquisition (naturalisation…) et 3,4 millions d'étrangers.

Immigrés suivant les pays d'origine (principaux pays)

Algérie	576 000
Portugal	570 000
Maroc	521 000
Italie	381 000
Espagne	317 000
Tunisie	211 000
Turquie	176 000
Allemagne	125 000
Pologne	99 000
Belgique	93 000
ex-Yougoslavie	75 000
Grande-Bretagne	75 000
Vietnam	72 000
Sénégal	54 000
Cambodge	51 000

- Quel est le premier pays d'origine des étrangers vivant en France ?
- Sur la carte 1, situe ce pays.
- Sur les cartes 1 et 8, situe les autres pays de ce tableau.
- Quelle raison historique explique que les Algériens soient si nombreux en France ?
- Cherche dans un dictionnaire quels autres pays d'origine présentés dans ce tableau sont d'anciennes colonies françaises.
- Cherche pourquoi tant de migrants en France sont originaires d'Europe du Sud.
- Il y a quelques années, il n'y avait presque aucun migrant originaire d'Europe centrale et de l'Est : de nos jours, ils sont de plus en plus nombreux. Cherche pourquoi.

LEXIQUE

• **une naturalisation** : le processus par lequel une personne étrangère acquiert la nationalité du pays dans lequel elle habite.

L'ouverture de la France sur le monde a contribué au brassage (métissage) de la population et une diversification culturelle.

- De quelles origines sont les élèves, dans cette cour de récréation ?
- As-tu un moyen de savoir lesquels sont français ?
- Explique en quoi cette diversité est un atout.

66 Le poids économique de la France dans le monde

1 La quatrième puissance mondiale

▷ La France est-elle un grand en terme de superficie ? de population ? de richesses ?

▷ Dans quels domaines est-elle une grande puissance mondiale ?

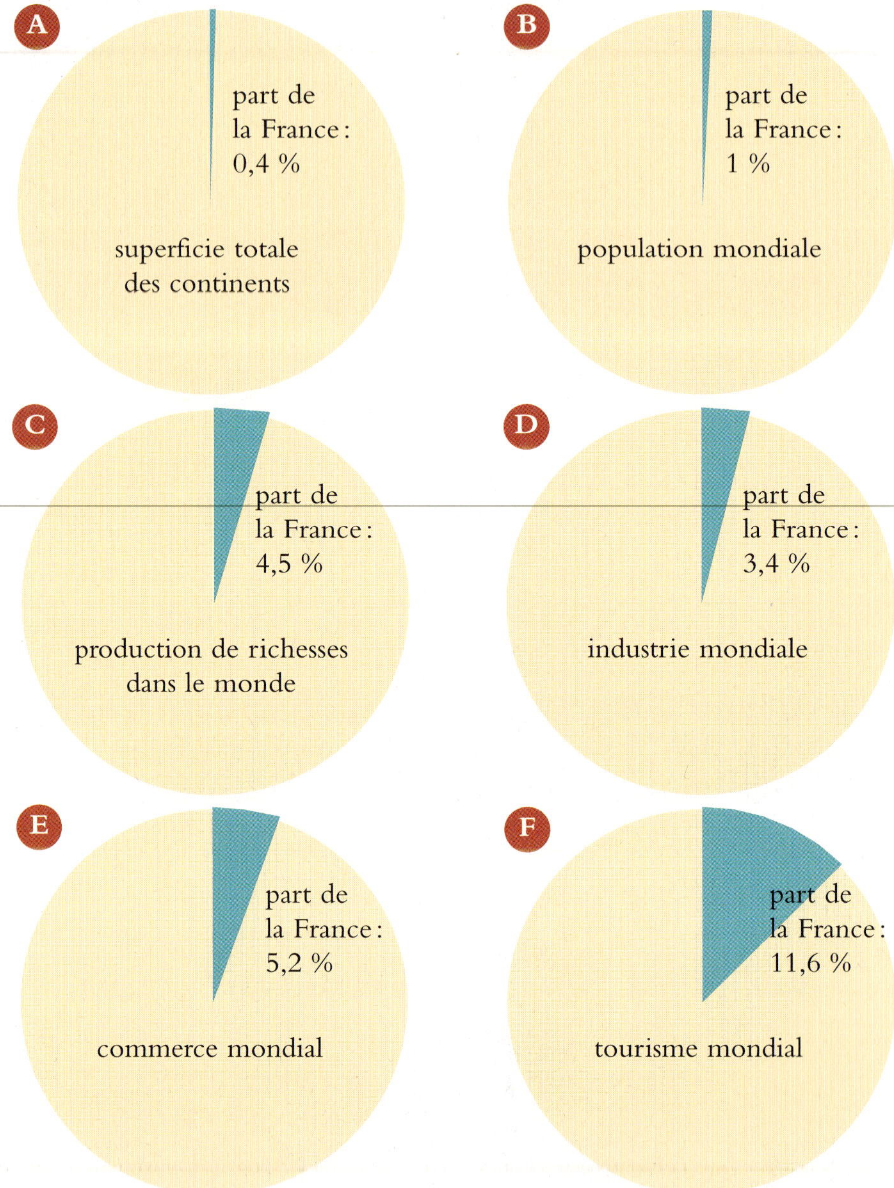

2 Les entreprises étrangères en France

Presse. Les capitaux étrangers viennent s'investir à l'ombre de nos clochers. Un salarié sur trois, dans l'Hexagone, travaille pour une entreprise à capitaux étrangers. Pour maintenir son attractivité, la France a des atouts : son réseau de transports, l'espace disponible, la qualité de la formation de ses ingénieurs, ses services publics, le niveau de son système de santé, la gratuité de ses écoles. Les régions les plus attrayantes sont Rhône-Alpes, l'Ile-de-France et le Nord-Pas-de-Calais.

D'après *Le Monde*, 16 mai 2003

▷ Quels sont les atouts de la France pour attirer des entreprises étrangères ?

La quatrième puissance mondiale

La France est un petit pays : sur environ 190 pays, elle se trouve au 20e rang pour sa population et au 47e rang pour sa superficie.
Mais, grâce à son industrie et à son agriculture moderne, et grâce aux services diversifiés qu'elle propose, la France est une grande puissance mondiale : elle se trouve au 4e rang pour la valeur de sa production (doc. 1).
Sa puissance économique se voit aussi dans le fait que de nombreuses entreprises étrangères sont installées en France : elles emploient un salarié français sur trois (doc. 2).
La France participe à toutes les grandes organisations internationales et est, avec l'Allemagne, l'une des deux grandes puissances qui portent le développement de l'action de l'Union européenne.
Enfin, la France est un pays riche : sa population a un niveau de vie élevé, nettement supérieur, en moyenne, à celui du reste de la population mondiale.

3 La quatrième puissance mondiale La France des 1 000 fromages

La France est « le pays des fromages », à la fois par le volume de sa production (elle est le premier producteur mondial) et par la diversité de ses fromages : elle fabrique des fromages de vache, de brebis et de chèvre, des fromages à pâte crue ou à pâte cuite, des fromages à pâte molle et d'autres à pâte pressée, des fromages à pâte persillée (dont les fameux « bleus »)...

Elle est le premier exportateur mondial de fromage et réalise 17 % du commerce mondial des fromages. Son principal client est l'Union européenne.

- Identifie quelques-uns des fromages présentés sur cette carte.
- Nommes-en d'autres.
- Trouve le nom d'un fromage qui n'est pas fabriqué en France : un fromage italien, un fromage hollandais ou un fromage anglais, par exemple.
- Quels autres produits la France vend-elle à l'étranger ?
- Sais-tu pour quels autres produits elle est célèbre dans le monde entier ?

Le cinquième exportateur mondial

La France est le cinquième exportateur mondial (doc. 1). Elle vend toutes sortes de biens (machines, avions, automobiles, produits agricoles, médicaments, armes...) et de services (banque, assurances, transports aériens...). Elle a acquis une réputation mondiale pour les produits de luxe, comme la haute couture et les parfums, mais aussi pour ses vins et ses fromages (doc. 3).
L'économie française est ouverte sur le monde : la France exporte ses productions et importe de l'énergie, des machines, de l'électroménager, des produits de consommation courante... De grandes entreprises françaises sont installées à l'étranger : elles emploient près de 2 millions de personnes dans le monde.

LEXIQUE

- **la haute couture** : la création de vêtements de mode personnalisés et de grande valeur.

Une entreprise française à la taille du monde

La première entreprise alimentaire française représente 88 600 salariés implantés dans 120 pays. Elle est la première entreprise mondiale fabricante de produits laitiers frais et d'eau en bouteille et la deuxième entreprise mondiale fabricante de biscuits et céréales.

▷ Quels sont les produits fabriqués par la première entreprise alimentaire française ?

▷ En t'aidant de la carte 1 de l'atlas, trouve et nomme quelques pays dans lesquels elle est implantée.

▶ À ton avis, pourquoi est-elle si peu implantée en Afrique ?

▶ En quoi peut-on dire que cette entreprise est une multinationale ?

▷ Dans quelle région du monde réalise-t-elle la plus grande partie de son chiffre d'affaires ?

▷ Dans quelle région emploie-t-elle le plus grand nombre de salariés ?

▶ Pourquoi cette entreprise emploie des salariés en Asie au lieu de fabriquer ses produits en France et de les exporter en Asie ?

67 Le poids politique de la France dans le monde

1 Une puissance politique

Visite du président du Mali, A.T. Touré, à l'Élysée

- Sur la carte 20, situe le Mali.
- Décris cette scène.
- À qui le président du Mali vient-il rendre visite ?
- Quels sont les autres moyens, pour la France, d'entretenir des relations avec les pays étrangers ?
- La France entretient des relations étroites avec un certain nombre de pays africains : cherches-en la cause historique.

- Explique la différence entre une ambassade et un consulat.
- À ton avis, pourquoi la France n'a-t-elle pas une ambassade dans chacun des 190 pays dans le monde ?

155 ambassades et 98 consulats dans le monde
9 400 fonctionnaires travaillant au ministère des Affaires étrangères, dont :
- 4 000 travaillant au ministère des Affaires étrangères,
- 4 200 travaillant dans les ambassades et les consulats,
- 1 200 travaillant dans des établissements culturels français répartis dans le monde.

Une puissance politique

La France entretient des relations diplomatiques avec les différents pays du monde : elle y possède des ambassades et des consulats et accueille, sur son territoire, leur consulat et leur ambassade. Elle s'appuie sur de nombreux alliés dans le monde, en particulier sur ses anciennes colonies d'Afrique, sur lesquelles elle exerce toujours une forte influence.
La France fait partie de l'ONU : elle est même membre permanent du Conseil de sécurité, chargé de maintenir la paix dans le monde. En outre, elle participe souvent à la résolution de conflits entre des pays étrangers (doc. 1).

Une puissance militaire

La France dispose d'une armée de métier, de matériel sophistiqué (sous-marins, porte-avions…) et de l'arme atomique. Elle est une grande puissance militaire dans le monde, même si sa force est très inférieure à celle des États-Unis.
Les troupes françaises sont installées en métropole, dans les DOM-TOM et dans des pays amis. Elles sont chargées de défendre la France. À la demande de l'ONU ou de pays alliés, la France envoie sparfois es soldats participer au rétablissement de l'ordre ou à la protection de populations en difficulté (doc. 2).

2 Une puissance militaire

Texte de géographe. La France se situe au 4e rang mondial des budgets militaires, après les États-Unis, la Russie et la Chine. Elle est le 3e État au monde pour le nombre de têtes nucléaires en service. Sa flotte est au 4e rang mondial. Elle dispose de satellites. Elle dispose aussi de forces dans certains États africains qui sont liés par des accords de défense. Elle est l'un des moteurs des programmes européens de conception et de construction de matériels militaires. Elle est, suivant les années, le 3e ou 4e exportateur d'armes au monde.

D'après J.-Y. Cleach, J. Le Morvan, B. Steck, *La France*, Bréal, 2000

3 Une puissance historique

Manifestation contre la guerre en Irak, place de la Concorde à Paris, 2003

La France est connue pour ses prises de position en faveur des droits de l'homme, contre les injustices, contre la guerre. Ainsi, en 2003, le pays s'est mobilisé contre l'intervention armée des États-Unis en Irak. Mais aux yeux de certains pays étrangers, la « patrie des droits de l'homme » est surtout célèbre pour ses protestations, ses grèves et ses manifestations.

▶ Pourquoi appelle-t-on la France la « patrie des droits de l'homme » ?

Une puissance historique

Depuis la prise de la Bastille et la Déclaration des droits de l'homme (1789), la France a, dans le monde, l'image d'un pays défenseur de la liberté. Les autorités françaises, mais aussi les citoyens, interviennent souvent pour défendre la démocratie et aider les victimes de persécutions.

La France a également acquis un certain poids sur le plan international à l'époque de la colonisation. Elle continue d'entretenir des liens étroits avec ses anciennes colonies. Mais depuis le début du XXe siècle, son influence ne cesse de diminuer (doc. 3).

LEXIQUE

- **une ambassade** : l'ensemble des personnes chargées de représenter de manière permanente un État auprès d'un autre et d'entretenir des relations avec ce dernier.
- **une armée de métier** : une armée composée de soldats professionnels.
- **un consulat** : un service administratif d'un État installé dans un autre État. Le consulat s'occupe, par exemple, de délivrer des visas d'entrée dans le pays qu'il représente.
- **les persécutions** : les actes destinés à faire souffrir de manière répétitive.

68 Le poids culturel de la France dans le monde

1 La culture et l'industrie française

▷ Quel aspect de la culture française est présenté dans ce texte ?

▶ Connais-tu un artiste français célèbre dans le monde ?

▶ Connais-tu un autre aspect de la culture française connu dans le monde ?

Émission de télévision. L'industrie française du disque est la cinquième du monde. La vente de disques a progressé de 11 % en 2001, en France, alors que le reste du monde a plutôt connu une récession. Cela ne signifie pas la mort de la musique internationale et anglo-saxonne, mais les Français tiennent le haut de l'affiche. Actuellement, un tiers des disques produits en France sont vendus à l'étranger. En progression constante, l'exportation de la musique *made in France* compte aujourd'hui une poignée d'artistes au succès international.

D'après l'émission « C dans l'air », France 5, 2003

2 Le sport français dans le monde

▷ Quel événement sportif est évoqué dans ce texte ?

▶ Connais-tu un autre événement sportif au cours duquel les Français se sont fait remarquer pour leurs performances ?

Presse. Les Championnats du monde se sont terminés en apothéose pour l'équipe de France d'athlétisme. Avec sept médailles, les Bleus ont dépassé leurs objectifs et enchanté le Stade de France. L'équipe de France a pris la quatrième place du classement des nations, à distance respectable de la Russie et des États-Unis, les deux grandes nations de l'athlétisme. Les responsables de l'athlétisme français ne se le cachent pas : les résultats de l'équipe nationale ont été dopés par le public, venu en masse.

D'après *Le Monde*, 2 septembre 2003

3 L'image de la France dans le monde

▷ Explique ce texte avec tes mots.

Presse étrangère. Dans l'imaginaire des Américains, la France est une femme. D'ailleurs, les Français décrivent eux-mêmes la belle France sous les traits d'une Marianne juchée sur les barricades. Ils exportent leur haute couture, leurs parfums, leur gastronomie – toutes choses raffinées, traditionnellement associées à la femme. Enfin, le français a toujours été la langue de l'amour à Hollywood. Qu'importe si la France s'est battue en Indochine, en Algérie et en Afrique, et si son armée déploie 36 000 hommes à travers le monde : elle est une femme.

D'après le quotidien américain *The New York Times*, cité dans *Courrier international* n° 675, 9 octobre 2003

Une culture métissée

Le brassage des populations et l'ouverture de la France sur le monde ont contribué à la diversification de sa culture : un peu partout sur son territoire, on trouve des restaurants proposant de la cuisine étrangère (pizzerias, restaurants asiatiques…), des enseignes étrangères de magasins (habillement, meubles…) ; la télévision propose des programmes de toutes les régions du monde (séries télévisées américaines, programmes réalisés avec l'Allemagne sur Arte)… La France elle-même demande parfois la contribution d'artistes étrangers (architecture, musique, mode…) mais agit aussi pour faire connaître sa culture (doc. 4).

Le poids culturel de la France

Dans le passé, la France bénéficiait d'un grand prestige et d'une forte influence sur les idées, la littérature et l'architecture mondiales. De nos jours, la culture anglo-saxonne (américaine) domine, mais l'influence française demeure, parfois dans de nouveaux domaines : le tourisme (75 millions de visiteurs par an), le cinéma (4e producteur de films au monde), la musique (5e industrie du disque dans le monde) mais aussi la mode (les défilés de mode à Paris ont un retentissement mondial), le sport (les sportifs français, aussi bien en sports collectifs qu'en sports individuels comme l'athlétisme, montent souvent sur les podiums) (doc. 1, 2 et 3).

4 Un prestige historique

La ministre française de la Culture présente au Premier ministre japonais le tableau d'Eugène Delacroix, *La Liberté guidant le peuple*, 1831, 2,60 x 3,25 m, exposition au Musée national de Tokyo, 1999

Dans le passé, la France a eu une grande influence sur la littérature et l'architecture mondiales, de même que dans le domaine des idées.

- Sur la carte 20, situe le Japon.
- Décris ce tableau représentant une révolution en France, au XIXe siècle : les personnages, l'atmosphère...
- Comment la liberté est-elle représentée ? Que tient-elle dans sa main ?
- Quelle impression se dégage de ce tableau ?
- À ton avis, pourquoi ce tableau a-t-il été prêté par la France au Musée national de Tokyo ?

La langue française

Le français est la langue maternelle de près de 80 millions de personnes dans le monde : les Français, une partie des Belges, des Suisses, des Canadiens... Le français est aussi la langue officielle ou la langue utilisée à l'école dans d'anciennes colonies françaises et belges : en Afrique et dans l'océan Indien. Enfin, on trouve des minorités francophones un peu partout dans le monde (carte 20).

Au total, 180 millions de personnes parlent français. C'est beaucoup moins que le mandarin (chinois), l'arabe, l'espagnol et surtout l'anglais, qui est la langue la plus utilisée dans les relations internationales. Mais le français reste une langue utilisée pour la communication entre certains pays et dans les organisations internationales, comme à l'ONU, pour lesquelles elle est une langue officielle (dossier pp. 222-223).

LEXIQUE

- **une langue maternelle** : la langue de ses parents, celle que l'on apprend en premier.
- **une langue officielle** : une langue que l'on emploie dans l'Administration.
- **une minorité** : un petit groupe de personnes, par rapport à un ensemble plus important.

La francophonie

La francophonie regroupe les régions et les pays dans lesquels la population emploie le français comme langue maternelle, langue officielle ou langue de communication.

Le français, une langue partagée

1 Une langue nécessaire

Le romancier algérien Yacine Kateb raconte le déchirement qu'a représenté pour lui le fait d'apprendre le français.

Littérature. Quand j'eus sept ans, mon père prit soudain la décision irrévocable de me fourrer sans plus tarder à l'école française. Il le faisait le cœur serré : « La langue française domine. Il te faudra la dominer. » Ma mère soupirait ; et lorsque je me plongeais dans mes nouvelles études, que je faisais, seul, mes devoirs, je la voyais errer, ainsi qu'une âme en peine. Ma mère était trop fine pour ne pas s'émouvoir de l'infidélité qui lui était ainsi faite. Ainsi avais-je perdu tout à la fois ma mère et son langage.

D'après l'écrivain algérien Kateb Yacine, *Le Polygone étoilé*, Éd. du Seuil, 1966, coll. Points, 1997

- Sur la carte 20, situe l'Algérie.
- Raconte cette histoire avec tes propres mots.
- De quand date ce texte ?
- Pourquoi le père de Yacine a-t-il décidé qu'il devait aller à l'école française ?
- Pourquoi la mère du narrateur est-elle triste ?

2 Une langue pour le partage

Enfants en Afrique subsaharienne

- Décris cette scène : le lieu, les personnes, ce qu'elles font…
- Quel livre ces deux enfants lisent-ils ?
- En quelle langue le lisent-ils ?
- En quoi est-ce un livre typiquement français ?

3 Une langue partagée

Journal sur Internet. Que vous soyez Suisses Québécois, Belges ou Congolais, un lien vous unit : c'est notre langue. Bien plus qu'un simple langage, le français est un code qui relie nos différentes cultures. Nous possédons un fragment commun de nos histoires respectives. Aujourd'hui, le français est la 11ᵉ langue parlée sur la Terre où il en existe plus de 2 000. Mais même si la francophonie forme un tout, chaque peuple francophone a su créer des variantes et des subtilités dans sa manière de s'exprimer. Des mots nouveaux sont apparus, des expressions originales :

- « placotter » = bavarder (Québec)
- « octante » = 80 (Suisse)
- « bonne main » = pourboire (Suisse)
- « il drache » = il pleut à verse (Belgique)
- « chicons » = endives (Belgique)

Je ne cite que quelques exemples, il en existe quantité d'autres. Voici la preuve que notre langue recèle de nombreux trésors. D'ailleurs, les plus grands écrivains l'ont empruntée pour coucher leur poésie sur le papier : Baudelaire, Lamartine, Victor Hugo ou encore Rousseau. Le français est une des rares langues possédant un tel palmarès littéraire.

D'après un article du *Journal scolaire*, Institut français de Rabat, www.ambafrance-ma.org

- Qui sont les personnes évoquées dans ce texte ?

La francophonie, une dynamique

4 Un passé commun

Les pays francophones travaillent ensemble pour soutenir et développer la langue française, en faire un lien, défendre leur culture et empêcher que l'anglais domine partout. Les chefs d'État et de gouvernement se rencontrent chaque année dans ce but.

- De quand date le terme « francophonie » ?
- Qui a, en premier, créé une organisation francophone ?
- 10 pays ont rejoint la Francophonie depuis 1986 : combien sont-ils de nos jours ?
- Fais des recherches sur Abdou Diouf : qu'a-t-il fait avant de devenir secrétaire général de la Francophonie ?

1880 : Le géographe français Onésisme Reclus (1837-1916) invente le terme « francophonie » pour définir l'ensemble des personnes et des pays utilisant le français à des titres divers.

1950 : Création de l'Union internationale des journalistes et de la presse de langue française.

1960 : Des personnalités proposent de regrouper les pays nouvellement indépendants, désireux de poursuivre avec la France des relations fondées sur des affinités culturelles et linguistiques.

1970 : Fondation du premier organisme intergouvernemental de la Francophonie.

1986 : Premier sommet de la Francophonie à Paris, 41 pays participants.

2002 : Élection d'Abdou Diouf au poste de secrétaire général de la Francophonie.

Extraits de www.francophonie.org/francophonie/histoire

5 Une action commune

Xe Sommet de la Francophonie, Burkina Faso, 2004

6 Des projets communs

Programmes télévisés.

11:30 Télématin	18:00 Journal de midi de France 3
12:27 Des chiffres et des lettres	18:30 Questions pour un champion
12:54 Un livre, un jour	19:00 TV5, le journal
13:00 JT de Radio Canada	21:00 TV5, le journal
14:00 TV5 Infos	21:12 Le journal de l'économie
14:03 Stade Africa	21:26 Mots croisés, émission politique
14:30 Stars Parade	23:26 TV5, le journal
16:00 Carte postale gourmande	23:49 *Stupeur et tremblements* (film)
17:03 Le Bateau livre	01:32 Journal de la RTBF (Belgique)

Extraits des programmes télévisés de TV5 pour le mardi 14 septembre 2004

Créée en 1984, TV5 est la seule chaîne internationale publique de langue française. Elle est diffusée sur tous les continents et est reçue dans 150 millions de foyers dans le monde.

- Parmi ces émissions, lesquelles sont françaises ? Lesquelles sont faites dans d'autres pays ?
- Trouve un programme d'information, un programme culturel, un programme de divertissement.

Table des illustrations

06-7	ph ©	ESA / Ciel et Espace
08-2	ph ©	B. Jonkmanns / LAIF-REA
08-3-a	©	RESEAU ACTION CLIMAT
08-3-b	©	Association Etudiants du Monde (www.StudentsoftheWorld.info)
08-3-c	©	Editions PONCHET
10	ph ©	Van Sant Tom/ S.P.L. / COSMOS
14	ph ©	Yann LAYMA
15	ph ©	Yvan Travert / DIAF / PHOTONONSTOP
17	ph ©	Fotogram - Stone / GETTY IMAGES
18	ph ©	E. Valentin / HOA QUI
19	ph ©	P. Wang / HOA QUI
21	ph ©	G. Alberto-Rossi / ALTITUDE
22	ph ©	G. Jecan / CORBIS
23	ph ©	Jourdan / Explorer / HOA QUI
25	ph ©	C. Boisvieux / HOA QUI
26	ph ©	H. Hiscocks / ALTITUDE
27	ph ©	CORBIS
29	ph ©	C. Pavard / HOA QUI
31-3	ph ©	METEO FRANCE
31-4	ph ©	METEO FRANCE
32	ph ©	C. & J.Lenars / CORBIS
33	ph ©	HOA QUI
34	ph ©	Valentin / HOA QUI
35	ph ©	M Renaudeau / HOA QUI
36	ph ©	Y. Arthus-Bertrand / ALTITUDE
37-2	ph ©	J. D. Joubert / HOA QUI
37-3	ph ©	P. Banko / CORBIS
38	ph ©	G. Jecan / CORBIS
39	ph ©	M. Goldwater / Network / RAPHO
40	ph ©	B. Perousse / HOA QUI
41	ph ©	F. Soltan / HOA QUI
42	ph ©	S.G. Henry / Material World / COSMOS
43	ph ©	Peter Ginter / COSMOS
44-45	ph ©	M-Sat / Eurimage / Ciel et Espace
46	ph ©	archives CHARMET/ BRIDGEMAN
47	©	COMMISSION EUROPEENNE
48	ph ©	Franz-Marc Frei / CORBIS
49	ph ©	Murat Tuemeris / LAIF-REA
52	ph ©	M. Bond / SPL / COSMOS
53-2	ph ©	Mario Fourmy / REA
53-3	ph ©	R. Gehman / CORBIS
54	ph ©	P. Delance / EXPLORER
55	ph ©	Marche / PHOTONONSTOP
56/57	©	2004 Atelier Pierre Novat - Lyon - France
58	ph ©	G. Guittot / Diaf / PHOTONONSTOP
59	ph ©	Y. Arthus-Bertrand / ALTITUDE
61	ph ©	Y. Arthus-Bertrand / ALTITUDE
62	ph ©	J. Skok / CORBIS
63	ph ©	J-Marc Romain / PHOTONONSTOP
64/65	ph ©	J. Thomas / ZAPA
67	ph ©	SPL / COSMOS
70	ph ©	Kim Sayer / CORBIS
71	ph ©	Daniels Marleen / GAMMA
72-1	ph ©	Francolon-Simon / GAMMA
72-2	ph ©	J.du Sordet / ANA
73-3	ph ©	Jones Ian / SFP / GAMMA
73-4	ph ©	G. Bassignac / GAMMA
74	ph ©	Y. Arthus-Bertrand / ALTITUDE
75	ph ©	A. Le Blot / GAMMA
76	ph ©	L. Cavelier / SUNSET
78/79	ph ©	PORT AUTONOME du HAVRE
80	ph ©	W. Kaehler / CORBIS
81	ph ©	Peter Menzel / COSMOS
82	ph ©	Y. Arthus-Bertrand / ALTITUDE
83	ph ©	José Manuel Navia / COSMOS
84	ph ©	World Pictures / SUNSET
85	ph ©	R. Reed / Material World / Cosmos
86	ph ©	Wojtek / HOA QUI
87	ph ©	L. Psihoyos et J. Knoebber / COSMOS
88-1	ph ©	BRIDGEMAN
88-2	ph ©	G. Blot / RMN, © Adagp, Paris 2005
89-3	ph ©	BRIDGEMAN, © Adagp, Paris 2005
89-4	ph ©	BRIDGEMAN
91	ph ©	COMMUNAUTEES EUROPEENNES
92	ph ©	BRIDGEMAN
93	ph ©	Aksaran Presse Image / GAMMA
94-1	ph ©	COMMUNAUTEES EUROPEENNES
94-3	ph ©	COMMUNAUTEES EUROPEENNES
95	ph ©	COMMUNAUTEES EUROPEENNES
96	©	Plantu
98	ph ©	J. C. Dewolf / PHOTONONSTOP
99	ph ©	P. Menzel / COSMOS
102-103	ph ©	Planet Observer / HOA QUI
105-4		coll. Particulière / D.R.
105-5	ph ©	PAYSAGES
106	ph ©	G. Blot / RMN
107	ph ©	F. Achdou / URBA IMAGES
108	ph ©	LIGHT MOTIV
109	ph ©	P. Guignard / AIR IMAGES / URBA IMAGES
111	©	ZI-Lille-Seclin
112	ph ©	FARMERSTV.COM
113	ph ©	S. Bersout
114	ph ©	A. Brucelle / GAMMA
115	ph ©	L.Franey / RAPHO
118	ph ©	D.R.
119	ph ©	P. Le Floc'h / Explorer / HOA QUI
120-1	ph ©	H. Lewandowski / RMN
120-2	ph ©	Robert Doisneau / RAPHO
121-3	ph ©	E. Lessing / AKG, © Adagp, Paris 2005
121-4	©	CASTERMAN, 1982. Vignette extraite de «Brouillard au pont de Tolbiac». Léo Mallet-Tardi
122	ph ©	F. Jourdan / ALTITUDE
123	©	Collection Musée de l'Ile-de-France, Sceaux. ph B. CHAIN, © Adagp, Paris 2005
126	ph ©	Régis Coisne / ALTITUDE
127	ph©	lechenet.com
131	ph ©	F. Le Diascorn / RAPHO
133	©	Ville d'Evry
134	ph ©	Lechenet .com
135-2	ph ©	Y. Arthus-Bertrand / ALTITUDE
135-3	ph ©	C. Watier / FARMERSTV.COM
136	ph ©	Guy Llorca / STOCK IMAGE
137	ph ©	D. Le Lann / ZAPA
138	©	photoblot.com
139	ph ©	J. LABBE
140-1	ph ©	PIERRE SOISSONS
140-2	ph ©	BRIDGEMAN
141-3	ph ©	Hadj / SIPA PRESS
141-4	ph ©	John Schilling / GETTY
142	ph ©	P. Gleizes / REA
143	ph ©	Association Accueil Paysan, www.accueil-paysan.com
144-1	ph ©	P. Gleizes / REA
144-2	ph ©	Bringard / SUNSET
145	ph ©	M. Busselle / CORBIS
146	ph ©	Canivenq / FRANCE-DIAS.COM
147	ph ©	Agence D.D.B. Nouveau Monde / Comité Régional du Tourisme de Franche-Comté
148	ph ©	P. Tétrel / Explorer / HOA QUI
149	©	Morillon
150	ph ©	C. Hellier / CORBIS
151-3	ph ©	BRIDGEMAN
151-4	©	IGN - 2005, extrait de cartes IGN, autorisation n° 80-5005
152-1-d	ph ©	Christian Cuny / RAPHO
152-1-g	ph ©	Philip PLISSON
153	ph ©	Y. Arthus-Bertrand / ALTITUDE
156	ph ©	Seitz ART / GAMMA
157	ph ©	Morand-Grahame / HOA QUI
158	ph ©	M. Legay
159	ph ©	Olivier Cottet
160-1-b	ph ©	Présidence de la République, Palais de l'Elysée
160-1-h	ph ©	HANOTEAU
161	ph ©	Conception Campardon Communication / © Conseil Général de Haute-Garonne
162	ph ©	G. Navaron / COSMOS
163	ph ©	Archives Charmet / BRIDGEMAN
165	ph ©	Parent / Région Alsace
168	ph ©	Ben Attar / URBA IMAGES
169	©	Piscine Districale de Faulquemont / studio Michel
173	ph ©	Y. Arthus Bertrand / ALTITUDE
177	ph ©	Y. Arthus Bertrand / ALTITUDE
179	©	BLAY FOLDEX E-22712-0105
181	ph ©	D.Joubert / REA
182	ph ©	R. Coisne / ALTITUDE
183	ph ©	Benoit Decout / REA
184	ph ©	HANOTEAU
185	ph ©	Nasa / Ciel et Espace
188	ph ©	P. HANNING / REA
189	ph ©	E. Doumic / ASK IMAGES
191	ph ©	G. Alberto Rossi / ALTITUDE
192-193	ph ©	Y. Arthus-Bertrand / ALTITUDE
194	ph ©	Y. Forestier / CORBIS SYGMA
195	ph ©	Royalty-free / CORBIS
196	ph ©	C. O'Rear / CORBIS
197	ph ©	Pierre Bessard / REA
198	©	MIX et REMIX
199-3	ph ©	Patrick Box / RAPHO
199-4	ph ©	P. Bessard / REA
200	ph ©	G8 Evian
201	ph ©	Y. Arthus-Bertrand / ALTITUDE
202	ph ©	Plantu
203	ph ©	Christine Penberton / Diaf / PHOTONONSTOP
204	ph ©	P. Schwarz / CORBIS
205	ph ©	P. Turnley / CORBIS
207-3	©	CASSEURS DE PUB
207-4	©	Bill Day / Courrier International
208-1	©	Affiche réalisée par l'agence BDDP & Fils pour permettre à l'association humanitaire Solidarités de collecter des fonds destinés à apporter une aide d'urgence à la population Afghane en octobre 2001.
208-2	©	AMNESTY INTERNATIONAL
209-3	ph ©	PINHEIRA
209-4	©	CASSEURS DE PUB
210	ph ©	Ph. Giraud / CORBIS SYGMA
212-1	ph ©	J-P Muller / AFP
212-2	ph ©	M. P . Lannuzel / GAMMA
213	ph ©	James Leynse / REA
215	©	CIDIL
218	ph ©	Jack Guez / AFP
219	ph ©	Sébastien Ortola / REA
221	ph ©	Toru Yamanaka / AFP
222	ph ©	C Vaisse / HOA QUI
223	ph ©	C. Bailleul / Organisation internationale de la Francophonie

Blay Foldex
Cartes - Plans - Guides
40 - 48, rue des Meuniers
93108 MONTREUIL CEDEX (FRANCE)
Tél.: 33 (0)1 49 88 92 10 - Fax : 33 (0)1 49 88 92 09
info@blayfoldex.com

Table de copyright

59 © by Editions Musicales Eddie BARCLAY
© assigned 1964 to EDITIONS PATRICIA & SOCIETE D'ÉDITIONS MUSICALES INTERNATIONALES 5, rue Lincoln - Paris (8e)
Publié avec l'autorisation de la SOCIÉTÉ D'ÉDITIONS MUSICALES INTERNATIONALES et des EDITIONS PATRICIA (SEMI/PATRICIA) - Paris - France

Achevé d'imprimer par Rotolito à Pioltello - Italie
Dépôt légal n° 56756 - Février 2006